Ici Londres

Judith Kerr

Ici Londres

Traduit de l'anglais
par Antoine Lermuzeaux

Albin Michel Jeunesse

Du même auteur chez Albin Michel :

Quand Hitler s'empara du lapin rose

Titre original :
BOMBS ON AUNT DAINTY
(Première publication : HarperCollins Publishers, Londres)

PREMIÈRE PARTIE

1

Anna se trouvait dans sa chambre, au dernier étage de la maison des Bartholomew, à Londres. Elle venait de se rappeler qu'elle devait recoudre l'ourlet de sa jupe, défait par endroits. Elle portait une paire de bas neufs, une jolie paire de bas en fil d'Écosse – non pas les noirs de chez Woolworth, mais les plus chers, des beiges de chez Marks & Spencer. Le pull qu'elle s'était tricoté se mariait presque au ton de sa jupe et sa paire de souliers, héritée d'une des deux filles Bartholomew, reluisait, fraîchement cirée. Elle fit légèrement pivoter le miroir de sa coiffeuse, espérant se faire impression.

Mais déception. Comme d'habitude. Elle détonnait dans cette chambre. Ce n'était pas son univers à elle. Quand elle se voyait confrontée à l'élégance du papier peint, au ouaté soyeux de la couette, aux reflets profonds des beaux meubles, elle se sentait soignée mais terne. Une jeune fille quelconque dans des vêtements marron foncé. Comme une bonne, se dit-elle, ou comme une orpheline. Pour ce genre de chambre, il aurait fallu quelqu'un de riche et d'insouciant, quelqu'un de plus souriant qu'elle.

Elle s'assit sur le tabouret à coussinet en chintz pour considérer son visage, et son irritation s'accrut. Des cheveux bruns et des yeux verts, un air de sérieux à faire peur... Si elle avait pu être blonde ! Les blondes, c'est mieux, tout le monde le sait. De Shirley Temple à Marlene Dietrich, toutes les grandes stars sont des blondes. Quant à ses sourcils, parlons-en... Il aurait fallu deux minces courbes à peine perceptibles et comme dessinées au pinceau. Les siens étaient épais et droits. Quant aux jambes... Non, les jambes, elle refusait même d'y penser. Elle les trouvait un peu trop courtes et, pour elle, avoir les jambes courtes n'était pas tant l'effet d'un hasard malheureux qu'une faute de goût personnelle.

Elle se rapprocha du miroir. Au moins, j'ai l'air intelligent, se dit-elle pour se consoler en faisant une petite moue, lèvres pincées, et sourcils froncés, de manière à bien s'en convaincre. Maligne ! À la pension Metcalfe, c'était le mot dont se servaient les autres filles en parlant d'elle. « Maligne, cette petite réfugiée. » Au début, elle avait pris cela pour une forme de compliment, mais il y avait dans l'expression quelque chose de péjoratif. On ne l'avait pas beaucoup aimée chez Miss Metcalfe. Enfin, j'en ai fini avec cela, se dit-elle.

Elle souleva son sac à main, une relique de Mutti[1] rapportée de Berlin et dont le cuir brun se fendillait, en extirpa son poudrier et se farda consciencieusement. Pas de rouge à lèvres pour l'instant – à quinze ans, ça faisait déluré.

Si nous avions eu une maison à nous, pensait-elle, jamais je n'aurais eu à être pensionnaire chez Miss Metcalfe. Tout le problème provenait du fait qu'ils habitaient dans un hôtel – il y avait cela et le manque d'argent. Car quand Mutti et Vati[2] n'avaient plus pu payer sa chambre, et Dieu sait pourtant que cet hôtel était loin d'être un palace, elle s'était sentie ballottée de droite à gauche comme un colis que l'on se passe de main en main, sans que personne sache quoi en faire. Il n'y avait eu qu'une raison à son séjour dans cette pension : Miss Metcalfe s'était proposée de la prendre gratuitement. Maintenant, chez les Bartholomew, bien que ce ne fût pas comparable car eux étaient de vieux amis bien plus gentils que Miss Metcalfe, c'était encore la même raison : cela ne coûtait pas un sou.

Elle poussa un profond soupir. Quel ruban je vais me mettre, au fait ? Elle avait le choix pour une fois. Alors... le marron ou le vert ? Elle opta pour le

---

1. *Mutti :* maman, en allemand.
2. *Vati :* papa, en allemand.

vert, se le passa derrière la nuque, se le noua dans les cheveux. Bon, pensa-t-elle en se regardant, cette fois j'ai fait tout ce que je pouvais.

Une horloge sonna quelque part... Dix coups : il était temps de partir, Mutti et Vati l'attendaient... Elle prit son manteau sous son bras, vérifia machinalement le contenu de son sac à main : clefs, papiers, lampe de poche, poudrier, crayon noir, porte-monnaie, deuxième crayon noir. Tiens, c'est bizarre ! Le porte-monnaie lui semblait étrangement léger. Elle l'entrouvrit – il était vide. Les quatre pence pour son ticket de transport avaient dû glisser, elle les retrouverait au fond du sac.

Elle en retourna le contenu. Lampe de poche, clefs, papiers, crayons noirs, poudrier, un ancien ticket d'autobus, un petit emballage sans biscuit hormis quelques miettes. Mais pas trace de pièces de monnaie. Elles auraient dû y être pourtant. Elle les avait bien vues ces pièces et même tenues en main la veille. Elle fouilla fiévreusement les poches de son manteau... L'argent n'y était pas non plus. Ah, zut alors ! Juste au moment où j'étais prête à me mettre en route !

D'un geste elle repoussa le tout dans le fond de son sac, et sortit, son manteau sous le bras. Comment faire maintenant sans ticket ? Et ils sont là-bas à m'attendre !

Il faisait sombre sur le palier, les bonnes n'avaient

pas dû rouvrir les lourds rideaux occultants. Si je leur empruntais de l'argent... Non, impossible, ça ne se fait pas. Restait à attendre un miracle. Elle se décida à descendre dans le noir en suivant du pied le moelleux tapis d'escalier.

Arrivée dans le vestibule, comme elle passait devant la porte de leur ancienne salle d'études, elle reconnut une voix aimable, à fort accent américain.

– Anna, c'est toi ? Entre une seconde. On ne se voit plus ces derniers temps.

Mrs Bartholomew.

Pouvait-elle lui demander un peu de monnaie ?

Elle jeta un œil dans la pièce et vit Mrs Bartholomew qui déjeunait, en robe de chambre, assise à la vieille table de classe, un plateau posé devant elle sur le bois criblé de taches d'encre. À sa droite, une pile instable de vieux livres d'enfants.

– Tu te lèves tôt pour un dimanche. Tu pars retrouver tes parents ?

Anna songea bien à répondre : « Mais je ne suis pas certaine d'avoir... » ou encore : « Pourriez-vous me prêter... ? » Mais elle ne franchit pas la porte, se bornant à hocher la tête.

» Alors j'en connais deux qui seront contents de te voir ! Mrs Bartholomew tenait un livre en main, qui au vu de la couverture devait être les contes d'Andersen. Je suis venue m'asseoir ici parce que les filles me manquent. Judy raffolait de ce livre, il y a maintenant trois ou quatre ans. Jinny aussi, un peu plus tard. C'était tellement gai à l'époque, tu te rappelles quand vous vous donniez toutes trois des cours à tour de rôle ?

Anna n'eut plus qu'à écarter le tracas qu'elle avait en tête. C'est vrai qu'elles s'amusaient drôlement mieux à l'époque.

– Cette guerre n'a vraiment aucun sens, reprit Mrs Bartholomew. Il y a six mois, nous étions sûrs qu'Hitler allait bombarder Londres au point de nous rayer de la carte. Tout le monde s'est empressé d'envoyer les enfants hors de la ville. Depuis il ne s'est toujours rien produit. Personnellement, j'en ai assez, je veux que mes filles reviennent. Jinny m'écrit qu'il se pourrait que leur école réemménage à Londres – ce serait tout de même mieux, tu ne crois pas ?

– Si, dit Anna.

– Elles seraient ravies de t'avoir sous le même toit qu'elles.

Soudain Mrs Bartholomew parut se rendre compte qu'Anna restait hésitante à la porte, un pied dedans, un pied dehors.

– Eh bien, chérie, tu n'entres pas ? Viens donc prendre une tasse de café ! Où est-ce que tu en es en ce moment ? Comment se passe ce fameux cours à l'École Polytechnique d'art ?

– Je crois qu'il serait temps que j'y aille.

C'était sans compter sur le zèle de Mrs Bartholomew. Anna se retrouva attablée, une tasse de café à la main. Elle tourna les yeux vers la fenêtre, vers les nuages passant dans le ciel et les branches secouées par le vent. Il devait faire frisquet dehors. Pourquoi n'avoir pas demandé l'argent du trajet en métro quand l'occasion se présentait ?

– Alors, qu'est-ce que tu as fait de beau ?

Qu'est-ce qu'elle avait fait de beau, au juste ? se demanda-t-elle.

– Bien sûr, ce n'est qu'un cours destiné aux plus jeunes... (Elle avait de la peine à obliger son esprit à revenir là-dessus.) Je ne sais pas, on fait un peu de tout. On s'est dessinées entre nous, l'autre jour, j'ai bien aimé ça.

L'enseignante avait longuement regardé le dessin d'Anna et avait fini par lui dire qu'elle avait un réel talent. Y repenser lui fit chaud au cœur.

– Seulement le dessin, dans la vie, ça ne peut pas servir à grand-chose. Sur le plan financier, je veux dire...

Sa professeure n'avait sans doute dit cela que pour lui faire plaisir.

– Écoute bien ce que je te dis, Anna ! lança Mrs Bartholomew. Tu n'as pas à te préoccuper de ce genre de choses à ton âge. Pas tant que tu seras dans cette maison. Je sais que c'est difficile pour tes parents d'avoir à vivre à l'étranger, avec les problèmes que ça pose. Mais nous sommes enchantés de t'avoir, et tu peux habiter ici aussi longtemps que tu le voudras. C'est pourquoi, tu dois penser à tes études avant toute chose, tu n'as pas à te soucier du reste. Tu vas y arriver, j'en suis sûre, et même très bien y arriver, et il faut que tu écrives aux filles, que tu leur dises toutes ces choses-là, elles seront ravies de les entendre.

– Oui, dit Anna. Je vous remercie.

Mrs Bartholomew la regarda un instant.

– Il n'y a pas de problème au moins ?

– Non, non, bien sûr, tout va très bien. Seulement, il serait temps que j'y aille.

Mrs Bartholomew la suivit dans le vestibule et la regarda mettre son manteau.

– Attends une minute ! lança-t-elle, en plongeant le nez dans la penderie pour en resurgir l'instant d'après avec quelque chose de gris à la main. L'écharpe de Jinny, tu ferais mieux de la mettre.

Elle insista tant qu'Anna l'enroula autour de son cou. Puis elle l'embrassa sur la joue.

– Tu es sûre d'avoir ce qu'il te faut ? Tu n'as vraiment besoin de rien ?

C'était le moment ou jamais. Après tout, ce serait tellement plus simple et Mrs Bartholomew serait ravie de lui rendre service. Pourtant, là debout dans le couloir, les souliers de Judy aux pieds, l'écharpe de Jinny autour du cou, face à Mrs Bartholomew qui montrait un visage si bienveillant, elle réalisa subitement que c'était impossible.

– Tout est parfait, dit-elle, en lui souriant. Mrs Bartholomew lui rendit son sourire et ferma la porte derrière elle.

Ah, zut de zut ! pensa Anna en se mettant à arpenter Holland Park Avenue. Faute de quatre malheureux pence, prix d'un simple ticket de métro, elle était bonne pour faire tout le chemin à pied jusqu'à Bloomsbury.

Il faisait un froid vif dehors, mais du moins le ciel était clair. Au début, elle s'imagina à l'aube d'une grande aventure.

« J'aime bien faire un peu d'exercice de temps en temps, proposa-t-elle en amorçant un petit dialogue intérieur avec Miss Metcalfe. À condition, bien sûr, que ce ne soit pas du hockey », s'empressa-t-elle de dire encore en supputant la réaction. Mais comme d'habitude, impossible de soutirer à Miss Metcalfe une réponse satisfaisante et le dialogue en resta là.

Comme c'était un dimanche matin, on voyait à certaines fenêtres pendre les rideaux occultants là où des gens dormaient encore. Au-dessous, les volets des magasins étaient clos. Il n'y avait sur Notting Hill Gate qu'une seule devanture ouverte, c'était celle du marchand de journaux. Les publications du dimanche étaient disposées sur le trottoir dans des portoirs munis d'affiches et sur l'une d'elles on pouvait lire : « Les dernières nouvelles de la guerre ». Mais il ne s'était rien passé de bien marquant, comme d'habitude. À côté de la bouche du métro, la boutique du prêteur sur gages arborait toujours la pancarte qui avait tant déconcerté Anna lorsqu'elle était venue à Londres pour la première fois et qu'elle connaissait mal l'anglais : « Turn your old Gold into Cash »[1]. Comme un petit bout du « G » de « Gold » était tombé du panonceau, on lisait « Cold », au lieu de « Gold ». Anna se rappela que chaque fois qu'elle allait rejoindre Jinny et Judy pour leurs cours de langue, elle se demandait en lisant cela s'il lui suffirait de pénétrer la goutte au nez dans la boutique pour qu'on lui tende une somme d'argent.

Les choses avaient changé depuis. Personne, en l'entendant parler, n'aurait jamais pu deviner que l'anglais n'était pas sa langue maternelle, et même l'accent américain qui lui venait des Bartholomew s'était résorbé à la longue. Comme Jinny et Judy devaient lui apprendre l'anglais, elle était censée en échange leur enseigner un peu d'allemand et des rudiments de français, une langue qu'elle avait

1. Ce qui signifie mot à mot : « Changez votre vieil or en espèces » ; ou mieux : « Achat d'or au comptant. » « Cold » veut dire « rhume ».

apprise à Paris après avoir fui Hitler. Mais les choses ne s'étaient pas passées comme cela. À mesure qu'elles devenaient amies, les trois filles avaient eu tendance à ne plus parler qu'anglais entre elles, et Mrs Bartholomew n'y avait rien trouvé à redire.

Un vent pénétrant parcourait les pelouses de Kensington's Gardens. Les panneaux fléchés indiquant les abris antiaériens vibraient pour rien sur leurs supports, personne n'avait jamais eu à s'y abriter. Quelques crocus encore debout près de tranchées fraîchement creusées avaient l'air de geler sur place. Ridicule, tout ce chemin à pied ! Les poings fourrés au fond des poches de son éternel manteau gris, Anna pestait ; elle avait froid et Mutti allait se demander où elle avait bien pu passer. Ridicule de manquer d'argent au point que quatre malheureux pence peuvent suffire à tout désorganiser. Et comment pouvait-on être assez timide et assez bête pour redouter d'emprunter ce dont on a besoin ? D'ailleurs, comment avait-elle fait pour les perdre, ces pièces de monnaie ? Elle les avait la veille, elle les voyait encore. La plus grosse de trois pence et les deux petites d'un demi-penny ! J'en ai assez de ce genre d'histoire, j'en ai assez de jamais rien faire comme il faut ! Une vague image de Miss Metcalfe se mit à flotter devant ses yeux, la toisa d'un air sarcastique et soupira : « Ma pauvre Anna ! »

À quelques passants près, Oxford Street était vide. Personne le long des grandes vitrines toutes croisillonnées d'adhésif pour prévenir les éclats de verre en cas de raid aérien. La Lyons Corner House était ouverte par contre ; des soldats y faisaient la queue pour s'offrir une tasse de thé. Arrivée à Oxford Circus, elle se sentit un peu plus gaie car un rayon de soleil se montra. En vérité, sa timidité n'était pas la clef du problème. Vati comprendrait très bien pourquoi elle s'était sentie incapable de demander ce petit dépannage à Mrs Bartholomew, même pour une somme aussi minime. Ses jambes commençaient à peser, mais les deux tiers du chemin étaient faits, et qui sait s'il n'y avait pas une part de grandiose dans tout cela...

« Une fois », disait nonchalamment une Anna plus âgée à une Miss Metcalfe devenue octogénaire, « une fois j'ai fait la route à pied d'Holland Park jusqu'à Bloomsbury, tout cela pour ne pas avoir à demander quatre malheureux pence qui me manquaient ». Et Miss Metcalfe en son grand âge hochait la tête, impressionnée.

À même le trottoir, sur Tottenham Court Road, un vendeur de journaux posait les parutions du dimanche. Elle lut les gros titres au passage : « À quand des rations pour le thé ? » ; « Ramenez-nous les évacués ! » ; « L'affreux scandale des chiens anglais »[1]. Elle s'arrêta pour lire la date : le 4 mars 1940 ! Cela faisait sept ans jour pour jour qu'elle avait quitté l'Allemagne, qu'elle était devenue réfugiée. De quelque façon qu'elle le prît, ce signe lui semblait riche de sens. Elle était sans le sou dans cette rue, et néanmoins elle faisait face, elle triomphait du mauvais sort le jour même où, sept ans plus tôt, commençaient ses années d'errance. Non, rien ne pourrait jamais l'abattre. Un jour peut-être, un jour lointain, quand elle serait riche et célèbre, il serait temps de se souvenir…

« Si je me rappelle Anna ? Pensez… » déclarait d'une voix ancestrale une Miss Metcalfe décrépite à un reporter renommé dépêché par Pathé Newsreel. « C'était l'ingéniosité même au service de l'audace ! Ce n'était encore qu'une enfant, mais c'était prodigieux de voir à quel point nous l'admirions tous ! »

D'un pas lourd, elle avançait vers High Holborn. En tournant dans Southampton Row, plus vraiment très loin de l'hôtel, son attention fut attirée

---

1. Devant la nécessité de rationner la nourriture et la peur que les propriétaires de chiens partagent leur ration avec leur animal, le gouvernement britannique publia en 1939 une brochure dans laquelle il préconisait d'emmener les animaux de compagnie dans les campagnes, et si cela était impossible, de les faire euthanasier.

par un tout petit cliquetis dans la doublure de son manteau. Qu'est-ce que c'est que ça ? Ce n'est tout de même pas...

Intriguée, elle examina le fond de ses poches du bout des doigts. Un trou à droite ! Pfff ! Mais bien sûr ! Elle y glissa deux doigts afin de l'élargir, ramena de l'autre main l'ourlet jusqu'à la poche, fit la jonction et extirpa les trois piécettes de la doublure. Elle les regarda un moment sans réagir, puis elle se dit : Indécrottable ! Je suis vraiment indécrottable ! Et elle était tellement en colère qu'elle ne s'aperçut qu'elle avait pesté à voix haute que lorsqu'un couple de passants lui lança des regards étonnés. Ça, c'était Anna tout craché ! Son embarras de la matinée devant Mrs Bartholomew, toutes ces tergiversations pour savoir s'il fallait emprunter ou non, si elle avait bien fait ou non, cette fatigue inutile dans les jambes. Il n'y avait qu'elle pour perdre son temps avec ce genre d'enfantillage. Ça devenait énervant à la longue ! Il était grand temps de changer de cap. Et pas seulement pour elle, pour tout !

Refermant le poing sur ses pièces, elle traversa tout droit en direction d'un petit étal où une femme vendait des jonquilles à la sortie d'une pâtisserie.

– Combien le bouquet ?

C'était trois pence.

– Bon d'accord, j'en prends un ! dit-elle.

C'était une petite folie, et un coup de tête un peu stupide. Qui plus est, les jonquilles ne valaient même pas cela, soupira-t-elle en constatant que leurs têtes s'affaissaient déjà. Mais ce serait tout de même mieux que rien. Ce serait pour Mutti et Vati. Elle dirait : « Il y a sept ans jour pour jour, nous quittions Berlin – alors j'ai apporté ces fleurs. »

Et qui sait si elles n'allaient pas inaugurer une phase de chance ? Peut-être qu'on demanderait à Vati d'écrire quelque chose ? Ou qu'on lui enverrait de l'argent et soudain et leur vie en serait transformée ? Et tout cela du simple fait qu'en économisant son trajet elle avait acheté des jonquilles. D'ailleurs, si rien de cela ne se passait, au moins ça leur ferait plaisir, et ça les dériderait un peu.

À l'entrée du Continental, le vieux gardien, comme bien souvent, somnolait derrière son bureau. Au bruit des portes à battant, il ouvrit les yeux, leva le nez, et l'accueillit en allemand.

– Ta maman est dans un état ! Elle se demandait ce qui t'était arrivé !

Anna jeta sur le salon un rapide coup d'œil circulaire. Les gens familiers étaient là, en petits groupes, assis aux tables ou dans les fauteuils miteux en skaï, tous réfugiés allemands, tchèques ou polonais, domiciliés dans cet hôtel en attendant des jours meilleurs – mais elle ne vit Mutti nulle part.

– Je monte...

Elle avait à peine dit cela, qu'une voix retentit dans l'entrée : « Anna ! »

Joues roses, regard tendu, Mutti revenait de la cabine téléphonique.

– Hé bien, qu'est-ce que tu fabriquais ? Je raccroche à l'instant de chez les Bartholomew. On commençait à s'inquiéter ! Et Max est arrivé en plus – il ne peut pas rester longtemps et il tient réellement à te voir.

– Max est là ? Il est venu à Londres ?

– Avec un de ses amis de Cambridge, il a profité de la voiture. (Mutti, comme chaque fois qu'elle parlait de son remarquable garçon, commençait à se détendre un peu.) Il est venu ici d'abord... ensuite il rejoint des amis... après ils repartent tous ensemble. Des amis anglais, tu t'en doutes, ajouta-t-elle pour le plaisir, ou pour impressionner les Allemands, voire certains Tchèques ou Polonais qui auraient pu tendre l'oreille.

Mutti aperçut les jonquilles en montant l'escalier.

– Qu'est-ce que c'est ?

– Oh, un petit achat.

– Un petit achat !

Elle fut interrompue par un client de l'hôtel, un Polonais d'un certain âge qui sortait des toilettes.

– L'enfant perdue est de retour, commenta l'homme d'une voix joyeuse. Je vous avais bien dit,

Madame, qu'il ne fallait pas s'inquiéter, dit-il en rentrant dans sa chambre, de l'autre côté du couloir.

Anna rougit d'avoir suscité tant d'émoi.

– Je ne suis pas si en retard que cela !

Mais devant, Mutti pressait le pas.

Quand elles pénétrèrent chez Vati, au dernier étage de l'hôtel, Anna faillit buter sur Max qui était assis sur le rebord du lit juste dans l'axe de la porte. « *Hi, sister !* » lança-t-il, comme dans les films anglais. Puis il l'embrassa, fraternel, avant d'ajouter en allemand :

– Content de te voir, j'allais repartir, je m'en serais voulu de te manquer.

– J'ai perdu un temps fou en route.

Elle se faufila rapidement pour aller embrasser Vati dans l'espace laissé par le lit et la petite table où trônait sa fidèle machine à écrire. « Bonjour papa », dit-elle en parlant en français, sachant qu'il adorait cette langue. Ses traits paraissaient fatigués, mais l'expression d'intelligence et d'ironie de son sourire était toujours là, bien présente. Vati avait l'esprit ouvert, toujours en éveil pour les petits événements comme pour les grands, bien que manifestement il ne s'attendît à rien de bon pour le proche ou lointain avenir.

Anna lui tendit les jonquilles.

– J'ai acheté ces fleurs pour nous. Il y a aujourd'hui sept ans que nous avons quitté l'Allemagne, je me suis dit qu'elles allaient peut-être nous porter chance à tous les quatre.

Elles s'affaissaient plus que jamais, mais Vati les prit dans sa main et dit :

– C'est l'odeur du printemps.

Il remplit d'eau son verre à dents ; Anna y disposa les fleurs, qui mollirent instantanément et piquèrent du nez sur la table.

» Elles ont l'air fatigué, dit Vati. Un peu comme nous tous !

Tout le monde éclata de rire. Au moins elles les ont amusés, se dit Anna intérieurement.

» Quoi qu'il en soit, reprit-il, nous voici réunis. Après sept ans d'exil, je trouve que ce n'est pas si mal. Il ne faut peut-être pas en demander plus.

– Si ! s'exclama Mutti. Il faut en demander plus !

– Sept ans réunis, que demander de plus à Hitler ? dit Max en regardant Vati. Comment va-t-elle tourner, cette guerre ? Tu crois qu'il va finir par se passer quelque chose ?

– Quand Hitler sera prêt, répondit Vati. Et toute la question est de savoir si les Anglais le seront aussi.

C'était la discussion classique. Comme d'habitude, l'esprit d'Anna chercha à prendre la tangente. Elle s'assit près de Max sur le lit pour se détendre un peu les jambes. Elle aimait la chambre de Vati. Quel qu'ait été le lieu où ils avaient vécu, en Suisse, à Paris, ou à Londres, cette chambre était restée la même. Il y avait toujours eu la table avec la machine à écrire qui commençait à se déglinguer. Il y avait toujours eu ses livres, le petit pan de mur bien à lui où il épinglait les images, photographies, cartes postales, qui lui parlaient sur le moment. Il les plaçait bord contre bord ; même la tapisserie la plus criarde ne pouvait rien contre ce bloc et disparaissait derrière lui. Les portraits de ses parents occupaient une place bien à part dans leurs cadres d'époque victorienne. On apercevait une pipe en écume que Vati ne fumait jamais mais dont il appréciait la forme, deux ou trois gadgets de son cru difficilement identifiables dont il espérait naïvement qu'ils serviraient un jour ou l'autre. Pour l'heure, il traversait une période bouts de carton et il avait confectionné une espèce de piège à souris en maintenant une boîte renversée en équilibre sur son couvercle au moyen d'un crayon à mine piqué dans un morceau de fromage. Quand la souris mangerait le fromage, la boîte se refermerait sur elle et Vati pourrait enfin se débarrasser de la bestiole en lui rendant sa liberté dans une allée de Russell Square. Mais son système, il faut bien le dire, n'avait pas remporté un franc succès.

– Et ta souris ?

– Elle court toujours. Je l'ai vue cette nuit justement. Très « british » avec ses moustaches.

Entre-temps, Max s'était retourné pour pouvoir parler à Mutti, et le lit remua tout à coup.

– Personne ne s'en fait trop pour la guerre à Cambridge. J'ai vu le service de recrutement. Ils me conseillent d'attendre encore avant de me porter volontaire. Ils veulent que j'obtienne mes diplômes.

– C'est grâce à ta bourse d'études, s'écria fièrement Mutti.

– Non, ce n'est pas cela, parce qu'ils ont dit la même chose à tous mes amis. Ne pas s'en faire pour cela avant quelques années. D'ici là, peut-être que Vati aura été naturalisé.

Après quatre années de lycée et près de deux trimestres à Cambridge, Max sentait les choses en anglais, parlait la langue comme un Anglais, ressemblait même à un Anglais. Raisons pour lesquelles il enrageait de ne pas encore pouvoir l'être devant la loi.

– S'ils font une exception, répondit Mutti.

Anna, un instant, tenta d'imaginer son père devenu citoyen britannique.

– Ce serait leur intérêt tout de même : papa n'est pas n'importe qui – c'est un écrivain renommé ! s'écria-t-elle.

Vati jeta un bref regard sur sa pauvre chambre d'hôtel.

– En Angleterre, ma renommée ne passe guère les murs de cette chambre.

Il y eut un moment de silence. Puis Max se leva pour partir, embrassa Mutti et Vati et fit la grimace à Anna.

– Tu m'accompagnes jusqu'au métro ? demanda-t-il. On n'a même pas eu le temps de se voir.

Ils descendirent silencieusement les nombreuses marches de l'escalier. Comme d'habitude, les gens tournèrent des yeux admiratifs vers Max tandis qu'ils traversaient le salon. Un blond aux yeux bleus, forcément, ce n'est pas à moi que ça arriverait, se dit Anna dans un soupir. Elle se sentait bien avec lui, mais ça ne lui aurait pas déplu de se détendre un peu les jambes après sa marche du matin. Dès qu'ils furent dans la rue, Max dit en anglais :

– Bon, comment ça va dans l'ensemble ?

– Bien, dit Anna. (Max marchait vite et elle avait les jambes lourdes.) Vati n'a pas tellement le moral, parce qu'il a offert ses services à la BBC pour animer des émissions de propagande diffusées en Allemagne. Paraît qu'ils n'ont pas voulu de lui.

– Et pourquoi ? Ça n'a aucun sens !

– Il est trop connu, à ce qu'ils disent. En Allemagne, les gens le savent violemment antinazi, ils risquent d'avoir un préjugé et de ne pas écouter ce qu'il dit. Enfin, ça c'est leur théorie.

Max secoua la tête.

– Je l'ai trouvé vieilli. Et toi, comment ça va ?

– Moi ? Je ne sais pas. (Pour le moment elle se

sentait bien incapable de voir plus loin que sa douleur aux pieds.) Je suppose que ça va… dit-elle évasivement.

– Mais ce cours de dessin, ça te plaît ? dit Max un peu embarrassé. Tu sens que c'est ce qui te convient ?

– Oui. Mais quand on n'a pas un sou, ça paraît tellement impensable d'espérer réussir là-dedans. Tu sais, on parle des artistes qui quittent la maison de leurs parents pour aller vivre dans une mansarde. D'accord ! Mais lorsque tes parents habitent déjà dans une mansarde… Je me suis dit que je ferais peut-être mieux d'essayer de trouver un travail.

– Mais tu n'as pas encore seize ans !

Il se tut, puis il ajouta sur un ton de colère contenue :

» Je me rends compte de la chance que j'ai eue.

– Tu sais bien qu'une bourse à Cambridge ne saurait être une question de chance.

Ils arrivèrent à Russell Square devant la station de métro, et déjà un des ascenseurs était près de fermer ses portes.

– Bon… dit Anna.

Max hésitait.

– Attends un peu, s'écria-t-il, ça te dirait de venir passer le week-end prochain à Cambridge ?

Anna s'apprêtait à émettre une objection mais Max ajouta :

» Non, pour ce qui est de l'argent, pas de problème, je m'en charge. Comme cela tu verrais mes amis et je te ferais visiter un peu. Ça pourrait être bien, tu ne crois pas ?

Les portes s'étaient mises à grincer. Max bondit à l'intérieur de l'ascenseur.

» Je t'envoie les détails par lettre, cria-t-il tandis que l'ascenseur disparaissait dans le sous-sol.

*

Elle reprit le chemin de l'hôtel. Mutti et Vati l'attendaient à une table du salon en compagnie d'une dame allemande qui n'était plus toute jeune.

– Ah, l'opéra de Berlin ! disait-elle à Vati. Je vous revois encore à l'orchestre, au troisième rang. À un moment, mon mari m'a fait un petit signe en me faisant remarquer que c'était vous. J'étais tellement touchée de vous voir ! Et ensuite j'ai lu dans la presse un petit texte merveilleux où vous évoquiez ce spectacle.

Vati souriait poliment.

– *Lohengrin*, si j'ai bon souvenir... dit la vieille dame. Ou *Aïda*. Ou peut-être *La Flûte enchantée*. En tout cas c'était ad-mi-ra-ble ! Qu'est-ce qui ne l'était pas en ce temps-là ?

Vati vit qu'Anna était là.

– Veuillez nous excuser, dit-il en inclinant un peu le buste.

Ils gagnèrent la salle à manger où le déjeuner attendait.

– C'était qui ? demanda Anna.

– La femme d'un éditeur allemand. Elle a pu sortir du pays, mais son mari y est resté, il a été assassiné par les nazis.

– Dieu seul sait, ajouta Mutti, comment elle se débrouille pour vivre.

Le déjeuner dominical était servi par une jeune Suisse qui tentait d'apprendre l'anglais, mais vu l'endroit, se disait Anna, elle avait plus de chances de saisir des rudiments de polonais.

Il y eut des prunes au dessert, et ensuite survint un petit problème à propos du repas d'Anna. Alors que la serveuse suisse s'apprêtait à mettre ce repas sur la note, Mutti dit qu'il ne fallait pas, car elle avait été souffrante le mardi d'avant et avait raté un repas déjà inclus dans la pension. La serveuse n'était pas certaine d'y être autorisée. Mutti s'énerva un petit peu et Vati dit, l'air malheureux :

– Je t'en supplie, pas de scène pour cela !

Consultée, la patronne finit par accepter, à condition, précisa-t-elle, de ne pas y voir de précédent. Avec l'effort et les tensions exigés par cet arrangement, tout ce que ce dimanche avait eu de bon s'évanouit comme neige au soleil.

– On s'assoit en bas, ou on monte ? dit Mutti en sortant de table.

Ils virent que la vieille dame allemande était toujours dans son fauteuil. La menace de l'opéra de Berlin enjoigna Anna à opter pour la chambre. Vati se jucha sur le bras du fauteuil, Anna et Mutti s'assirent côte à côte, sur le rebord du lit.

– Ah, avant que j'oublie, dit Mutti en saisissant son sac à main. Ta monnaie pour payer le métro la semaine prochaine.

Anna leva les yeux vers elle.

– Maman, dit-elle, j'ai l'impression qu'il faudrait que je trouve un travail.

2

– S'ils pouvaient seulement nous aider pour les frais de scolarité, répéta Mutti pour la sixième fois depuis le début de la journée. Avec ce cours de secrétariat, tu serais ensuite en mesure de gagner ta vie.

Elles se trouvaient au Bureau d'aide pour les réfugiés juifs d'Allemagne. Il y avait d'autres réfugiés assis sur des chaises de bois blanc. Certains parlaient d'une voix aiguë où l'on sentait de l'anxiété. D'autres avaient ouvert un journal. Anna dénombra parmi eux un Anglais, un Français, deux Suisses, un Juif allemand. Un vieux couple venait de sortir des petits pains d'un sac en papier. Un homme maigre se tenait en retrait, dos voûté, dans un coin de la salle. À intervalles réguliers, la réceptionniste arrivait, prononçait un nom à voix haute et partait vers les pièces du fond, un visiteur sur ses talons.

– Tu auras un métier et tu pourras te lancer. Moi, c'est ce qui m'a toujours manqué : un moyen d'être indépendante.

Mutti, dans un premier temps, avait été déconcertée par la suggestion d'Anna. Ensuite elle avait déployé son énergie habituelle pour parvenir à lui trouver la formation appropriée. Elle ne voulait pas transiger sur la question. Mais dans quel domaine la choisir ? Un cours de secrétariat paraissait s'imposer, mais Anna s'était révélée inapte à la sténographie – c'était l'un de ses nombreux rejets quand elle était chez Miss Metcalfe. « Ce n'est pas que ce soit difficile, s'était-elle écriée alors, mais je trouve ça tellement barbant ! » Et Miss Metcalfe, comme d'habitude, l'avait regardée avec pitié en faisant observer à haute voix que la suffisance n'aidait personne.

Mutti avait très bien compris ces réticences pour la sténo. À force de demander conseil à tous les gens qu'elle connaissait, elle avait fini par trouver une école où l'on enseignait une autre méthode aux élèves. Au lieu de prendre des notes à la main, on s'y servait d'une petite machine assez proche par sa conception d'une machine à écrire classique. Cette méthode avait de surcroît l'avantage de s'apprendre vite et de s'adapter facilement à diverses langues étrangères. Il n'y avait qu'un problème en fait : le cours coûtait vingt-cinq livres.

– Monsieur et madame Zuckermann !

La réceptionniste venait de surprendre le vieux couple au milieu de son déjeuner. Les petits pains regagnèrent leur sachet et les Zuckermann la suivirent.

– Je pense que nous sommes bien placées pour avoir une aide, dit Mutti, nous n'avons jamais rien demandé.

Même cette fois-ci, en fait, Mutti n'avait pas très envie de demander de l'aide à ce bureau. C'était la crainte de voir Anna forcée d'accepter un travail sans qualification comme elle qui lui avait fait franchir le pas. Cinq jours et demi par semaine, elle travaillait dans un bureau aménagé dans un sous-sol. Elle y tapait à la machine, triait et classait des dossiers ; elle avait tout cela en horreur.

– Monsieur Rubenstein ! Monsieur et madame Berg !

Une femme assise devant Mutti remua sur sa chaise, mal à l'aise.

– Que c'est long ! Ils nous font attendre ! Je ne vais plus le supporter longtemps.

– Allons, allons, Bertha, dit son mari en fronçant les sourcils. Il vaut mieux faire la queue ici qu'être coincé à la frontière. Mon épouse est un peu nerveuse, nous avons connu des moments extrêmement pénibles en Allemagne, ajouta-t-il en regardant Mutti et Anna. Nous avons pu passer de justesse avant la déclaration de guerre.

– C'était atroce ! gémit la femme. Ces nazis qui braillaient des menaces. Il y avait un pauvre vieil homme qui croyait ses papiers en règle, ils l'ont tabassé à coups de pied et ils lui ont refusé le passage. Pour ce qui est de nous, ils ont crié : « Aujourd'hui vous pouvez partir, mais vous ne perdez rien pour attendre... »

– Allons, Bertha, allons...

– C'est ce qu'ils ont crié, oui ou non ? « On vous trouvera, où que vous soyez, nous allons conquérir le monde ! »

L'homme sourit à Mutti d'un air embarrassé, en tapotant la main de sa femme.

– Quand avez-vous quitté l'Allemagne ?

– En mars 1933, dit Mutti.

Plus tôt on avait fui l'Allemagne, mieux on était considéré parmi les réfugiés de Londres. Avoir fui l'Allemagne en 1933, c'était comme avoir traversé l'Atlantique sur le *Mayflower*. Mutti ne résistait jamais à l'envie d'informer les gens du mois exact de leur départ.

– Vraiment ! dit l'homme, mais son épouse ne semblait pas impressionnée. Elle posa sur Anna un regard apeuré.

– Vous ne savez pas ce que c'est, dit-elle.

Automatiquement une barrière se dressa dans l'esprit d'Anna. Elle n'essayait jamais de savoir comment cela se passait en Allemagne.

– Mademoiselle Goldstein !

Enveloppée dans un vieux manteau de fourrure,

une femme se leva en agrippant une valise. Vint le tour d'un jeune homme à lunettes en qui Mutti crut reconnaître un joueur de violon peu connu. Et tout à coup, ce fut à elles. « La section formation », dit la réceptionniste en les conduisant dans une pièce où une dame aux cheveux gris attendait derrière un bureau. Cette dame lisait le formulaire qu'Anna avait eu à remplir quand elle avait pris rendez-vous. Au physique, elle faisait penser à une directrice d'école, mais en plus doux que Miss Metcalfe.

– Comment allez-vous ? leur dit-elle en les invitant à s'asseoir. Alors tu veux être secrétaire...

– Oui, dit Anna.

D'un bref coup d'œil, la dame consulta le formulaire.

– Si j'en juge par tes résultats au certificat de fin d'études, les choses allaient très bien pour toi. Tu n'as pas voulu continuer ?

– Non, dit Anna.

– Et pourquoi donc ?

– Je n'aimais pas beaucoup cette école. Et les élèves qui obtenaient leur certificat de fin d'études n'y restaient pas en général. (Elle hésita un court instant.) On ne nous apprenait pas grand-chose.

Nouveau regard sur le formulaire.

– École de filles Lilian Metcalfe, commenta la dame. Oui, je vois. C'est parfait pour les bonnes manières, mais pour le reste… C'est bien malheureux, mais qu'y faire ?

Le formulaire supervisé, elle se pencha sur la question du cours de secrétariat. Anna l'avait-elle essayé ? Quelle était la durée du cours ? Quel genre de travail cherchait-elle ?

Remontée par les reproches que venait de subir Miss Metcalfe, Anna perdit de sa réserve et répondit sur tous les points. Après une suite d'échanges étonnamment rapide, elle entendit la dame lui dire :

– Ma foi, tout cela m'a l'air parfait.

Elle crut l'entretien terminé, mais en fait la dame se tourna vers Mutti, presque à contrecœur :

– Excusez-moi, Madame, mais tant de gens ont besoin d'aide… Puis-je vous poser quelques questions ? Depuis quand êtes-vous dans ce pays ?

– 1935, dit Mutti, mais nous avons quitté l'Allemagne en mars 1933…

Combien de fois Anna n'avait-elle pas entendu dire cette histoire ! Elle la savait presque par cœur. Six mois en Suisse… deux ans en France… la Dépression… le scénario dont l'achat avait permis qu'ils viennent s'installer en Angleterre… Non, le film n'avait pas vu le jour… Que Vati parle anglais ou pas passait alors pour secondaire, le scénario était traduit. À présent, oui, naturellement… Un écrivain qui n'écrit pas la langue du pays où il vit…

– Je vous prie de m'excuser, dit à nouveau la

dame, j'ai bien compris que votre époux n'était pas un homme ordinaire, mais compte tenu des circonstances, ne pourrait-il pas se tourner, ne serait-ce que pour un moment, vers une forme d'occupation, comment dirais-je, plus terre à terre ?

Anna sourit intérieurement. Vati, un travail terre à terre ! Lui qui n'avait jamais su planter un clou droit, ni seulement faire cuire un œuf. Vati qui ne savait faire qu'une chose : assembler des mots sur une page. De son admirable manière.

– Mon mari n'a pas le sens pratique. Il est aussi plus âgé que moi.

Mutti rougit un peu en prononçant ces mots et la dame lui dit aussitôt :

– Je comprends, veuillez m'excuser. »

Comme c'est curieux, pensa Anna. Quand des gens rencontrent Vati, ils ne remarquent jamais son âge, et pourtant c'est cet argument qui fait effet sur la dame. Autrefois, à Paris, Vati les avait quasiment ruinés en achetant une machine à coudre qui ne marchait plus. Anna se rappela cette journée. Elle était allée avec lui retourner l'objet au brocanteur qui avait su l'embobiner. À Paris, ils avaient déjà connu le manque d'argent, mais pas à un tel degré. Jamais elle ne s'était sentie comme une réfugiée dans cette ville.

Mutti expliquait à la dame quel travail elle avait trouvé.

– Pendant un temps, je travaillais comme secrétaire particulière de Lady Parker – je ne sais pas si ce nom vous dit quelque chose. Mais à la mort de son époux, elle est allée s'installer sur son domaine à la campagne. Je me suis retrouvée à débrouiller les paperasses relatives à la propriété.

La dame eut l'air de compatir.

– Et... le salaire était convenable ?

Mutti lui dit ce qu'elle gagnait.

– Je n'ai pas de qualifications, c'est cela le problème, enchaîna-t-elle. J'ai appris la musique en Allemagne autrefois. Le salaire que je gagne aide à payer l'hôtel.

Peut-être les choses semblaient-elles à ce point différentes à Paris, parce que Mutti n'avait jamais été forcée d'y travailler, peut-être aussi parce qu'ils vivaient en appartement dans cette ville – ou peut-être, se disait Anna, était-ce simplement l'Angleterre qui ne lui convenait pas vraiment. Bien sûr elle n'avait pas beaucoup d'amis anglais ; à vrai dire elle ne connaissait que les élèves chez Miss Metcalfe, mais ce n'était pas cela uniquement. Peu de temps après son arrivée, beaucoup de choses avaient mal tourné. Elle avait grossi par exemple, nettement, sans raison apparente. Du jour au lendemain, ses vêtements tombaient mal sur elle. Mutti lui avait expliqué que ce genre de choses arrivait fréquemment à l'adolescence et que ça n'allait pas durer. En effet, ce poids superflu avait quasiment disparu, mais Anna soupçonnait encore l'Angleterre d'être obscurément responsable de ce changement. Après tout, elle n'avait jamais grossi comme cela par le passé.

Chez Miss Metcalfe, les autres élèves étaient plutôt fortes elles aussi – elle revoyait leurs lourdes cuisses rouges au hockey... Mais ça ne les rendait pas timides. Pour Anna, la timidité avait été la pire des choses. C'était survenu brusquement, peu après qu'elle eut remarqué cet embonpoint d'adolescente, et de façon inattendue car, auparavant, elle n'avait jamais senti la moindre gêne avec les gens. Ça la paralysait au point que, quand les autres se moquaient de sa maladresse au hockey ou de son drôle d'accent, elle ne trouvait jamais à temps les répliques pour leur clouer le bec. Avec les filles Bartholomew, qui elles étaient américaines, elle n'avait jamais eu de problème...

– Bon, Anna, intervint la dame, comme si elle avait deviné le cheminement de ses pensées, j'espère que tu seras satisfaite de ton cours de secrétariat et que tu t'y sentiras mieux qu'à la pension Lilian Metcalfe.

Anna revint sur terre en entendant ces mots. Ainsi tout était décidé ?

– Je vais évoquer la question demain matin en réunion, dit la dame, mais j'ai tout lieu de croire que cela ne fera pas de difficultés.

» Allons, ne me remerciez pas ! ajouta-t-elle en

voyant qu'Anna ouvrait la bouche. Je suis sûre que nous allons faire un excellent investissement.

*

Le soleil était apparu et il faisait assez chaud sur le chemin du retour à l'hôtel.

– Combien je vais gagner, tu crois ?

– Je ne sais pas très bien, dit Mutti, mais comme tu es polyglotte tu devrais au moins gagner trois livres.

– Trois livres par semaine, dit Anna.

Ça paraissait faramineux.

Vati félicita Anna, mais avec une certaine tristesse.

– Je t'avoue que je ne t'aurais jamais imaginée en secrétaire.

Anna non plus, une heure avant, elle écarta donc cette pensée.

– Papa, s'exclama-t-elle, tu ne sais pas ce qu'ils ont dit ? Ils ont dit qu'ils étaient certains de faire un bon investissement.

– Ah ! cela, je veux bien le croire, dit Vati.

Il portait son plus beau complet, ou du moins celui qu'il jugeait le moins miteux de sa garde-robe et il s'apprêtait à sortir.

– Je me rends à une réunion à l'International Writers Club[1]. Ça te dit de venir avec moi ? Ça ne

1. Le Club international des écrivains.

risque pas d'être très drôle, mais il y aura un bon goûter.

– Ça tomberait très bien, dit Anna.

Le International Writers Club, c'est vrai, n'était pas un endroit folichon, mais maintenant que la question de son avenir était réglée, elle ne tenait pas en place.

Ils marchèrent rapidement vers l'arrêt d'autobus, Anna tentant de ne pas penser à ces journées où le secrétariat prendrait le pas sur le dessin.

– C'est une réunion de la section allemande, dit Vati, qui la présidait. Mais pour ce qui est du goûter – il sourit pour lui-même en proposant ce petit marché –, ce sera un vrai thé anglais !

Dans les locaux du club, proches de Hyde Park Corner, un nombre important d'écrivains se trouvaient déjà réunis. C'était le contingent des visages familiers : les réfugiés cultivés, avec cols et manchettes de chemise élimés. Plusieurs d'entre eux vinrent au-devant de Vati quand ils l'aperçurent. Lorsqu'il leur présenta Anna, ils convinrent tous qu'elle lui ressemblait, remarque qui revenait souvent et qui rendait un peu confiance à Anna quand elle l'entendait ! Si elle ressemblait à Vati, son cas ne pouvait tout de même pas être totalement désespéré.

– Est-ce qu'elle suit les traces de son père ? demanda un petit bonhomme après l'avoir dévisagée derrière de gros verres de lunettes.

– Je l'ai cru un temps. Puis j'ai vu qu'elle s'intéressait au dessin. Pour l'heure (il leva lentement une main en signe de regret), elle projette d'être secrétaire.

L'homme aux lunettes leva les deux mains.

– Qu'est-ce qu'on peut faire ? soupira-t-il. Il faut bien vivre, c'est cela qui importe.

Vati et lui montèrent bientôt s'asseoir sur une petite estrade, tandis qu'Anna trouvait un siège parmi les autres écrivains. La réunion avait pour thème la situation de l'Allemagne. Un certain nombre d'orateurs devaient y prendre la parole. Anna, qui s'étonnait de voir tant d'écrivains, comprit pourquoi ils avaient peine à trouver des travaux à Londres.

Le premier s'exprima sur l'ascension nazie et sur les moyens qui auraient pu permettre de l'endiguer. À l'exception d'Anna, tout le monde se passionna pour cette question, qui suscita une série de prises de parole et d'échanges. Si seulement... C'était l'expression qui revenait dans toutes les bouches. Si la République de Weimar... Et si les sociaux-démocrates... Et si la France en Rhénanie...

Bientôt la discussion cessa. Un homme triste vêtu d'un pull leur lut des extraits d'un journal parvenu à Londres *via* la Suisse et tenu par un écrivain juif encore libre dans l'Allemagne nazie. Anna savait, bien sûr, comment ces gens vivaient, mais c'était toujours terrifiant d'entendre le détail des faits : la pénurie, l'humiliation, la menace permanente des camps. Quand la lecture fut terminée, il y eut un moment de silence au cours duquel les écrivains levèrent d'un air reconnaissant les yeux vers les hautes fenêtres donnant sur les arbres de Hyde Park, ou vers les moulures du plafond. Eux, au moins, avaient pu quitter l'Allemagne à temps.

Suivit un exposé dénué d'intérêt sur les différences régionales entre la Hesse et la Bavière. Puis Vati se leva sur l'estrade.

– Berlin… dit-il pour commencer.

Et ensuite, il se mit à lire…

Quand Anna, vers huit ou neuf ans, s'était rendu compte que son père était un écrivain célèbre, elle l'avait prié sans relâche de lui laisser lire quelque chose. Vati avait alors fini par lui montrer un petit texte sans difficulté pour son âge. Elle se rappelait encore le trouble qu'elle avait ressenti en lisant. Pourquoi Vati n'était-il pas capable d'écrire comme tout le monde ? Dans ses rédactions, à l'école, ses efforts à elle consistaient à écrire les phrases les plus longues, les plus chargées de fioritures et d'expressions grandiloquentes. Elle s'était donc imaginé que Vati écrirait comme cela, mais en bien plus superbe encore. Or ce n'était pas du tout le cas. Les phrases de Vati étaient courtes, les mots qu'il employait, tout le monde les connaissait. Il avait seulement une façon bien à lui de les juxtaposer, une façon si inattendue que cela vous donnait un choc. Une fois dépassée la surprise, elle avait tout de même réalisé qu'en le lisant, on comprenait exactement ce qu'il voulait dire. Mais tout de même... Pourquoi, pensait-elle, pourquoi ne peut-il pas écrire comme écrivent tous les autres gens ?

– Encore un peu trop tôt, je pense, avait dit Vati.

Par la suite, des années s'étaient écoulées sans qu'elle ose lui demander rien de plus.

À présent, Vati faisait lecture d'un de ses écrits en public, un texte qu'il avait dû taper sur sa vieille machine déglinguée quelques jours plus tôt dans sa chambre. Ce texte parlait de Berlin, et à mesure qu'elle l'entendait, les rues, les bois des environs ressurgissaient dans sa mémoire. Il y avait même un passage sur la maison qu'ils habitaient, et c'était vrai, c'était comme cela, c'était exactement comme cela.

Suivait un passage sur les gens, sur les voisins qu'ils avaient eus, sur les commerçants du quartier, sur l'homme qui entretenait le jardin – Anna l'avait presque oublié –, sur la vieille secrétaire au regard de hibou, qui tapait les textes de Vati. Le passage était plutôt drôle et l'assistance éclata de rire. Vati reprit. Où étaient-ils, tous ces gens ; la vieille secrétaire faisait-elle le salut à Hitler ? L'épicier avait-il rejoint les sections d'assaut nazies ? À défaut l'avait-on traîné dans un camp de concentration ? Qu'étaient-ils devenus après qu'on leur eut volé leur pays ? (Là, Vati se servit d'un mot presque ordurier, un mot qui frappa les tympans, mais qui libéra l'auditoire.) « Nous ne savons pas, poursuivit-il. Le régime les a absorbés. Pourtant, si l'un de nous retournait là-bas, il verrait certainement que tout garde son aspect de toujours. Les rues, les bois du voisinage, les maisons que nous habitions... » Il termina en reprenant la phrase prononcée au début : « Autrefois, j'habitais Berlin. »

Il y eut un moment de silence, puis les écrivains se levèrent unanimement pour applaudir. Vati descendit de l'estrade. Un petit groupe fit quelques pas vers lui pour le congratuler. Anna était restée en retrait. Il la rejoignit près de la porte. « Ça t'a plu ? » Elle n'eut que le temps de lui faire signe de la tête, car un mouvement du public les entraînait vers l'autre pièce. Une collation les attendait, copieuse et appétissante, et une partie des écrivains eut quelque peine à maîtriser son envie de s'y précipiter. La nourriture était offerte par les écrivains britanniques, la principale section du club. Certains d'entre eux firent leur entrée et se joignirent aux petits groupes. Tandis qu'Anna se régalait d'un éclair en tentant de faire part de son émotion à Vati, l'un d'eux s'avança jusqu'à lui.

– J'ai entendu l'ovation. De quoi leur avez-vous parlé ?

Vati, comme à son habitude, ne comprit pas un traître mot de la question qu'on lui posait ; Anna fit fonction d'interprète.

– *Ach so !* fit-il en adoptant cet air crispé qui signifiait qu'il allait dire trois mots d'anglais. *I talk-ed*... (Il faisait toujours sonner le *-ed* du prétérit...) *I talk-ed about Germany.*

La prononciation devait sans doute remonter au temps de Shakespeare, et l'écrivain tiqua un peu, mais il comprit rapidement.

– Ce devait être passionnant, dit-il. C'est un très grand regret pour moi de n'avoir pu vous comprendre.

*

De retour chez les Bartholomew, un peu plus tard dans la soirée, Anna trouva une lettre de Max, qui confirmait l'invitation.

– Toutes les bonnes choses arrivent en même temps ! s'exclama-t-elle, et oubliant sa timidité coutumière, elle parla abondamment à Mrs Bartholomew du projet de week-end à Cambridge, de la lecture qu'avait donnée Vati au club des écrivains, et de son choix professionnel.

– Quand j'aurai terminé ce cours, conclut-elle d'une voix triomphale, je serai capable de gagner au moins trois livres par semaine !

À ces mots, Mrs Bartholomew parut s'attrister quelque peu, comme Vati dans l'après-midi.

– Ce sont là de très bonnes nouvelles, dit la dame au bout d'un moment. Mais je ne te le répète pas, Anna. Tu peux vivre dans cette maison aussi longtemps que tu voudras... Donc si jamais tu changes d'avis...

Puis elle partit dans la penderie et en revint en lui montrant un joli manteau de Jinny.

– Pour aller voir Max à Cambridge !

3

Dans le train roulant vers Cambridge, elle ne cessa pas un instant de se demander ce qui l'attendait. Qu'allaient-ils pouvoir faire là-bas ? Comment seraient les amis de Max ? Allait-il falloir qu'elle leur parle ? Elle n'avait pas la moindre idée de ce qu'elle allait pouvoir leur dire !

Le temps ayant tourné au froid, il s'était mis à bruiner peu après la sortie de la gare. Elle regardait par la fenêtre les champs à l'herbe détrempée et les vaches couchées sous les arbres. Peut-être aurait-il mieux valu n'avoir pas du tout quitté Londres. Si personne ne l'aimait là-bas ? Puisqu'on ne l'aimait guère ailleurs, en tout cas pas les gens de son âge, pourquoi en serait-il autrement ? Les filles de la pension Metcalfe n'avaient pas bonne opinion d'elle. Elles ne l'avaient jamais choisie comme préfète ou chef de dortoir, même pas comme chef de réfectoire. On l'avait pressentie un temps comme responsable de tableau, mais cela n'avait même pas eu de suite. Qui plus est,

Max avait des garçons pour amis. Comment parler à des garçons ?

– Pas terrible, ce temps, fit une voix qui paraissait faire écho à ses sombres pensées.

C'était la voix d'une femme installée en face d'elle et vêtue d'un tailleur de tweed. Anna admit que le climat n'était pas très encourageant. La femme sourit aimablement. Elle portait un joli chapeau, des bottines pratiques et coûteuses, comme en portaient certaines des mères qui venaient à la pension Metcalfe voir leur fille le Jour des parents.

– Vous passez le week-end à Cambridge ?

Et comme Anna hochait la tête, la femme entreprit de lui faire une charmante description des loisirs et festivités qui animaient la ville universitaire. Des années plus tôt, ses trois frères y avaient fait toutes leurs études et ils l'invitaient fréquemment à venir y passer le week-end.

– C'était tellement bien pour une fille ! Mon Dieu, les soirées au théâtre ! Les admirables bals de mai ! Les pique-niques à Grantchester ! Et partout des jeunes gens charmants !

Anna se sentit défaillir devant pareille évocation. Elle se rassura en songeant qu'il y avait peu de chance pour qu'il y ait des bals de mai au mois de mars. D'ailleurs, Max l'aurait avertie s'il avait envisagé quelque soirée exceptionnelle.

– Et d'où venez-vous, au fait ? demanda la femme

en tweed, quand elle eut épuisé ses souvenirs de Cambridge.

Quand on lui posait cette question, Anna, en général, disait venir de Londres. Cette fois, sans trop savoir pourquoi, elle dit qu'elle venait de Berlin et regretta presque aussitôt d'avoir prononcé cette phrase-là.

– Berlin ? Vous êtes anglaise pourtant !

– Non, nous avons quitté l'Allemagne en mars 1933. (Tout à coup, Anna se sentit dans l'état d'esprit de Mutti au Bureau d'aide aux réfugiés.) Mon père est un écrivain allemand antinazi.

La femme en tweed essaya bien de trouver la clef de l'énigme.

– Antinazi, répéta-t-elle. Ainsi donc, vous êtes contre Hitler ?

– Oui, fit Anna.

– Ah ça alors, je ne m'en serais jamais doutée. Vous n'avez pas le moindre accent. J'aurais juré que vous étiez une de ces braves petites Anglaises comme on en rencontre des milliers.

Sans doute fallait-il prendre cela pour une forme de compliment, Anna eut grand soin de sourire. Mais aussitôt une autre idée se fit jour dans l'esprit de la femme.

– Oui, mais la guerre ! s'exclama-t-elle. Vous êtes dans un pays ennemi !

Ah, zut de zut ! pensa Anna, j'aurais vraiment

mieux fait de me taire. Elle essaya de s'expliquer avec toute la patience requise.

– Nous sommes contre l'Allemagne, en fait. Nous voulons que les Anglais gagnent.

– Contre votre propre pays !

– Nous pensons que ce pays ne peut plus être le nôtre.

Mais le tour qu'avait pris la conversation semblait choquer la femme en tweed.

– J'étais prête à jurer que vous étiez anglaise.

Et cela dit sur un ton de reproche, elle plongea dans son magazine.

Anna tourna les yeux vers le gris des nuages qui défilaient derrière la vitre parsemée de gouttes de pluie. Aussi stupide que cela paraisse, cet échange l'avait échaudée. Pourquoi n'avoir pas répondu qu'elle venait de Londres, comme elle en avait l'habitude ? Max n'aurait pas fait cette erreur. À en juger par le début de cette petite expédition, tout allait tourner au désastre.

Et de fait, quand le train arriva à Cambridge, ses pires pressentiments parurent se confirmer. Elle attendait Max sur le quai balayé par un vent glacé et ne l'apercevait nulle part.

En fin de compte, il déboucha à bout de souffle, d'un coin de la gare, avec les longs pans de sa toge d'étudiant flottant derrière lui.

– Excuse-moi, je sors de cours. (Il remarqua le

manteau rouge de Mrs Bartholomew.) Il en jette ton manteau, dis donc ! Judy, je parie…

– Pas de chance, Jinny ! dit Anna, qui allait déjà beaucoup mieux.

Max se saisit de la valise et mena Anna hors de la gare.

– J'espère que tu as apporté une bonne chemise de nuit en laine. Il fait plutôt froid dans ta chambre.

En fait de chambre, c'était plutôt une vaste grotte prise par les glaces ; elle était dépourvue de chauffage. Mais elle n'était pas loin de chez Max, et la logeuse fit la promesse de glisser une bonne bouillotte dans le lit au dernier moment. En s'apprêtant, Anna tenta d'imaginer la femme en tweed hébergée une nuit dans cette chambre ; ses week-ends à Cambridge d'alors devaient être bien différents. Max s'acquitta du prix de la chambre, dix shillings pour la nuit et le petit déjeuner, puis ils partirent, bras dessus, bras dessous, pour une petite promenade en ville.

Il ne pleuvait plus désormais, mais il restait un peu partout de larges flaques sur les trottoirs. Le ciel était humide et gris, on voyait par-dessus les toits s'effilocher de lents nuages découvrant un soleil timide. Ils se frayèrent un chemin sur la place du marché parmi les ménagères en courses et les stands aux bâches goudronnées d'où tombaient de grosses gouttes de pluie, et débouchèrent dans la grand-rue au milieu d'un flot d'étudiants. Certains, à bicyclette, passaient rapidement en projetant des éclaboussures, d'autres formaient des groupes bruyants déambulant sur les trottoirs. Partout des toges noires, des écharpes rayées, des amis qui se faisaient des signes, se hélaient d'un trottoir à l'autre. Au passage, plusieurs étudiants firent un petit salut à Max. Il semblait parfaitement intégré parmi eux. Anna imagina le plaisir de vivre dans un pareil endroit lorsqu'on s'y sentait admis.

Quelquefois, entre deux saluts, Max lui montrait un point de repère au milieu de l'agitation – un édifice, ou un vieux mur, un couloir de cloître, un banc de pierre où était gravé un poème. Dans ce cloître ou devant ce banc, on sentait les siècles passés, et toutes ces pierres couleur de ciel paraissaient là depuis toujours.

À la porte d'un salon de thé, deux longues toges se détachèrent et abordèrent Max brusquement.

– N'essaye pas de fuir, on t'a reconnu ! s'écria l'un des personnages. Avec une inconnue en plus !

– Une énigmatique inconnue vêtue d'un manteau écarlate, fit l'autre en désignant Anna.

– Espèces d'idiots ! dit Max. Voici Anna, ma sœur. George et Bill ! Ils déjeunent avec nous.

George n'était pas un nom inconnu pour Anna : c'était un camarade de Max depuis le lycée. Comme il mesurait au bas mot vingt centimètres de plus qu'elle, il aurait fallu qu'elle rejette la tête en arrière pour savoir à quoi son visage ressemblait. En revanche, celui de Bill était à portée de vue, sans signe particulier, c'était un visage sympathique et agréable à regarder. Ils entrèrent dans le salon de thé empli de clients à cette heure, et Max leur ouvrit un passage jusqu'à une table au fond de la salle.

Dès qu'ils furent assis, le visage de George apparut à Anna : un visage ouvert et joyeux, avec une expression d'étonnement permanent qui le rendait très attachant.

– Tu es vraiment la sœur de Max ? lui demanda-t-il, pince-sans-rire. Quitte à être la sœur de quelqu'un, tu aurais tout de même pu choisir quelqu'un d'un peu moins, comment dire... ou bien d'un peu plus, comment dire... enfin, quelqu'un d'autre que Max !

– Le pauvre, avec son tempérament furax...

– Sous son air faussement relax...

– Ses maxillaires jamais dans l'axe...

– Sans parler de ses fautes de syntaxe ! conclut George triomphalement.

Anna les regardait médusée. Est-ce qu'ils avaient improvisé ou préparé cette tirade ?

George se pencha un peu vers elle.

– Alors, n'est-il pas vrai, Anna – je peux t'appeler Anna au moins ? – n'est-il pas vrai Anna, disais-je, que tu aurais choisi quelqu'un, comment dire, de plus présentable ?

Il fallait qu'elle dise quelque chose.

– Je trouve... commença-t-elle.

Qu'est-ce qu'elle trouvait, au fait ? Il fallait qu'elle se jette à l'eau.

– Je trouve Max très bien comme il est.

Ça y était ! Comme d'habitude, elle rougissait d'avoir parlé.

– Loyal, dit George. Tu ne trouves pas, Bill ?

– Si, et bien répondu, dit Bill. Tu ne trouves pas que c'est bien répondu ?

– Parfaitement répondu ! dit George.

Ils étaient repartis à se renvoyer la balle. Ils n'attendaient qu'une chose au fond, c'était qu'elle rie de leurs plaisanteries et ce n'était pas trop difficile.

Ils mangèrent des haricots blancs sauce tomate avec quelques toasts, puis des beignets et burent du thé. Bill fit du charme à la serveuse pour qu'elle accepte de lui donner un petit supplément de sucre en poudre, mais elle refusa fermement.

– Enfin ! Nous sommes en guerre, vous ne savez donc pas cela ?

Immédiatement Bill fit semblant d'être atterré par la nouvelle.

– Comment ? En guerre ! Mais c'est terrible ! Pourquoi personne ne m'a rien dit ?

Et il grossit tellement l'affaire qu'elle lui ajouta un peu de sucre uniquement pour qu'il s'arrête.

– C'est bon pour une fois, lança-t-elle en reprenant le sucrier. Si le gouvernement me voyait, je ne sais pas ce qu'il dirait !

À l'idée du gouvernement lorgnant dans la tasse de Bill pour compter ses cuillerées de sucre, ils furent tous pris d'un tel fou rire qu'ils décidèrent de se commander un beignet chacun pour s'en remettre.

Anna les regardait en riant. Elle admirait leurs traits d'esprit, leur aisance, leur air britannique. Et comme c'était étrange pour elle de voir que rien, ou pratiquement, ne distinguait Max des deux autres !

– C'est vrai que ça fait drôle, dit George, d'entendre une phrase comme celle-là : « Vous ne savez donc pas que nous sommes en guerre. » En fait, il n'y a aucun signe qui nous en informe réellement.

– Oui, je ne sais pas comment ce serait s'il y avait vraiment la guerre, dit Max, mais je m'attendrais tout de même à sentir une pression plus forte.

C'était aussi l'avis de Bill.

– Quand on pense à la dernière guerre. Tous ces morts !

Il y eut un long moment de silence.

Anna prit sa respiration et se décida à apporter sa petite pierre à l'édifice.

– Quand j'étais petite, commença-t-elle, j'étais très contente d'être une fille.

Ils la regardèrent... Max, attentif, fronça légèrement les sourcils. Elle sentait bien que ça allait être un fiasco, comme toujours.

– À cause des guerres, expliqua-t-elle. Quand on est une fille, on ne court pas le risque d'être envoyée dans les tranchées.

– Ah oui, d'accord, je vois, dit George.

Ils semblaient en attendre plus, si bien qu'elle crut bon d'enchaîner tant bien que mal, en bafouillant.

– Seulement, plus tard, ma mère m'a dit qu'il n'y aurait plus jamais de guerre. Peut-être, mais moi pendant ce temps-là, je m'étais faite à mon idée... à l'idée d'être restée une fille... Pour résumer, maintenant je me dis que c'était mieux comme cela de toute façon. Parce que c'est vrai, ajouta-t-elle en bouclant sa démonstration avec un degré d'idiotie qui l'affligea littéralement, qu'on le veuille ou non, je suis une fille.

Il y eut un silence gêné, qui dura une vingtaine de secondes, puis Bill, par compassion sans doute, jugea bon de dire en riant :

– Non seulement c'est incontestable, mais ça te réussit très bien.

Plus jamais, se disait Anna. Plus jamais je ne parlerai de quoi que ce soit devant personne.

Entre-temps, George hochait la tête, comme si les choses qu'elle venait de dire n'étaient pas si insensées que ça.

– Ma mère me disait cela aussi. Elle prétendait toujours qu'il n'y aurait plus de guerre. Quand cette guerre-ci est arrivée, ça l'a vraiment rendue malade.

Son expression étonnée s'était encore intensifiée, quelques grains de sucre de beignet s'étaient nichés au coin de sa bouche, le tout faisait qu'il paraissait extrêmement jeune tout à coup.

» Seulement, quand on se trouve confronté à quelqu'un dépasse les limites comme Hitler, il n'y a pas le choix en fin de compte, il faut bien se résoudre à le combattre.

– Le combattre jusqu'à la mort ! fit Bill en plissant les paupières. Bon sang, regardez, Carruthers, il y a un nid de mitrailleuse à déloger sur la colline !

George dressa le menton.

– J'y vais seul, commandant. Sa voix tremblait. Mais si jamais je dois y rester…

– Oui, j'écoute, parlez, Carruthers…

– Si je dois y rester, commandant, dites-leur : c'était pour l'Angleterre !

George garda un court instant les yeux braqués vers le lointain, puis il dit en baissant la tête :

– C'est tellement con tout cela, je veux dire…

Ils finirent de manger leurs beignets en silence. Puis Bill prit congé en disant :

– Désolé, faut que j'aille prendre l'air.

– Littéralement ? demanda Max.

– Oui, littéralement, dit Bill.

Bill faisait partie de l'escadrille aérienne universitaire. Il s'entraînait tous les samedis.

George s'efforça d'extirper ses longues jambes de dessous la table.

– On se voit au ciné, ce soir ? dit-il.

– D'accord, fit Bill en s'éloignant.

Il leur lança un petit signe, dont Anna ne sut pas très bien s'il l'incluait elle ou non, et sortit d'un bond dans la rue.

Anna et Max attendirent George qui prenait le temps d'enrouler son écharpe autour de son cou.

– J'imagine qu'être en guerre, pour vous, ça doit faire encore plus bizarre, dit-il, et il regarda Max avec une expression pensive. Je ne parviens jamais à me souvenir que tu n'es pas né dans ce pays. D'ailleurs personne n'y pense ici, dit-il à l'attention d'Anna. Je suis sûr que Bill, par exemple, serait prêt à jurer que Max est anglais jusqu'au bout des ongles.

– Quelquefois je serais prêt à le jurer moi-même, dit Max avec une légèreté dont Anna seule pouvait deviner tout ce qu'elle représentait pour lui.

Ils regagnèrent le meublé que Max partageait avec George. La logeuse avait allumé un feu dans leur petit salon. Max, muni d'une pile de livres, s'assit aussitôt à côté pour achever de rédiger un devoir sur le droit romain. George disparut pour prendre un bain ; on l'entendait interroger la logeuse dans la pièce voisine sur ses chances d'avoir de l'eau chaude avant d'avoir à ressortir.

– Max, dit Anna, ne m'en veux pas. Je ne sais pas comment me comporter quand je dois parler à des gens.

Max leva les yeux de son travail.

– Allons ! dit-il. Tu es très bien.

– Mais je dis des choses tellement stupides. Malgré moi, je ne sais pas pourquoi – sans doute parce que je me sens nerveuse.

– Il n'y a pas que toi à qui cela arrive. Si tu avais vu George et Bill quand je leur ai dit que tu arrivais. Ils ne connaissent pas beaucoup de filles. Il n'y a que moi qui en connaisse.

Elle le regarda, admirative.

– Je ne suis pas comme toi, c'est le problème. D'ailleurs je me demande quelquefois, dit-elle en veine de confidence, si j'ai bien ma place dans ce pays.

– Naturellement ! s'exclama Max. Tu en fais partie autant que moi ! (Il paraissait vraiment outré.) La seule chose, c'est que tu t'es retrouvée dans une école qui ne valait rien, c'est cela qui fait que tu décroches.

– Tu crois vraiment ?

– Je le sais, dit Max.

Cette pensée lui rendant courage, comme Max se replongeait dans ses livres, elle ajouta rapidement :

– Il y a encore autre chose.

– Oui...

– Tu n'as jamais l'impression que nous n'avons vraiment pas de chance ?

– D'être réfugiés, tu veux dire ?

– Non, je veux parler des pays où on a vécu tour à tour. (Il semblait ne pas bien comprendre.) Prends ce qui est arrivé en Allemagne. Après cela, regarde la France. On y était depuis un an, voilà que survient la Dépression. Maintenant, c'est le tour de l'Angleterre – tu te rappelles à quel point les gens semblaient insouciants au début ? Aujourd'hui, c'est la guerre pour eux, et il y a le rationnement...

– Mais ce n'est pas notre faute, tout de même !

Anna secoua la tête d'un air mélancolique.

– Quelquefois je me sens comme le Juif errant.

– Tu ne lui ressembles pas tellement. Il portait barbe et papillotes. Et puis de toute façon, si mes souvenirs sont bons, on ne l'a jamais considéré comme quelqu'un qui porte malheur.

– Non, dit Anna. Mais je ne crois pas que les gens étaient ravis de le voir.

Max la regarda un instant, fixement, et éclata de rire.

– Anna, tu deviens vraiment toquée, lui dit-il avec affection. Complètement toquée. Au boulot !

Il se replongea dans ses livres et Anna le regarda écrire. La pièce était silencieuse, le feu crépitait par instants. Comme ça lui semblait merveilleux de pouvoir vivre de cette manière ! Un instant, elle s'imagina elle-même à l'université. Naturellement, on n'allait pas lui donner une bourse comme à Max. Mais à supposer que cela se produise, quel genre d'études y ferait-elle ? Du droit ? Ou de l'anglais, comme George ? Des études d'ingénieur comme Bill ? Non, elle, ce qu'elle aimait vraiment c'était le dessin, seulement le dessin ne pouvait la mener nulle part.

» Au fait, dit Max comme s'il avait suivi le fil de ses pensées, qu'est-ce que tu m'écrivais au juste sur ce cours de secrétariat ?

– Je commence la semaine prochaine.

Max considéra la nouvelle, et Anna vit qu'il prenait l'air concentré d'un homme de loi. Comme s'il pesait le pour et le contre avant d'arrêter un jugement sur une question délicate.

– Bon, je pense que c'est la meilleure solution, lâcha-t-il finalement. Dans l'immédiat. Pas pour de bon. Ça ne peut pas t'aller à long terme.

Puis une pensée inattendue dut se faire jour dans son esprit, car il feuilleta rapidement un des livres ouverts devant lui, y trouva les mots qu'il cherchait, et recommença à écrire.

*

Anna regagna seule sa chambre, se brossa les cheveux et passa la seule autre robe qu'elle avait. C'était sa vieille robe d'écolière en velours gris à larges côtes. Elle la trouvait vraiment horrible, quand elle l'avait chez Miss Metcalfe, mais Mutti avait déniché un joli col blanc de dentelle dans le fond d'une malle de Berlin. Grâce à ce petit plus, et du fait qu'Anna avait nettement minci, elle paraissait presque élégante. À son retour, elle trouva Max en train de débarrasser ses notes. George supervisait les petits plats que la logeuse avait préparés et posés à côté du feu. Il s'avéra que le bain de George n'avait pas tenu ses promesses. Craignant de manquer de temps pour le prendre, il s'y était plongé quand l'eau n'était même pas tout à fait tiède. Ensuite, assis dans ce fond d'eau qui refroidissait à mesure, le plus pénible avait été de se décider à en sortir pour affronter l'air encore moins accueillant de la salle de bains. Bref, il en était sorti et le problème de la toilette ne se reposerait plus désormais avant la fin de la semaine suivante, expliqua-t-il l'air satisfait.

– Et ceci m'amène à remarquer, enchaîna-t-il fort galamment, que je te trouve d'une fraîcheur et d'une élégance remarquables. La dernière mode de Londres, non ?

Elle lui expliqua que c'était la robe qu'elle portait les dimanches quand elle restait au pensionnat.

– Ça c'est extraordinaire ! fit George. À l'école, ma sœur porte toujours une affreuse robe, genre toile de sac.

La discussion porta ensuite sur la sœur de George, son école où les élèves étaient forcées de faire une petite révérence quand elles croisaient la directrice, école qui, de l'avis de George, ne devait pas être beaucoup plus gaie que la pension Lilian Metcalfe. De là, ils tinrent quelques propos sur les écoles en général. Max avait certainement raison, se dit Anna, George est sans doute aussi tendu en ma présence que je le suis de mon côté, et forte de cette pensée nouvelle, elle se décontracta un peu jusqu'à l'heure de partir.

Ils se remirent donc en chemin dans la nuit froide du couvre-feu, pour aller assister à un film d'aventures. Bill les rejoignit dans le hall, ainsi qu'une fille aux cheveux frisés, pour qui, à la surprise d'Anna, Max paraissait éprouver une certaine admiration. Elle s'appelait Hope, et elle avait au moins trois ans de plus que Max, mais quand Max lui murmura : « Tu ne trouves pas qu'elle est jolie ? » Anna ne voulut pas le décevoir.

Le film était un pur navet. La salle, composée d'étudiants, enragea et prit fait et cause pour l'héroïne, qui s'efforçait de résister aux avances du méchant. Lequel était copieusement conspué par l'assistance qui faisait des bruits de baisers frénétiques et criait des « Vas-y Clarence ! » pour encourager le gentil héros qui s'acharnait à leur poursuite. À la fin, le méchant tentait de laisser tomber l'héroïne entre les mâchoires grandes ouvertes d'un vieux crocodile famélique. Quelqu'un, dans le public, fit remarquer qu'il aurait eu besoin d'être nourri, et quand le héros sauva l'héroïne, le dialogue final fut couvert par des huées et des appels à la défense des animaux.

Anna trouva tout cela admirablement drôle. Elle rayonna toute la soirée, qu'ils prolongèrent dans un café à déguster d'autres beignets. Enfin, George et Max la raccompagnèrent à sa porte et lui souhaitèrent bonne nuit. Elle tâtonna dans la pénombre jusqu'au lit, glacé comme la chambre, et, cramponnée à la bouillotte, repensa avant de s'endormir à l'univers extraordinaire dans lequel son frère évoluait.

*

– Alors, comment trouves-tu Cambridge ? lui demanda Max le lendemain soir en l'accompagnant à la gare.

Elle ne se sentait aucune envie de reprendre le chemin de Londres. Comme le temps s'était réchauffé, ils avaient passé la journée à faire une promenade en barque, Max et Hope discutant entre eux dans une barque manœuvrée par George, et Anna dans une autre barque avec Bill qui tenait les rames. George et Bill avaient essayé de s'éperonner, si bien que Bill, après s'être retrouvé à l'eau, les avait invités à venir prendre un peu de sherry dans sa chambre. Il habitait à l'intérieur d'un collège vieux de trois cents ans. Là, sous l'effet adoucissant de leurs petits verres de sherry, George et Bill avaient exprimé le vœu de la voir revenir.

Elle regarda Max d'un air grave, dans le soir tombant, sur le quai.

– J'ai trouvé cela merveilleux, dit-elle. Réellement merveilleux.

– J'en suis content, approuva Max.

Elle voyait, malgré la pénombre, qu'il avait un visage ému. Soudain, il se mit à sourire.

– Il y a autre chose, dit-il. Ne le dis pas encore à Mutti, mais je crois que je vais décrocher mention très bien pour ma licence.

Le train entra en gare dans un nuage de vapeur, il était curieusement bondé de fantassins et de marins. En pénétrant dans le wagon, il lui fallut se faufiler au milieu des sacs de soldats. Le temps de baisser la vitre, le train partait déjà.

– Merci, Max ! J'ai passé un magnifique week-end !

Mais il y avait beaucoup de bruit, Max n'avait peut-être pas entendu. Un des marins lui proposa une place de fortune sur son sac ; elle s'y tint pendant tout le trajet. Ce fut un voyage fatigant, nettement plus lent qu'à l'aller. La lampe du couloir, voilée de peinture bleue, était trop faible pour qu'elle pût lire. À chaque nouvelle gare, d'autres soldats entraient, bien que le wagon fût bondé. Sur Liverpool Street également, il y avait plein d'hommes en armes et, tandis qu'elle se frayait lentement un chemin parmi les groupes dans la pénombre de la gare, elle se demandait où ils partaient. Un instant plus tard, une affiche de presse accrocha son regard : « Hitler envahit la Norvège et le Danemark ! »

4

Anna eut peur lorsqu'elle apprit l'attaque de la Scandinavie. Tout à coup, la voix de la femme du Bureau d'aide aux réfugiés lui était revenue en mémoire, et les mots dits par les nazis : « Où que vous alliez, nous vous aurons, nous allons conquérir le monde ! » Mais dans un deuxième temps, comme rien ne se produisait, la vie reprit son cours. Le Danemark s'étant rendu sans opposer de résistance, des troupes avaient été envoyées en Norvège. Une bataille navale avait lieu, dont l'issue restait indécise, et de toute façon, vue d'Angleterre, la Scandinavie semblait loin.

Anna commença à se rendre à son cours de secrétariat. Judy et Jinny vinrent passer les fêtes de la Pentecôte à Londres. Vati fut convié à écrire le texte d'un tract de propagande, qu'on allait jeter sur l'Allemagne – le ministère de l'Information l'avait convoqué pour cela et c'était le premier travail qu'il ait eu depuis de longs mois. Max et George, qui profitaient d'un séjour de randonnée pédestre, envoyèrent une carte à Anna depuis une auberge de jeunesse.

Elle n'avait qu'un réel désir : apprendre le plus vite possible la nouvelle méthode de secrétariat pour trouver un travail qui lui rapporterait de l'argent. Tous les matins, elle se rendait à son cours situé sur Tottenham Court Road. Là, elle s'entraînait à retranscrire tous les textes qu'on lui dictait, au moyen d'une petite machine qui était fournie par l'école. C'était une méthode assez drôle. Le clavier, au lieu d'être fait pour qu'on tape une touche à la fois comme sur une machine à écrire, permettait qu'on en presse plusieurs, comme pour les accords au piano. Chaque fois, la machine imprimait une syllabe en lettres ordinaires sur une bande de papier qui se déroulait à mesure. La frappe reproduisait les sons de la syllabe, sans tenir compte de l'orthographe. En anglais par exemple, «*general situation*» devenait «jen-ral sit-you-ai-shn». Après cette transcription rapide, le texte restait facile à lire et cela épargnait à Anna tous les gribouillages en sténo qui l'avaient tellement rebutée.

Pour Judy et Jinny, c'était impressionnant de voir Anna changer de vie. Tous les matins, elles la regardaient se mettre en route comme une adulte, alors qu'elles-mêmes se prélassaient dans le doux soleil du printemps. Il y avait, dans cette école, deux ou trois autres réfugiées. La directrice, Mme Laroche, qui était belge d'origine, disait qu'elles avaient toutes les chances d'obtenir des emplois corrects, grâce à la connaissance des langues. Mme Laroche comptait Anna au nombre de ses meilleures élèves, elle la faisait souvent venir quand elle avait à démontrer les qualités de son système à quelque client potentiel.

La semaine d'avant la Pentecôte fut aussi chaude qu'ensoleillée et Anna se faisait une joie à la pensée du long week-end qui approchait : l'école devait fermer le vendredi midi et le lundi était férié. Le vendredi après-midi, elle allait donc pouvoir rejoindre Mutti et Vati comme prévu, ainsi qu'un cousin de Mutti, cousin Otto comme on l'appelait, qui venait leur rendre visite.

Contrairement à d'habitude, elle se sentit lasse de s'entraîner à la méthode. Quand Mme Laroche la fit venir au milieu de la matinée pour une petite démonstration, elle accueillit cette diversion avec un certain soulagement. Les clients en question semblaient très réticents. Il s'agissait d'un couple relativement âgé, qui venait présenter sa fille, plutôt timide et indécise. Le père n'était pas convaincu. Il hésitait à gaspiller de l'argent pour une méthode nouvelle, qui n'avait même pas fait ses preuves.

– Et voici une de nos élèves, fit Mme Laroche avec enthousiasme en voyant Anna arriver.

C'étaient du moins les mots qu'Anna avait eu l'impression d'entendre. Mme Laroche parlait anglais avec un tel accent flamand, qu'il n'était jamais très commode de comprendre ce qu'elle disait. D'un geste elle invita Anna à venir s'asseoir sur une chaise, puis elle prit un livre au hasard sur un rayonnage derrière elle. Anna chercha des yeux l'assistante de la directrice. Anglaise, c'était elle d'ordinaire qui dictait les textes en anglais. Cette fois, elle ne la vit nulle part.

– Bon, c'est *moi* qui dicte aujourd'hui, fit Mme Laroche décidée.

À l'évidence, Mme Laroche avait été piquée au vif par les critiques de ce client, elle avait dû se mettre en tête de lui prouver personnellement les qualités de sa méthode. La directrice ouvrit son livre à la première page et dicta : « *Der doo glass terweens* ».

– Quoi ? fit Anna interloquée.

– Je répète : « *Der doo glass terweens* ».

– Veuillez m'excuser, fit Anna, qui commençait à devenir pourpre. Je n'ai pas très très bien compris...

– *Der doo glass terweens... Der doo glass terweens !* dit Mme Laroche qui perdait patience.

Elle s'approcha et tapota nerveusement sur la machine, en émettant d'une voix contenue et destinée à Anna seule un mot qui selon toute vraisemblance devait signifier : « Écrivez ! » Il n'y avait rien d'autre à faire que de taper la phrase telle quelle.

Anna tapa consciencieusement en se disant que ça s'arrangerait, mais c'était faire preuve d'optimisme. La première phrase n'était pas plus compréhensible que le titre, ni la deuxième, ni la troisième, ni aucune de celles qui suivirent. De temps à autre, il lui semblait bien reconnaître un mot isolé au milieu du baragouin. Les joues rouges et l'air pitoyable, elle tapait au fur et à mesure, attendant la fin du supplice, mais elle savait qu'après cela il lui faudrait relire le tout, ce qui serait encore plus terrible.

– Point final, dit Mme Laroche.

Alors qu'Anna cherchait encore un subterfuge désespéré pour échapper à la relecture, une idée lui vint à l'esprit. Au fond, peut-être que la dictée n'avait réellement aucun sens. Peut-être que Mme Laroche avait volontairement émis cette longue série de borborygmes pour bien démontrer que son système était capable d'enregistrer tout, y compris ce qui n'avait pas de sens. À demi rassérénée, elle se concentra donc sur la relecture à haute voix avec un regain d'assurance... Alors, le titre pour commencer :

« *Der doo glass ter-weens* », lut-elle, en prenant soin de détacher rigoureusement chaque syllabe comme Mme Laroche l'avait fait. Puis, d'un même souffle, elle s'engagea dans le texte proprement dit...

Mais au fil des mots elle avait l'impression de plus en plus nette que quelque chose lui échappait. Pourquoi le père se pressait-il la paume de la main sur la bouche, comme s'il cherchait à réprimer une crise de spasmes convulsifs ? Et pourquoi la mère et la fille baissaient-elles toutes les deux la tête, la main en visière sur le front ? Pourquoi enfin Mme Laroche était-elle devenue violette ? Pourquoi se mettait-elle à crier aux oreilles d'Anna tout à coup, à lui empiler la machine, le papier, le livre sur les bras et à la pousser dans le couloir ?

La porte claqua violemment et Anna se retrouva dehors, abasourdie et pétrifiée.

– Qu'est-ce qui s'est passé ? lui demanda une jeune professeure anglaise, alarmée d'entendre ce raffut.

– Je ne sais pas du tout, dit Anna.

La jeune femme prit en main le livre resté ouvert. C'est ce qu'elle t'a dicté ? demanda-t-elle. « *The Douglas twins* ? »

– Non, dit Anna.

Ce ne pouvait pas être le texte qu'avait dicté Mme Laroche, puisqu'elle avait lu mot pour mot, son pour son, syllabe par syllabe : « *Der doo glass terweens* » plusieurs fois... On ne pouvait vraiment pas confondre ! Mais si, on pouvait justement, puisque c'était Mme Laroche.

– Non ! s'écria Anna. Alors, ils ont dû tous penser... (Elle regarda la professeure.) Qu'est-ce que je vais faire ? Ils doivent tous croire que je me suis moquée de son accent ! Il faut que j'aille le leur expliquer ?

Elles entendaient Mme Laroche crier à tue-tête dans le bureau.

– Mieux vaudrait attendre un petit peu, ça n'a pas l'air d'être le moment.

– Mais, il faut que je fasse quelque chose !

Elles entendirent derrière la porte un bruit de chaises que l'on repoussait dans le bureau, un éclat de rire masculin, interrompu par une remarque, incompréhensible bien sûr mais, à en juger par le ton, plutôt dure, de Mme Laroche.

– Viens, dit la jeune femme d'une voix ferme en poussant Anna dans une classe. Pour l'instant, contente-toi de reprendre ton travail, et essaie de ne plus y penser. Ce n'est qu'un petit malentendu. Mardi tout sera rentré dans l'ordre.

Anna trouva un bureau libre et commença à retranscrire machinalement une dictée que lisait lentement une élève. Ne plus y penser ? Mais comment ! Elle trouvait cela tellement injuste. Mme Laroche n'avait pas le droit de crier comme elle l'avait fait. Anna s'était toujours montrée très appliquée dans son travail. Pas une seule personne à l'école ne comprenait cet accent flamand – elle devait tout de même le savoir.

Quant à penser qu'Anna s'était volontairement moquée d'elle...

Bon, je vais aller lui parler ! Je vais lui dire qu'on n'a pas le droit de me traiter de cette façon-là ! Oui, mais si elle refuse de me croire ? Est-ce qu'on pouvait se faire renvoyer d'une école de secrétariat ?

À la fin de la matinée, sa confusion était terrible. Elle ne se sentait nulle envie de retourner à la maison. Mais d'un autre côté, affronter la fureur de Mme Laroche lui paraissait au-dessus de ses forces. Elle se rendit au vestiaire et se regarda un moment dans la glace tout en hésitant. Mentalement, elle se formulait de grandes phrases pour se justifier. D'un autre côté, elle repensait au conseil de la professeure : oublier tout jusqu'à mardi. Finalement, une femme de ménage arriva avec son balai et Anna dut quitter la pièce.

Quand elle déboucha dans le couloir, tout le monde était déjà parti. Mme Laroche aussi sans doute, se dit-elle, à demi soulagée – seulement à demi, parce qu'elle allait être tracassée tout le week-end. Ah, zut de zut ! maugréa-t-elle. Mais au moment où elle passait devant le bureau de Mme Laroche, le son d'une voix l'arrêta net. Encore des professeurs sans doute. Mieux valait ne pas s'accorder un temps trop long pour réfléchir ! Elle frappa discrètement, et entrouvrit la porte.

Il n'y avait pas de professeurs, seule Mme Laroche était là... Et la voix ne venait pas d'elle, la voix venait de la radio.

– Madame Laroche, écoutez-moi, j'aimerais seulement vous expliquer... (Dans le vestiaire, elle s'était dit qu'elle allait prendre un ton féroce, mais elle fut forcée de constater qu'elle était assez loin du compte.) Pour ce qui s'est passé tout à l'heure...

Mme Laroche posa sur elle des yeux vides, puis reprit ses esprits, et lui fit signe de s'en aller.

– Mais je voulais vous expliquer... Ce n'est pas ce que vous avez cru !

La radio venait de se taire et Anna entendit soudain sa voix résonner stupidement dans le silence du bureau.

Mme Laroche quitta sa chaise pour marcher dans sa direction, quand Anna se figea soudain : la dame avait les larmes aux yeux.

– Mon enfant, dit-elle en français, les Allemands entrent en Belgique. Ils ont envahi la Hollande.

Anna la regarda ébahie.

– Qu'est-ce que mon peuple va devenir ? interrogeait Mme Laroche, comme si Anna pouvait répondre. Qu'est-ce que mon peuple va devenir ?

Anna cherchait bien quelque chose de compatissant à lui dire, mais elle ne trouvait rien qui vaille.

– Je suis désolée, bredouilla-t-elle.

Avec un sentiment coupable, elle repensait aux *Douglas twins*. Elle se sentait toujours tracassée mais cette histoire paraissait complètement dépassée maintenant. Les choses allaient rentrer dans l'ordre.

– Mon Dieu ! Tu vois ce que cela veut dire ? Si les Allemands étaient là, actuellement, en Angleterre, tu te rends compte de ce que ça nous ferait !

Et comme Anna restait toujours là, bras ballants, à la regarder, elle s'écria :

– Rentre chez toi ! Pour l'amour du ciel, rentre chez toi ! Rentre chez tes parents, mon petit !

Anna quitta le bureau, traversa le couloir, franchit la porte du bâtiment et déboucha en plein soleil : la rue n'était pas différente de ce qu'elle était les autres jours. Pourtant elle se mit à courir, à courir vite sur le trottoir, doublant, esquivant les passants. Quand elle se sentait à bout de souffle, elle marchait le plus vite possible, puis elle repartait en courant, tant et si bien qu'elle arriva devant l'hôtel exténuée. Elle y trouva Mutti et Vati dans le salon. Cousin Otto était là aussi. Ils étaient tous trois entourés d'Allemands, de Tchèques, de Polonais, qui parlaient en faisant des gestes, et paraissaient très excités. Les yeux de cousin Otto luisaient étrangement, ses cheveux ébouriffés lui tombaient sur le front au-dessus de son grand nez juif. Tout le monde parlait en même temps. Le gardien, derrière son bureau, y allait de son commentaire quand quelqu'un voulait bien l'entendre.

– Ils vont prendre une pâtée ! disait cousin Otto, avec des accents triomphants. Les Anglais n'attendaient plus que cela. Ils vont passer la Manche et les prendre de flanc. Ils vont faire voler en éclats tout le dispositif allemand... Les Français donneront un coup de main naturellement, dit-il ensuite.

Otto avait pour l'Angleterre une admiration éperdue. Pour lui, tout ce qui était anglais était synonyme d'excellence. Il se sentit presque offensé quand Vati donna un avis qui divergeait nettement du sien.

– Chamberlain ne m'inspire pas confiance. Je ne crois pas les Anglais vraiment prêts à se battre.

– Oh ! oh ! oh ! fit Otto. Tu ne comprends pas les Anglais. C'est vrai qu'un homme comme Chamberlain donne l'impression de ne rien faire, mais je dis bien : *donne l'impression* ; c'est justement pendant ce temps-là qu'il organise tout en coulisse. Tu as tout de même vu la façon qu'ont les Anglais d'être toujours un peu en retrait quand ils te parlent. Jamais de drame, jamais de déballage ! Eh bien, c'est comme cela que les Allemands vont tomber en plein dans le panneau.

– Si c'est cela, le Parlement est tombé dans le panneau aussi. Je crois savoir qu'en ce moment même les parlementaires britanniques essaient de se débarrasser de Chamberlain.

– Dans un pareil moment ! gémit une vieille dame tchèque.

Otto parut un peu troublé par l'information de Vati.

– Les institutions britanniques. Pure procédure parlementaire, dit-il comme pour se rassurer.

C'était une chose attendrissante, pensait Anna, de voir Otto aussi entiché des Anglais, d'autant que son pays d'adoption ne lui avait pas ménagé jusque-là un sort favorable. Malgré son doctorat de physique, tout ce qu'il avait pu y trouver c'était un job alimentaire chez un petit fabricant de chaussures.

– Qui tient réellement la boutique ? C'est cela que j'aimerais bien savoir ! s'exclama la vieille dame tchèque en enfonçant un doigt osseux dans la poitrine du pauvre Otto.

– Il serait peut-être temps de monter, observa discrètement Mutti.

En semaine, l'hôtel Continental ne servait pas de repas le midi ; ils montaient souvent grignoter deux ou trois petites choses chez Vati pour tenir jusqu'au dîner.

Otto accepta volontiers.

– Je mourais d'envie d'une tasse de thé, avoua-t-il en la voyant aller et venir d'une pièce à l'autre avec les divers ustensiles et quelques petits pains au lait.

Il s'assit sur le lit de Vati, en buvant un traditionnel « tea with milk » comme les vrais Anglais. Puis il demanda à Anna si elle avait un mot pour Max, car il prenait le train pour Cambridge en milieu d'après-midi dans l'espoir d'obtenir un nouveau travail.

– Quelle sorte de travail ? voulut savoir Mutti.

Otto se mit immédiatement à poser la paume de la main sur le bois du lit, le plancher, et sur tous les objets de bois qui se trouvaient dans le périmètre.

– Ce serait dans mes cordes pour une fois. Un des professeurs de physique dont je suivais les cours à Berlin enseigne là-bas à présent et me demande de venir le voir.

– Oh ! Otto, ce serait magnifique.

– Touchons du bois ! Touchons du bois !

Otto se remit à toucher tout le bois qu'il pouvait atteindre, et à le voir faire avec ses manières d'un autre temps, on avait peine à croire qu'il n'avait même pas trente ans.

– Embrasse Max tendrement pour nous, et demande-lui d'écrire, dit Mutti.

– Et souhaite-lui bonne chance pour ses examens ! dit Anna.

– Ah oui, dit Mutti. C'est pour bientôt. Dis-lui plutôt de ne pas perdre son temps à écrire – il va être beaucoup trop pris.

– Tu pourrais transmettre quelques mots de ma part à Max ? dit Vati.

– Certainement, dit cousin Otto.

– Veux-tu lui dire... (Il hésita un instant avant d'enchaîner.) Je pense que maintenant que les Allemands ont engagé cette offensive, Max pourrait avoir le désir de s'engager comme volontaire dans l'une ou l'autre des corps d'armée anglais. Max se doit de faire ce qu'il croit juste, ça va de soi. Mais je t'en prie, demande-lui pour moi de discuter la question avec son université. Qu'il ne prenne aucune décision sans cette démarche préalable.

– Il n'a que dix-huit ans ! dit Mutti.

– Ce n'est pas trop jeune, dit Otto. (Il hocha la tête vers Vati.) Je te promets que je lui dirai. À mon retour, je vous passe un coup de fil pour vous apprendre comment il va.

– Ce serait très gentil, dit Vati.

Cousin Otto resta encore quelques instants à boire du thé, puis il s'en alla à la gare. Anna rentra peu de temps après pour rejoindre Judy et Jinny. Elles s'étaient si peu vues, en fait, qu'elles souhaitaient se retrouver ensemble tout un week-end comme autrefois. Elles passèrent un si bon samedi à jouer au tennis et à prendre des bains de soleil qu'elles recommencèrent le lendemain.

Le dimanche matin, en première page des journaux s'affichaient des photos de Winston Churchill, l'homme qui remplaçait Chamberlain au poste de Premier ministre. On y découvrait également un certain nombre de récits faits par des témoins oculaires de l'invasion de la Hollande. Des avions avaient déversé en divers points du territoire des quantités impressionnantes de parachutistes nazis déguisés en soldats anglais ou en soldats néerlandais. Ajoutant à la confusion, des Allemands vivant en Hollande depuis déjà plusieurs années et que personne ne soupçonnait d'être des agents pronazis avaient opéré la jonction. Les Hollandais tenaient encore, les Français et les Britanniques étaient en route pour les aider, mais à l'évidence les Allemands avaient bien un pied dans la place. Une des cartes montrait la Hollande traversée par d'épaisses flèches noires partant du territoire allemand. Un des articles portait pour titre « Si les côtes de la mer du Nord tombaient aux mains de l'Allemagne ». Jinny fit remarquer que les journaux du dimanche exagéraient toujours, et qu'il ne servait donc à rien de trop se soucier de ce qu'ils disaient.

Le lundi fut plus ensoleillé encore. Quand Anna regagna l'hôtel pour passer la journée avec ses parents, il leur sembla que ce serait dommage de rester entre quatre murs par une belle journée comme celle-là.

– On ne pourrait pas aller au zoo ? proposa-t-elle toute réjouie par cette subite inspiration.

– Je ne suis pas contre, dit Vati.

Il se sentait un peu réconforté par le fait que Winston Churchill avait été nommé Premier ministre – d'après lui, c'était le seul homme à comprendre la situation.

Mutti s'inquiéta de la dépense, mais le temps était tellement beau qu'ils se décidèrent finalement à s'offrir cette petite folie.

Ce fut une journée inoubliable. Il y avait des années qu'Anna n'était plus entrée dans un zoo. Elle en fit le tour, tout ébahie, ne sachant où donner des yeux. Voir les grands tigres orange et sable striés de bandes noires qui semblaient avoir été versées sur leur fourrure ! Voir les couleurs fastueuses des paons faisant la roue ! Voir les singes au fin pelage beige tourner vers elle leurs regards tristes ! Après tant d'années, c'était comme si elle contemplait ces animaux pour la première fois de sa vie. Et les girafes ! se disait-elle. Ces bêtes sont inimaginables, personne au monde n'aurait jamais pu inventer des bêtes pareilles !

Et tandis qu'elle regardait, regardait, regardait encore, une autre part de son esprit prenait garde de ne pas penser à la carte aperçue dans le journal, avec ses flèches tels les symboles d'une terreur noire qui infiltrait de nouvelles parties de l'Europe, des pays où jusqu'à ce jour on ne se sentait pas menacé.

Ils se promenèrent dans le zoo jusqu'en fin d'après-midi. L'esprit d'Anna était si plein de tout ce qu'elle avait contemplé qu'elle n'avait plus à faire d'efforts pour ne pas penser à la guerre – comme si ces longues heures au soleil avaient modifié quelque chose, et amené une lueur d'espoir. Mutti et Vati également semblaient se sentir plus légers. Au pavillon des petits félins, Vati leur avait fait remarquer une petite bête à l'air méchant : « Ah ! ça, c'est Goebbels tout craché ! » Tout le long du retour en autobus, il imaginait l'animal haranguant la ménagerie dans une espèce d'allemand rugi, inspectant les autres félins, à la recherche du moindre signe pouvant prouver qu'ils étaient juifs. Il faisait rire Mutti et Anna à répétition sur ce thème. Ils étaient donc très détendus en dépit d'une légère fatigue quand ils arrivèrent à l'hôtel, un peu comme quand on rentre chez soi après quelques jours de vacances.

Le salon paraissait obscur après ce long bain de lumière ; Anna eut besoin d'un instant pour discerner le gardien de l'hôtel, qui leva la tête en les voyant.

– Quelqu'un vous a appelé de Cambridge.

Anna se demanda pourquoi Max téléphonait au lieu d'écrire.

Vati s'attarda un moment pour tourner les pages d'un journal laissé par quelqu'un sur une table.

– Il n'y a rien de nouveau là-dedans, dit le gardien, mais ça ne va pas fort, d'après ce que dit la radio.

– Que s'est-il passé ? dit Vati.

Le gardien haussa les épaules. C'était un homme de petite taille et plutôt amer dans la vie, qui n'avait plus que quelques mèches de cheveux soigneusement plaquées sur les pourtours d'un crâne luisant.

– Ça continue, dit-il. C'est fichu en Hollande. Les nazis sont partout, et la famille royale a dû rejoindre l'Angleterre.

– Aussi vite ! s'exclama Vati.

Ils avaient eu l'impression de s'être vidé l'esprit de tout cela, mais ce sentiment s'évanouit aussi vite qu'il était venu.

Le téléphone sonna alors ; le gardien décrocha et regarda Anna.

– Pour toi. Un appel de Cambridge.

Elle courut jusqu'à la cabine et décrocha le récepteur.

– Max ? dit-elle – mais apparemment ce n'était pas Max. C'était George.

– Écoute, quelque chose d'ennuyeux vient de nous arriver ici. Je ne sais pas comment dire cela, mais c'est Max... On l'a arrêté.

– Arrêté ? Mais qu'est-ce qu'il a fait ? (Anna pensa à une frasque, un chahut ou un coup donné pour faire tomber sur le trottoir le casque d'un agent de police, mais Max n'aurait sûrement jamais...) Qui l'a arrêté ? La police ?

– Oui, dit George, en tant qu'étranger, citoyen d'un pays ennemi.

– Ils n'arrêtent pas les gens pour ça ! Et de toute façon, Max n'est pas citoyen d'un pays ennemi. Nous avons perdu depuis longtemps la citoyenneté allemande ! Il a demandé sa naturalisation et il attend la réponse.

– Je sais bien, je sais bien, dit George. Tout ce que tu dis là, on l'a dit, mais ça n'a rien changé du tout.

Ils répondent qu'ils doivent interner tous les ressortissants ennemis masculins vivant à Cambridge. Et son nom était sur la liste.

– Interner ?

– Interner... Dans une espèce de camp.

Anna éprouva brusquement une sensation de vide. Elle restait là, sans réaction, comme c'était inutile de prononcer un mot de plus.

– Tu es toujours là ? Tu m'entends ? demanda George d'une voix anxieuse. Écoute-moi bien, tout le monde ici trouve cela scandaleux, on a fait un raffut terrible. Son directeur d'études, le collège[1], moi, tout le monde ! À la gare, Bill s'est mis dans une telle rage que la police l'a jeté dehors. Mais pour ce qui est de leur décision, ça ne l'a pas changée d'un iota. C'est un ordre du gouvernement. À mon avis, un peu de panique, suite à ce qui s'est passé en Hollande.

– Oui, dit Anna, qui sentait bien que George, à l'autre bout de la ligne, était dans l'attente d'un mot d'elle.

– Max espérait, mais je ne sais pas si ça peut servir à grand-chose, que tes parents trouveraient un moyen d'intercéder en sa faveur. Les examens sont dans deux semaines. Peut-être connaissent-ils

---

1. L'université de Cambridge compte vingt et un collèges autonomes.

quelqu'un qui pourrait donner des garanties le concernant à la police… Il n'a pris que ses livres de droit, presque pas de vêtements, en fait.

– Oui, dit Anna encore une fois.

– En tout cas, je lui ai promis de te prévenir immédiatement.

La voix de George semblait déprimée, comme si d'une façon ou d'une autre, il se sentait lui-même fautif de ce qui s'était produit.

– C'est triste de voir cela ! dit-il. Si j'apprends quelque chose, je t'appelle aussitôt.

Anna sortit de sa torpeur.

– Je sais, dit-elle. Merci beaucoup. Et, George, merci d'avoir tout tenté pour l'aider. J'avertis mes parents tout de suite.

C'était cela, elle le savait bien, qui allait être le plus dur.

5

Annoncer la nouvelle à Vati et Mutti fut aussi pénible pour Anna qu'elle avait pu le redouter. Vati ne dit quasiment rien, comme si l'internement de Max n'était qu'un des multiples aspects d'une gigantesque catastrophe qu'il sentait déferler sur eux, sur l'Angleterre, voire sur le monde, sans qu'il puisse rien pour l'éviter. Pour Mutti ce fut différent. Elle se mit dans tous ses états, aucune parole d'apaisement n'eut le plus petit effet sur elle. Sa voix résonnait dans l'hôtel. Mais pourquoi Max n'avait-il pas parlé de Vati à la police ? Et le collège, comment se faisait-il qu'il ne soit pas intervenu ? Et ses amis ne faisaient donc rien ? Chaque fois Anna lui expliquait qu'ils avaient fait tout ce qu'ils pouvaient, sa seule réaction consistait à secouer violemment la tête, comme si elle refusait d'entendre, et elle s'écriait constamment : « Si seulement j'avais été là, ça ne se serait pas passé comme cela ! Ils n'auraient jamais emmené Max ! »

Un communiqué passa aux informations de neuf heures. Tout individu masculin de nationalité ennemie, résidant dans les zones côtières du sud et de l'est du pays, faisait l'objet d'un internement. (« S'il avait pu venir passer la Pentecôte à Londres ! » dit Mutti.) Anna ignorait que Cambridge fût située en zone côtière – c'était sans doute l'extrême limite des régions que l'on supposait exposées en priorité à un débarquement allemand. Le gouvernement savait bien, dit le speaker pour terminer, les préjudices que ces mesures n'allaient pas manquer d'infliger à des immigrés de bonne foi, mais il ne pouvait qu'espérer les assouplir en temps voulu. C'était un piètre réconfort et le reste des informations n'était guère plus encourageant. Les souverains des Pays-Bas expliquaient dans une interview comment ils avaient échappé d'extrême justesse aux troupes nazies. Ensuite on entendait Churchill dans son discours inaugural devant la Chambre des communes : « Je n'ai rien à vous offrir, disait-il, solennel, rien que sang et labeur, rien que sueurs et larmes. »

*

Le lendemain vit l'effondrement des forces armées néerlandaises.

Anna l'apprit à la radio, le soir, chez les Bartholomew.

– Ça alors, c'est vache ! fit Jinny. Ils vont craindre

les raids aériens et ils ne réinstalleront pas notre école à Londres !

– Mais on ne va pas retourner dans ce trou perdu, tout de même ! fit Judy.

– Vous n'aurez peut-être pas... commença Mr Bartholomew, mais sa phrase n'alla pas plus loin. Il regarda Anna soudain.

– Quoi papa ! s'écria Judy. Tu penses qu'on va bientôt rentrer aux États-Unis ?

– Oh ! dit Mrs Bartholomew. Comment savoir ce qui peut se passer ? Votre père a son travail à Londres. Il faudrait que ça se gâte réellement pour que nous quittions l'Angleterre, alors mieux vaut ne pas en parler ! (Puis elle se tourna vers Anna.) As-tu eu un coup de fil de ta mère aujourd'hui ? Est-ce qu'elle a du nouveau pour Max ?

– On ne sait même pas où il se trouve. Maman a appelé à Cambridge, la police ne veut rien nous dire.

La démarche leur avait coûté plus de deux shillings de téléphone. Mutti avait eu bon espoir qu'on la laisserait parler à Max, mais la police s'était bornée à dire, redire, et re-redire que Max ne dépendait plus d'elle et que toute communication lui était de toute manière interdite avec l'extérieur.

– Mon Dieu, je suis navrée pour vous ! dit Mrs Bartholomew.

Anna songeait aux livres de droit emportés au lieu de vêtements.

– C'est surtout pour ses examens. Ce devait être pour bientôt, dit-elle.

– Il paraît qu'ils ont interné un certain nombre de professeurs, soupira Mr Bartholomew. Décidément, le monde marche sur la tête.

Il continuait à faire très chaud, et cela aussi avait tendance à rendre chacun irascible. Le mercredi soir, après le cours, quand Anna passa par l'hôtel, elle trouva Mutti à bout de nerfs et Vati en plein désarroi. Ils avaient essayé de joindre les personnes de leur connaissance susceptibles de soutenir Max, ou d'avoir une idée quelconque des démarches à effectuer, mais ils connaissaient peu de gens, et personne ne semblait en mesure de fournir des renseignements.

– Il y a sûrement des choses à faire ! disait Mutti en reprenant la liste de ses tentatives. Et si on réécrivait à l'université ? Et si George essayait encore une démarche au commissariat ?

C'était comme cela à l'infini, d'une voix tendue et malheureuse, jusqu'à ce que le téléphone sonne. À ce moment-là, elle se dressait mains sur les genoux dans son fauteuil, comme si le fait d'anticiper pouvait amener le gardien à lui dire que c'était pour Max. En fait, le seul coup de téléphone à leur être vraiment destiné provint de la maman d'Otto. Elle leur expliqua que son fils était interné lui aussi, en même temps que le professeur qui l'avait reçu à Cambridge.

– Tu vois bien, dit Vati, c'est pareil pour tout le monde. L'état d'urgence. C'est national.

Mais Mutti ne voulait rien entendre. Elle avait passé une journée démoralisante au bureau. Au lieu de se remettre au classement des documents de Lord Parker, elle s'était lancée tête baissée dans une série de coups de téléphone, pour exposer le cas de Max à des gens dont, pour la plupart, elle ne connaissait que le nom – le tout sans résultat bien sûr. À la fin, un de ses supérieurs s'était permis une remarque, et bien mal lui en avait pris.

– Il est mort votre Lord Parker ! Ce n'est certainement pas quelques coups de téléphone qui vont aggraver ses affaires. Mon fils vit, c'est cela qui compte !

Vati tenta de la raisonner, mais sans effet : elle haussa le ton.

– Non ! Tout le reste je l'ai accepté ! Ça, c'est trop ! (Elle jeta un regard vengeur sur une innocente Polonaise assise à la table voisine.) Comme si ça ne suffisait pas d'avoir tout laissé en Allemagne ! D'avoir dû tout recommencer en Suisse, en France, en Angleterre !

– Tu sais bien... commença Vati.

Mais Mutti l'arrêta d'un geste.

– Il y a des années qu'on se bat contre Hitler ! On se battait à une époque où les Anglais disaient encore : « Hitler est un vrai gentleman ! » Maintenant qu'ils commencent à comprendre, la première chose qu'ils trouvent à faire – elle fondit brusquement en larmes – c'est de mettre Max dans un camp !

Vati lui tendit son mouchoir. Anna la regardait, impuissante. La dame polonaise se leva pour accueillir un arrivant. Ils se mirent à parler polonais tous les deux et Anna à plusieurs reprises entendit le mot Rotterdam. Puis plusieurs Polonais vinrent les rejoindre à la table et la conversation prit un tour passionné.

Finalement, un des hommes, se tournant vers Vati, lui dit dans un anglais heurté :

– Ils ont bombardé Rotterdam.

– Près de dix mille morts, dit un autre.

Anna tenta d'imaginer. Elle n'avait jamais vu un mort. Et de toute façon, comment faire pour se figurer dix mille morts ?

– Pauvres gens ! soupira Vati.

Les morts ou ceux qui survivaient ?

La dame polonaise vint s'asseoir sur une chaise libre à leur table.

– Même chose qu'à Varsovie, dit-elle.

Un autre Polonais avait vu Varsovie sous les bombes allemandes, il essaya de leur expliquer.

– Soufflé, tout. Soufflée la maison. Soufflée la rue. Soufflé tout ça. Si... tu trouves... (Il tendit les mains en tentant vainement de faire comprendre quelles choses on trouvait encore.) Des morts, et des morts ! conclut-il.

– J'habitais une cave à l'époque, poursuivit la dame polonaise. Mais alors les nazis venus pour chercher les Juifs, et alors...

Il faisait fort chaud dans le salon, Anna n'avait plus assez d'air.

– Je ne me sens pas très bien, dit-elle, surprise de s'entendre parler avec un tout petit filet de voix.

Mutti s'approcha d'elle et Vati se leva. Un des Polonais s'efforça d'ouvrir une des hautes fenêtres. Une bouffée d'air venue de la cour put s'engouffrer dans le salon. Elle respira.

– Bon, dit Vati, je vois que tu reprends un peu de couleurs.

– Cette chaleur, dit Mutti, c'est vrai que ça vous épuise.

Un des Polonais s'approcha et lui tendit un verre d'eau. Mutti insista pour qu'elle rentre, qu'elle se mette au lit aussitôt et se repose le temps qu'il faudrait. Anna accepta et se mit en chemin pour rentrer chez les Bartholomew.

» Si on a des nouvelles pour Max, je t'appelle, s'écria Mutti, tandis qu'Anna empruntait le trottoir.

Anna eut du mal à l'admettre, mais elle se sentait soulagée quand, en tournant dans Russell Square, elle se trouva hors de portée de tout cela, de la voix de Mutti, et de toutes les voix de l'hôtel.

*

Deux jours plus tard, Bruxelles tombait. La percée allemande s'étendait à la partie nord de la France. Un général eut beau donner l'ordre de vaincre ou de mourir, rien n'y changea, l'armée allemande soutenait son avancée éclair, balayant tout sur son passage comme elle l'avait fait en Hollande. Bouleversée, Mme Laroche ne se rendit plus à l'école. Les élèves, réfugiées en tête, passèrent la plupart de leur temps l'oreille rivée à la radio ou en petites expéditions jusqu'au kiosque pour acheter les derniers journaux.

Tel ne fut pas le cas d'Anna.

Depuis quelque temps, bizarrement, elle n'était plus inquiète à propos de l'offensive allemande. Elle refusait d'y penser, voilà tout ! Elle songeait constamment à Max, elle se demandait à quel endroit on avait bien pu l'emmener, elle aurait désespérément voulu avoir de ses nouvelles. Elle courait à la boîte aux lettres tous les matins en espérant qu'il aurait enfin pu leur écrire. Mais elle restait indifférente aux derniers développements de la guerre. Qu'est-ce qu'elle aurait pu y changer ? Elle ne lisait pas les journaux. Elle ne prêtait jamais l'oreille au moment des informations. Chaque jour, elle allait à l'école pour s'entraîner à la méthode. Quand elle serait assez préparée, on lui donnerait un travail et elle pourrait gagner sa vie. C'était pour cela que le Bureau d'aide aux réfugiés lui payait sa scolarité, et c'était ce qu'elle se bornait à faire. Et plus elle s'occupait l'esprit avec ses cours, moins elle pensait à autre chose.

Un soir, Anna était restée à l'école plus tard que prévu pour dactylographier des textes. En rentrant, elle se rendit compte que Mrs Bartholomew l'attendait avec impatience.

– Mon petit, te voilà, dit Mrs Bartholomew, il faut que je te parle.

« Mon peu-ti, teu vwa-la… il fo keu jeu teu parl… » transcrivit aussitôt Anna sur un clavier imaginaire. C'était devenu son habitude de pianoter mentalement ce que les gens disaient autour d'elle. Ça l'aidait à faire des progrès et ça lui évitait aussi d'avoir à accorder un sens à ce qu'elle ne voulait pas entendre.

Mrs Bartholomew la mena dans le salon.

– Notre ambassade nous notifie de regagner les États-Unis dans les plus brefs délais, dit-elle.

« No-tr en-ba-sad nou no-ti-fi deu reu-ga-gné lé-zé-ta-zuni… » pianota Anna sur sa chaise. Mais il y avait dans cette voix quelque chose d'aigu comme une flèche perçant ses derniers retranchements.

– Je suis terriblement navrée, reprit Mrs Bartholomew, mais il va bientôt nous falloir quitter Londres et notre maison.

Anna la regarda fixement, doigts inertes sur le bois de la chaise.

– Qu'est-ce que tu vas faire ? dit Mrs Bartholomew.

C'était tout de même gentil de sa part d'être contrariée à ce point-là.

– Ce n'est pas grave je pense, dit Anna. J'irai rejoindre mes parents.

– Mais auront-ils assez d'argent ?

– Oh ! bien sûr, dit-elle aussitôt en prenant un ton dégagé. Il ne faut pas vous en faire pour cela. De toute façon, je ne tarderai pas à trouver un travail, je crois...

– Si tu savais comme je m'en veux de devoir faire une chose pareille !

Cela dit, Mrs Bartholomew s'avança vers le téléphone pour mettre Mutti au courant.

Dans les moments un peu critiques, Mutti parlait un ton plus haut. Anna s'aperçut aussitôt qu'elle avait dû espérer des nouvelles de Max. Malgré tout, elle aurait aimé qu'elle accueille cette information avec une voix moins véhémente, sur un ton moins réprobateur.

– Alors, est-ce que cela signifie... (Déformée par le téléphone, sa voix parvenait à Anna qui était assise à l'autre bout de la pièce.) Elle ne peut plus rester chez vous ?

Anna savait aussi bien que Mutti que l'argent leur faisait défaut et qu'ils n'étaient pas en mesure de recommencer à payer une chambre au Continental. Mais à quoi bon parler si fort ? Mrs Bartholomew ne pouvait rien y faire. Mutti aurait dû pour le moins saisir cette dernière occasion de leur souhaiter un retour sans encombre aux États-Unis !

Les doigts d'Anna s'étaient remis à pianoter contre la chaise : « Deu leur sou-é-té un reu-tour sen-z-en-kon-br o-zé-ta-zu-ni... »

*

Les Bartholomew commencèrent à emplir des malles et des malles. Les vêtements qui ne devaient plus servir à Judy et Jinny se mirent à former une pile de plus en plus haute dans un coin. Afin de ne pas avoir à faire la dépense d'un taxi, Anna fit plusieurs trajets en métro pour apporter ces vêtements et les siens jusqu'à l'hôtel Continental. Mutti avait fait les comptes. En ajoutant aux quelques livres prélevées sur ses derniers salaires le restant de ce que Vati avait gagné avec les tracts, elle conclut qu'ils pourraient payer la chambre d'Anna pendant trois semaines. Après cela, on verrait bien, mais jusque-là il ne fallait pas chercher à regarder plus loin ni dépenser un demi-penny qui ne fût réellement nécessaire. Anna se prit à espérer que les

Bartholomew voudraient bien qu'elle reste chez eux jusqu'à leur départ pour les États-Unis.

– Mais bien sûr que tu peux rester, lui dit Mrs Bartholomew. Nous serons ravis de t'avoir chez nous aussi longtemps que nous pourrons.

Reste qu'au fil des préparatifs, comme tous les objets familiers partaient dans les caisses et les malles, l'aspect de la maison leur donnait une impression étrange. Judy et Jinny continuaient à jouer au tennis pourtant, à se prélasser au soleil, à bavarder comme d'habitude… Mais l'idée qu'elles allaient bientôt se retrouver en Amérique les accaparait entièrement, et pour Anna c'était comme si elle les savait déjà parties. Quand arriva le jour du départ, il ne leur fut pas très facile de trouver quelque chose à se dire. Elles se tinrent sur Campden Hill Square après être sorties de la maison, et se regardèrent un moment.

– Promets-nous d'écrire, dit Jinny.

– Ne laisse pas de bombe tomber sur toi, surtout, dit gentiment Judy.

– Nous nous reverrons un jour, allez… lança Mr Bartholomew – puis il eut l'air embarrassé, et après un instant de silence, se contenta de dire : Bonne chance !

– Prends bien soin de toi, murmura sa femme en serrant Anna dans ses bras.

Puis elle prit place dans le taxi en se tamponnant

discrètement les joues du plat de son mouchoir. Le véhicule se mit en route, Anna fit signe de la main jusqu'à ce qu'il tourne au coin de la rue. Quand il eut disparu enfin, elle avança jusqu'au métro.

Les arbres de la place formaient des halos de verdure. Le châtaignier, tout en bas, s'était couvert de cônes fleuris. Anna se rappela que Jinny, lors du premier printemps à Londres, le lui avait montré du doigt en prononçant le mot « chandelles ». « Des chandelles ? avait dit Anna. Mais c'est sur les arbres de Noël ! » Et cela avait fait rire tout le monde.

Près des courts où deux jours plus tôt elles disputaient des matchs ensemble, le « plop... plop » des balles de tennis résonna dans ses oreilles. Quand Anna atteignit la boutique où elles s'achetaient des bonbons au coin de Holland Park Avenue, elle s'arrêta un court instant pour considérer l'étalage – un court instant, elle fut tentée d'acheter une plaque de chocolat comme on achèterait un souvenir... Mais non, pour quoi faire, se dit-elle, elle finirait par la manger et ce serait de l'argent perdu. Devant la station de métro, elle lut le titre d'un journal : « Les Allemands sont à Calais. »

C'était le 26 mai 40. Il ne s'était écoulé que deux semaines depuis la fête de la Pentecôte. Le 26 mai, Max aurait dû passer son premier examen.

6

On donna à Anna une petite chambre proche de celles occupées par Mutti et Vati, au dernier étage de l'hôtel.

En arrivant en Angleterre, quand ils avaient un peu d'argent, ils avaient occupé plus bas des chambres plus grandes et plus chères, mais Anna aimait mieux être là-haut. Car rien ne lui masquait le ciel et elle avait vue sur les toits. En se penchant par la fenêtre, elle regardait en contrebas la petite cour poussiéreuse emplie d'objets hétéroclites, où les chats du coin se battaient en rampant dans les mauvaises herbes. La cloche de l'église du quartier sonnait les heures et les demi-heures, et les moineaux virevoltaient sur les tuiles noircies par la suie. Anna fut si accaparée par cette nouvelle installation qu'elle ignora presque Dunkerque.

Même quand on lisait les journaux, et ce n'était pas le cas d'Anna, il était facile, à vrai dire, de passer à côté de Dunkerque, car personne n'en parla beaucoup tant que ce ne fut pas terminé. À la fin mai, l'armée anglaise, qui avait dû battre en retraite, était prise au piège à Dunkerque : acculée à la mer du Nord par l'encerclement allemand. Mais la presse, qui faisait en sorte que les gens conservent le moral, ne le rapporta jamais dans ces termes. En repoussant durement l'offensive allemande, et grâce au soutien de la Navy et de la Royal Air Force, presque tous les soldats purent échapper au piège et regagner les côtes anglaises. Les journaux qui parurent début juin portaient des titres dithyrambiques. « Dunkerque : le coup de génie ! » titra même l'un d'entre eux, ce qui fit qu'Anna, intriguée, se décida à lire la suite. Elle découvrit alors qu'en plus de la Navy, des milliers de gens ordinaires avaient traversé la Manche sur de petites embarcations, et multiplié les voyages d'une rive à l'autre en pleine bataille pour aider à évacuer les soldats bloqués sur les plages. Il était décevant de voir que ce qu'on présentait alors comme une superbe victoire n'était qu'une parade ingénieuse pour échapper à la défaite. Mais les Anglais n'étaient-ils pas un peuple étonnant malgré tout ? Elle ne voyait pas les Allemands en train de faire une chose pareille.

*

Le Continental commençait à connaître la grande affluence. Relayant les Allemands, les Tchèques, les Polonais, d'autres réfugiés arrivaient de Hollande, de Belgique, de Norvège et de France. En suivant les étroits couloirs ou en empruntant l'escalier, on entendait toutes sortes de langues. La serveuse suisse, venue à Londres pour apprendre à parler anglais, passait la plupart de son temps à vitupérer dans son coin, et le salon, après le dîner, ressemblait à une tour de Babel.

Dans les rues également, c'était l'effervescence. Chaque jour, des files d'enfants, porteurs d'un masque à gaz et d'une étiquette attachée à quelque endroit de leurs vêtements, gagnaient les gares en rangs par deux, accompagnés par des adultes, et quittaient Londres à bord de trains qui les menaient à la campagne dans des endroits moins exposés.

Partout on parlait de l'invasion. La seule largeur de la Manche séparait les Anglais d'Hitler – il allait vouloir traverser. Dans la crainte d'une attaque, pour mieux brouiller les pistes, on dévissait les plaques des rues et tous les panneaux permettant de s'orienter dans le métro. Les autobus roulaient sans destination ; pour découvrir où ils allaient, on demandait au conducteur.

Un matin, tandis qu'elle se rendait à son cours de secrétariat, Anna découvrit une carcasse de voiture rouillée et deux cadres bois de lit affaissés au beau milieu de Russell Square. C'était étrange, en pleine pelouse ! Elle pensa d'abord à une blague d'un goût douteux. Mais plus tard, le gardien de l'hôtel lui expliqua que ces objets avaient pour fonction d'empêcher des parachutistes d'atterrir.

– Sur Russell Square, vous êtes sérieux ? Mais ça paraît beaucoup trop petit !

Pourtant le gardien était sérieux.

– Malin qui peut dire à l'avance ce qu'ils sont capables de faire !

La question des parachutistes devint une source intarissable de suppositions en tout genre. Tout le monde avait une histoire. Il y avait des gens pour prétendre en avoir aperçu certains déguisés en soldats anglais, en valets de ferme ou en bonnes sœurs. Dans ce cas, les prétendues bonnes sœurs se faisaient toujours repérer parce que, par manque de précautions, elles portaient sous leur habit d'énormes chaussures de l'armée.

Comme toujours, Anna s'efforçait de ne pas penser à ces choses-là. Mais la nuit, avant de s'endormir, son attention se relâchait, et il lui semblait voir parfois des parachutistes descendre en glissant silencieusement entre les arbres de Russell Square. Ceux-là, loin d'être déguisés, arboraient des vestes de cuir noir. Leurs croix gammées se détachaient en dépit de l'obscurité. L'un d'entre eux murmurait un ordre qu'ils se passaient de bouche en bouche, et tous se mettaient en chemin, direction Bedfort Terrace, jusqu'à l'hôtel Continental où ils venaient chercher les Juifs.

Un matin – elle avait eu peine à trouver le sommeil dans la nuit, suite à des pensées de ce genre –, elle déboucha un peu en retard dans la salle du petit déjeuner et vit que Mutti et Vati étaient avec un inconnu. C'était George.

Mutti avait l'air de ne pas encore très bien savoir si elle devait se réjouir ou si elle devait s'attrister. En voyant Anna arriver, elle fit un petit bond sur sa chaise.

– Des lettres de Max ! s'écria-t-elle.

– J'ai fait un crochet jusqu'ici, j'avais une lettre ce matin, dit Georges en soulevant une enveloppe. Et puis j'ai vu que vous en aviez une de votre côté aussi. Ils ont dû les poster le même jour.

– Max ne va pas mal, dit Vati.

Anna lut aussitôt la lettre.

Il y en avait quatre, en fait, et toutes pour Mutti et Vati. Max, semblait-il, avait écrit au rythme d'une lettre par semaine, et on sentait en le lisant son ton changer progressivement, passer d'une stupeur indignée à un amer constat des faits. Il avait eu de durs moments, quand il se sentait ballotté d'un camp à l'autre tout au début, sans disposer des choses les plus élémentaires. Maintenant qu'il avait atteint sa destination effective, la vie s'organisait un peu. Mais il lui était interdit de leur dire où il se trouvait. (« L'île de Man ! dit George irrité. Tout le monde le sait – à quoi ça rime de lui interdire d'en parler ? ») Le camp était plein d'étudiants et de professeurs de Cambridge – tellement nombreux qu'à la limite il ne lui serait pas impossible de poursuivre certaines études. « Vous voyez, ça ne va pas si mal », prenait-il soin de préciser, mais il était bien évident qu'il avait tout cela en horreur. Être privé de sa liberté, être traité comme un ennemi, se voir ramené bon gré mal gré à une identité allemande qu'il rejetait depuis longtemps. Si jamais Vati et Mutti pouvaient faire quelque chose pour lui...

– Il le faut ! s'écria Mutti.

– Je ferai tout ce que je peux, bien sûr, ajouta George en se levant.

Vati se leva également et lui demanda courtoisement dans son anglais tout personnel :

– Vous allez de retour sur Cambridge à présent ?

George ne se permit pas de sourire.

– Je ne suis plus à Cambridge, dit-il. Ça ne me semblait plus possible de décortiquer du Chaucer, alors qu'il y a le feu à la porte. Je me suis porté volontaire.

» Idiot, pas vrai ? ajouta-t-il en croisant le regard d'Anna. La vaillante jeunesse d'Angleterre affrontant les hordes nazies ! Je vais finir par ressembler à Carruthers, un jour ou l'autre.

*

Quelques jours plus tard, c'était l'anniversaire d'Anna. Mutti n'avait pas oublié.

– Qu'aimerais-tu qu'on fasse ?

Anna réfléchit un instant. Il y avait deux semaines entières qu'elle les avait rejoints à l'hôtel, elle ne voyait donc pas comment ils pouvaient se permettre quoi que ce soit. Mais Mutti paraissait attendre.

– On s'offre un ciné ? proposa Anna.

Elle connaissait une salle sur Tottenham Court Road où l'on payait demi-tarif en y allant avant une heure. Rapidement elle ajouta pour le cas où ce serait trop cher :

– Ou on s'offre une glace chez Lyons, un bon *knickerbocker glory*.

Mutti fit de savants calculs. Le film, un shilling et trois pence, le *knickerboker*, un shilling... Elle était en train de regarder ce qu'il y avait dans son porte-monnaie, quand elle le rejeta sur le lit.

– Bon, et puis après tout je m'en moque ! Tu vas avoir seize ans, pas vrai ? C'est ton anniversaire. On le fête dignement ! Même si on est fauchés après. Ça va marcher – on fait les deux.

– Tu es bien sûre ?

– Sûre ! dit Mutti. Ce doit être un beau jour pour

toi. (Elle réfléchit.) D'ici à ton prochain anniversaire, Dieu seul sait ce qui nous sera arrivé à tous !

Vati dit qu'il ne se sentait pas grande envie de les accompagner. Il devait avoir prévu cela avec Mutti, pensa Anna. Même en pleine crise de gaspillage, ils n'auraient jamais pu s'offrir toutes ces réjouissances à trois. Le film, sur Tottenham Court Road, s'appelait *Mr Deeds Goes to Town*. C'était l'histoire d'un millionnaire, à qui l'envie venait soudain de renoncer à sa fortune pour la distribuer aux pauvres. (« Il ferait bien de penser à nous ! » murmura Mutti à Anna.) Mais d'autres millionnaires trouvaient cela insensé et faisaient tout pour l'en empêcher. Ils essayaient de démontrer qu'il avait perdu la raison, afin qu'un tribunal le déclare juridiquement irresponsable. L'homme était sauvé par une jolie journaliste amoureuse de lui. Tout finissait au mieux dans le meilleur des mondes. Le premier rôle était tenu par un jeune acteur, qui s'appelait Gary Cooper. Mutti et Anna le trouvèrent extraordinaire d'un bout à l'autre.

Après le film, elles allèrent manger leurs *knickerbockers* au Lyons. Elles prirent le temps de le déguster, pour faire durer le plaisir. C'était une glace d'un genre nouveau importé des États-Unis, composée de plusieurs étages de crème glacée fraise-vanille, entre lesquels s'interposaient des couches de crème, de fraises et de noisettes, le tout présenté dans un verre de forme élancée pourvu d'une cuillère longiligne. Anna jusqu'alors n'en avait mangé qu'une seule fois dans sa vie ; sachant le prix que cela coûtait, elle craignait que ce ne soit plus vraiment à la hauteur de son souvenir – mais elle fut rassurée dès la première bouchée.

Tout en savourant elles parlèrent, du film, du cours d'Anna, de l'argent qu'elle allait gagner quand elle aurait un métier.

– Quand tu en seras là, dit Mutti, on pourra voir un film par jour, et se payer un *knickerboker* chaque matin au petit déjeuner.

– Et un deuxième au déjeuner, et même un troisième au dîner.

Quand Anna eut terminé sa glace, elle racla si bien les bords de la coupe en s'aidant du bout de sa cuillère que la serveuse lui demanda si elle n'en voulait pas une autre... Elles en riaient encore en rentrant, et en traversant Russell Square, elles rencontrèrent Vati sur un banc au soleil.

– Alors, et ce film ?

– Excellent !

– Et ton *knickerbock* machin truc ?

– Plus qu'excellent !

Vati sourit. Il avait l'air vraiment ravi.

*

Il advint, malheureusement, que Paris tomba le soir même. Tout le monde s'y attendait, bien sûr, mais Anna pensait intimement que les Français tiendraient plus longtemps. Si ça n'était pas arrivé le jour de son anniversaire, elle l'aurait moins durement ressenti, mais là, elle avait l'impression d'y être un peu pour quelque chose. Elle revit la famille française avec qui ils s'étaient liés à leur arrivée à Paris, elle revit l'institutrice qui lui avait appris le français, l'Arc de triomphe, les Champs-Élysées, sur lesquels elle passait chaque jour quand elle se rendait à l'école, les châtaigniers, les gens assis à la terrasse des cafés, le Prisunic, et le métro. Les nazis avaient pris tout cela. La France devenait comme l'Allemagne une sorte de trou noir sur la carte auquel on ne pouvait plus penser.

Elle s'assit dans le salon à côté de Vati et essaya de ne pas pleurer, sachant que sa peine n'était rien à côté de celle des Français. Il y avait à l'hôtel un couple d'âge moyen, originaire de Rouen. Ces gens avaient les larmes aux yeux quand ils écoutaient les nouvelles. Après quoi, le mari avait dit à Vati : « C'est la fin ! » Et à cela Vati n'avait rien trouvé à répondre.

Il se leva un peu plus tard, et il gagna le téléphone. En revenant, il dit à Mutti :

– J'ai parlé à Sam, on se voit demain. Louise aimerait que vous veniez également, toi et Anna.

– Ça ne va pas, papa ? dit Anna.

Le professeur Sam Rosenberg était médecin, sa femme Louise était une camarade de classe de

Mutti, et Anna avait l'impression de les connaître depuis toujours, mais ils ne se voyaient jamais sans qu'il y ait une bonne raison.

– Je ne suis pas malade, dit Vati. Il faut seulement que je parle de quelque chose à Sam.

*

Les Rosenberg habitaient un grand appartement sur Harley Street, avec un gardien, un ascenseur, et une plaque de bronze à la porte. Quand Anna pressa la sonnette, le domestique qui leur ouvrit mena Vati dans la salle d'attente, et les guida elle et Mutti à travers un long couloir jalonné de quelques grandes caisses d'emballage jusqu'au boudoir de tante Louise.

Le boudoir également était sens dessus dessous. Certains des beaux fauteuils de velours avaient été couverts de housses. Une caisse attendait dans un coin et un immense miroir doré reposait en appui sur le mur, déjà à demi enveloppé dans de la ouate. Tante Louise se tenait au milieu de tout cela en robe de soie et collier de perles, les cheveux savamment bouclés, et l'air affolé.

– Mes enfants, je n'en peux plus. Tout cela est infernal ! s'écria-t-elle en allemand aussitôt qu'elle les vit entrer. Il faut qu'on emballe tout, tout, tout ! Sam veut qu'on parte à la campagne ; il dit que ce sera plus sûr là-bas, alors il a pris une maison.

– Où ça à la campagne ? demanda Mutti en l'embrassant.

– Quelque chose comme le Buckinghamshire – ou le Berkshire peut-être… Enfin bref ! C'est à des kilomètres de tout. Et il condamne tout l'appartement, à l'exception de son cabinet qui reste ouvert ; il remontera de temps en temps en voiture à Londres, uniquement pour ses patients importants. (Elle respira, et vit Anna.) Comment vas-tu ?

– Ça va, merci, dit Anna d'une voix évasive.

Avec ses beaux vêtements et ses traits délicats, tante Louise avait le don de la mettre mal à l'aise. De plus, c'était à tante Louise qu'Anna devait d'avoir été prise dans la pension de Miss Metcalfe. Ça partait d'un bon sentiment, elle le reconnaissait volontiers, mais tout de même…

Tante Louise sourit.

– L'âge ingrat, lança-t-elle d'une voix gaie à Mutti. Il ne faut pas s'en faire, ça ne dure pas. Et tes charmants amis américains, au fait ?

Mutti dit que les Bartholomew avaient regagné les États-Unis et qu'Anna était revenue vivre à l'hôtel Continental.

– Oh ! ma pauvre, quel coup dur pour toi ! s'exclama alors tante Louise.

Anna se demanda si c'était le fait de devoir vivre avec une fille à l'âge ingrat, ou l'aspect financier des choses, qui justifiait cette expression.

– Courir ! Toujours courir ! gémissait tante Louise. Sam dit qu'avant deux jours, nous aurons quitté Londres. D'après lui, rester plus longtemps serait irresponsable. Quand on voit avec quelle vitesse les Français se sont effondrés ! Et c'est la croix et la bannière pour trouver des déménageurs, tout le monde a eu la même idée. Tu ne sais pas que j'ai dû appeler onze agences de déménagement avant d'en trouver une de libre ?

Mutti émit un vague bruit de gorge qui se voulait compatissant.

– Et tu verrais le genre de butors qu'ils m'ont envoyés, pas croyable ! Quand ils marchent, les vitres tremblent ; jamais mes porcelaines ne vont supporter le choc.

Puis, de façon soudaine autant qu'inattendue, elle jeta gracieusement les bras autour des épaules de Mutti en disant d'une voix désarmante :

– Je sais bien que je suis une affreuse de faire tant d'histoires avec ça. Quand des gens comme toi restent à Londres, et Dieu sait ce qui nous arrivera ! Mais tu sais quelle tête de linotte j'ai toujours été, ma chérie. Ça ne date pas d'hier, tu te souviens, à Berlin, toi en tête de classe, et moi à l'autre extrémité.

– Tu ne penses même pas ce que tu dis ! Tu n'as rien d'une tête de linotte. À l'école, c'était toujours toi la plus fine, la plus élégante.

– Ah, c'est bien vrai, dit tante Louise. D'ailleurs, Sam me l'a dit tant de fois !

Jugeant la question tranchée, elle actionna une sonnette, et presque simultanément une domestique apparut avec une théière en argent, des petits sandwiches et des gâteaux. Tante Louise servit le thé avec délicatesse.

– J'ai cherché et trouvé quelques petites choses pour vous pendant que j'emballais, dit-elle. J'ai pensé qu'elles pourraient peut-être vous être de quelque utilité.

» Elle a encore oublié toujours le citron ! Je ne supporte pas le thé sans citron et elle le sait pertinemment ! Anna, mon petit, tu ne pourrais pas... ?

Docilement, Anna partit chercher les rondelles de citron. L'appartement était immense et n'avait pas été conçu d'une façon géométrique ; des couloirs partaient en tous sens, et toutes ces housses n'arrangeaient rien. Elle s'égara plusieurs fois avant de trouver la cuisine. Il y avait une moitié de citron dans l'énorme réfrigérateur, il fallait couper les rondelles. Vu le temps qu'elle avait mis à retourner les tiroirs pour trouver un couteau, elle se disait, en rapportant ces rondelles qu'elle savait trop grosses, que tante Louise devait avoir perdu toute envie de boire son thé.

Elle décida de prendre un chemin plus direct, et au sortir d'un long couloir, elle traversa une antichambre et déboucha dans ce qui devait être le cabinet du professeur. Les stores étaient tirés et arrêtaient le soleil, si bien qu'on devinait à peine les livres alignés sur les murs. L'épaisseur du tapis amortissait ses pas ; il régnait un profond silence dans cette partie de la maison. Cela faisait presque froid dans le dos.

Soudain elle entendit une voix. C'était Vati, qui venait de dire : « Combien de temps ça met à agir ? » La voix du professeur Rosenberg répondit : « Quelques secondes... J'ai les mêmes pour moi et pour Louise. »

Elle contourna une caisse de livres, et vit Vati et le professeur de l'autre côté de la pièce. Vati était en train de glisser elle ne savait quoi dans sa poche, tandis que le professeur disait : « Espérons qu'aucun de nous n'aura à s'en servir. » Au même moment, il vit Anna.

– Hello ! dit-il. Comme tu grandis ! Dans quelque temps tu vas poser ton assiette de soupe sur ma tête.

C'était pour rire, le professeur était tout petit et tout rondelet.

Anna sourit sans conviction. Elle se sentait embarrassée d'avoir découvert dans cette pièce à demi plongée dans la pénombre Vati et le professeur aussi proches l'un de l'autre, et en train de parler... de quoi ? De quoi donc pouvaient-ils parler ?

Le professeur posait sur elle ses yeux noirs, emplis de tristesse, un peu comme ceux des chimpanzés. Il dit à l'adresse de Vati :

– Si les choses tournent mal à Londres, il faut que tu nous envoies ta fille.

» C'est d'accord ? ajouta-t-il en direction d'Anna.

– D'accord, dit-elle par politesse, mais en pensant que, même dans ce cas-là, elle choisirait de rester à Londres auprès de Mutti et Vati.

Tante Louise fut ravie des rondelles de citron, et ils prirent le thé tous ensemble. Quand il fut temps de s'en aller, tante Louise tendit à Mutti le petit paquet de vêtements qu'elle avait préparé pour elle. Au train où les gens quittaient Londres, elle et Mutti auraient bientôt une gigantesque garde-robe. Tante Louise embrassa Mutti en l'étreignant plusieurs fois de suite. Le professeur aussi prit Vati dans ses bras. Il les accompagna en bas, puis jusqu'à l'arrêt d'autobus.

De retour à l'hôtel, Mutti ouvrit le paquet. Il contenait quelques robes ainsi qu'une enveloppe. Elle contenait un message : « Une petite aide pour affronter les difficiles prochaines semaines », ainsi que vingt livres en billets.

– Mon Dieu ! Mais c'est miraculeux ! cria Mutti. Regarde Anna, de quoi payer tes notes d'hôtel jusqu'à ce que tu aies un travail !

Anna crut que Vati dirait qu'ils ne devaient pas accepter, ou qu'il fallait prendre cela simplement comme un prêt, mais il ne fit pas de commentaire. Il restait debout à la fenêtre, comme s'il n'avait pas entendu. C'était extrêmement étrange. Il contemplait le ciel du soir, mais en même temps, dans sa poche, ses doigts ne cessaient de bouger, comme s'il palpait quelque chose.

Elle eut soudain une peur terrible.

– Qu'est-ce que c'était ? s'écria-t-elle, bien qu'elle le sût déjà en fait. Papa ! Qu'est-ce que le professeur te donnait dans son cabinet ?

Vati s'arracha brusquement à sa rêverie et se retourna. Le regard de Mutti et le sien se croisèrent. Finalement, il dit d'une voix lente :

– C'est une chose que je lui ai demandée – une chose qu'il n'est convenu de prendre que s'il n'y a pas d'autre issue.

Mutti prit Anna dans ses bras, la serrant comme si rien au monde ne lui ferait relâcher son étreinte.

– Seulement dans ce cas-là, ma chérie, s'écria-t-elle, je te le promets – seulement s'il n'y a pas d'autre issue !

7

Trois jours plus tard, la France signait un armistice avec l'Allemagne. Les Anglais étaient désormais le seul peuple à combattre Hitler.

Londres paraissait étrangement vide. Tous les enfants étaient partis, et beaucoup de personnes âgées aussi. Chaque jour résonnaient les sirènes annonçant des raids aériens. Au début, tout le monde courait se mettre à l'abri aussitôt. À l'école de secrétariat, les élèves une fois mises en rang descendaient à la file indienne dans la cave du bâtiment. L'air y était humide et sentait la souris. Au Continental, les clients se retrouvaient dans l'entresol. Chacun descendait y attendre parmi les poêles et les casseroles, sans trop oser faire de mouvements ! Mais il ne se produisait rien, aucune bombe ne tombait jamais, si bien qu'au bout d'un certain temps on ne tint plus compte de ces alertes, on poursuivait tout bonnement ce qu'on était en train de faire.

Une fois, Anna entendit bien un bruit comparable à celui d'un gros meuble tombant sur le sol, encore qu'à une certaine distance. Le lendemain tout le monde parlait d'une bombe jetée sur Croydon. Une autre fois, Anna et Vati virent des fenêtres de l'hôtel deux avions de chasse engagés dans un duel aérien. C'était la fin de la journée et le ciel était d'un beau rose. Les avions volaient très haut, tellement qu'on entendait à peine le ronronnement des moteurs et les rafales des mitrailleuses. Ils faisaient des cercles et piquaient. On voyait des éclairs orange et de petites bouffées de fumée chaque fois qu'ils se tiraient dessus. Mais tout cela semblait irréel. C'était beau et spectaculaire, comme une démonstration de voltige au cours d'un meeting aérien. Ils regardaient, admiratifs, en tendant le cou par la fenêtre, jusqu'à ce qu'un *air raid warden*[1], qui passait en bas dans la rue, leur crie de se mettre à l'abri : une pluie de mitraille venait de tomber du côté de Bedford Terrace.

Chaque jour, on se demandait si ce serait l'invasion. On pouvait lire dans les journaux des articles qui recommandaient la marche à suivre dans ce cas-là. Rester chez soi sans paniquer et ne pas essayer de s'enfuir.

---

1. *Air raid warden :* préposé à la défense passive. Les membres de l'Air Raid Precautions étaient responsables de la distribution des masques à gaz, des abris antiaériens, de l'entretien des abris publics, et du respect du couvre-feu.

– En France, c'est ce qu'ils ont fait, leur dit le Rouennais. L'exode avait bloqué tous les axes routiers, les armées ne pouvaient plus passer. Après, les Allemands arrivaient, les stukas survolaient les routes et mitraillaient tout ce qui bougeait.

– C'est effroyable, dit Mutti.

– Les gens avaient perdu la tête. Une sorte de panique collective. Vous savez, après la Hollande, les Français ont mis les Allemands qui vivaient sur leur territoire dans divers camps d'internement. C'est vrai qu'on ne pouvait pas savoir – certains d'entre eux pouvaient très bien collaborer avec l'Allemagne. Mais la plupart, naturellement, étaient des Juifs, ennemis d'Hitler. Quand les nazis sont arrivés, ces gens supplièrent leurs gardiens de leur laisser au moins une chance de sortir et de se cacher. Mais les gardiens avaient si peur qu'ils n'ont rien trouvé de mieux à faire que tenir les portes bouclées et confier les clefs aux nazis, qui ont fait ce qu'ils voulaient des Juifs.

À cet instant, il s'aperçut de la tête que faisait Mutti. Sa femme intervint rapidement :

– Madame a un fils interné en Angleterre, à l'île de Man.

– Naturellement une chose pareille est impensable en Angleterre, dit aussitôt le Rouennais.

*

Ces mots accrurent le mauvais sang que Mutti se faisait pour Max. Des professeurs et amis avaient tenter d'intercéder, mais cela n'avait rien donné, même avec le soutien de professeurs titulaires à Cambridge. Ils n'obtenaient pas de réponse, tout simplement, et peu à peu, ils en venaient à perdre espoir et abandonnaient leurs démarches. Après tout, ils avaient aussi leurs propres préoccupations.

Le seul à n'avoir pas renoncé était le proviseur du lycée où Max avait été élève. Il aurait bien voulu voir Max revenir dans son établissement, mais cette fois en tant qu'enseignant.

– Ce n'est pas un poste mirobolant pour un garçon aussi doué, mais ce serait mieux de toute façon que rester à croupir dans un camp, disait-il souvent à Mutti.

Et là-dessus, il bombardait les autorités concernées de demandes de libération – sans plus de succès que les autres.

En même temps, des lettres de Max arrivaient régulièrement, instructives et contenues, et même comiques parfois. Mais sous l'apparence prosaïque, on sentait toujours transparaître la même note de désespoir.

Cousin Otto se retrouvait dans le même camp que lui désormais et ils partageaient la même chambre. Le fait d'être interné par les Anglais eux-mêmes l'avait complètement abattu. Max tentait de lui remonter le moral. Côté nourriture, c'était juste, Mutti pouvait-elle envoyer du chocolat de temps en temps ? Un interné juif d'âge moyen, qui avait vécu en Allemagne dans un camp de concentration, s'était récemment suicidé. « Il ne pouvait pas affronter l'idée d'un camp, où que ce soit. Ce n'est pas notre faute bien sûr, mais tout le monde se sent dépressif. » Le moral d'Otto était particulièrement bas. La seule chose qui le déridait, c'était de lire P.G. Wodehouse[1]. « Il n'arrive pas à s'endormir, alors il lit tard dans la nuit, je ne peux pas dormir moi non plus, parce que j'entends ses éclats de rire quand il tombe sur des passages drôles. » Les autorités expédiaient des internés par pleins bateaux dans les pays du Commonwealth. Un assez grand nombre d'entre eux avaient décidé d'y partir. Ils aimaient mieux cela que subir une privation de liberté dont ils ne voyaient pas la fin.

« Mais moi, je continue à croire que j'ai ma place dans ce pays, même si les Anglais n'ont pas l'air de vouloir l'admettre en ce moment. Je sais que tu fais tout ce que tu peux, maman, pour me sortir de là, mais s'il t'apparaissait un jour que tu peux en faire plus encore... »

---

1. *P.G. Wodehouse :* auteur de romans satiriques, tournant en dérision la bourgeoisie anglaise.

*

Le temps continuait à être chaud et sec.

– Il y a une éternité qu'on n'a pas eu un tel été, disait le gardien de l'hôtel. C'est pour cela qu'Hitler a envie de venir prendre ses vacances ici.

Les combats devenaient quotidiens dans le ciel au-dessus de l'Angleterre. Tous les soirs à vingt et une heures, la BBC les rapportait dans un bulletin d'informations qui ressemblait à s'y méprendre à une émission sportive débitant des scores de cricket. Tant d'avions allemands abattus, tant d'avions anglais non rentrés – vingt à dix-huit, quatorze à onze. Les Allemands perdaient beaucoup plus d'appareils que les Anglais, mais ils pouvaient se le permettre à ce moment-là de la guerre, ils en avaient tellement plus !

Chaque soir, le gardien allumait le vieux poste de T.S.F., et dans le salon les réfugiés des divers pays occupés faisaient silence en toutes langues. Quand ils connaissaient mal l'anglais, ils comprenaient au moins les chiffres, ils savaient tous que c'était d'eux que dépendait soit la survie, soit la fin de leur monde. En août, les combats aériens entrèrent dans une période critique. Combien d'appareils de chasse restait-il encore aux Anglais ? Personne ne le savait au juste. Mais chacun avait l'impression qu'ils étaient au bout du rouleau. La presse américaine crut devoir annoncer une invasion de l'Angleterre dans le cours des trois prochains jours. Il devenait plus difficile d'ignorer le bruit des sirènes, car on ne pouvait plus se dire qu'un simple duel d'avions de chasse en avait déclenché le signal. L'alerte pouvait être sérieuse. Les rêves éveillés que faisait Anna dans le cours de ces nuits devenaient de plus en plus sombres. Elle ne voyait plus les nazis lâchés du ciel sur Russell Square. Ils avaient débarqué cette fois et ils occupaient l'Angleterre. Elle se retrouvait seule et livrée à elle-même. Quand les nazis étaient venus ébranler les portes de l'hôtel, ses parents avaient avalé ce que le professeur avait remis à Vati dans son cabinet. Elle s'avançait en trébuchant dans un vaste paysage gris, seule, à la recherche de Max. Mais les nazis étaient partout, elle n'osait parler à personne. C'était une plaine hostile, immense et inconnue, elle y avançait en sachant qu'elle ne le retrouverait jamais.

Dans la journée, elle s'appliquait à ses exercices de secrétariat avec plus de sérieux encore, et quand un des Allemands de l'hôtel lui demanda de taper un texte, elle accepta avec plaisir pour occuper même son temps libre. L'homme écrivait un livre au sujet de l'humour et voulait pouvoir disposer d'un chapitre dactylographié pour le remettre à un éditeur. Il ne doutait pas un instant que l'éditeur, après lecture, ne fasse tout traduire en anglais. « C'est le bon moment, disait-il, pour un livre qui traite de l'humour. Le monde manque cruellement d'humour. Une fois que les gens sauront ce que c'est, ils en auront plus facilement ! »

Pour Anna, l'Allemand faisait preuve d'un optimisme exagéré, parce que, dit comme cela, c'était amusant, mais le chapitre qu'elle tapait était étonnamment barbant. Il ne faisait que passer en revue une longue série d'auteurs divers ayant traité de la question pour affirmer au bout du compte qu'ils se trompaient tous complètement... De là à ce que les gens fassent la queue pour le lire ! En tout cas, elle allait gagner une livre pour ce travail, et la patronne de l'hôtel avait accepté de lui prêter sa petite machine de bureau. Chaque jour, dès qu'elle rentrait du cours, elle occupait un coin de salon et se mettait à travailler.

Un soir, elle venait de commencer, quand Mutti lui dit en anglais :

– Anna, nous avons une visite.

Levant les yeux, elle aperçut un homme mince, aux et cheveux grisonnants et en bataille, qui lui fit un gentil sourire. C'était Mr Chetwin, le proviseur de Max quand il était au lycée.

– Je n'ai rien de nouveau malheureusement, annonça-t-il immédiatement. Mais comme je suis de sortie en ville, j'en profite pour faire un petit saut et vous dire que j'ai bon espoir.

Ils prirent place tous les quatre à une table. Mr Chetwin énuméra les ministères déjà prévenus et ceux qu'il lui restait à voir. Il n'avait obtenu aucune réponse, mais ne voulait pas en démordre. Ensuite, toute la conversation tourna bien sûr autour de Max.

– Un des meilleurs élèves que j'aie eus. Il n'arrêtait pas de sucer des pastilles de menthe à l'étude, c'est vrai, j'ai dû le battre pour cela. Mais un excellent footballeur ! En un trimestre, il avait gagné sa place dans l'équipe du lycée.

Il rappela les succès scolaires de Max – une bourse dès le deuxième trimestre, la bourse pour Cambridge ensuite. Mutti énuméra, quant à elle, toute une série de petites choses oubliées par Mr Chetwin. Vati le remercia cordialement de faire preuve de tant de gentillesse. À la fin de la conversation, même si rien ne changeait au fond, Anna s'aperçut que ses parents semblaient bien plus heureux qu'avant.

Tout en causant, ils avaient vu le salon se remplir de clients venus écouter le bulletin d'informations. Un Polonais assez âgé leur demanda en s'excusant s'il pouvait s'asseoir à leur table. Il regarda Mr Chetwin avec respect en lui disant :

– Vous êtes anglais ? (Il était rare en effet de voir un Anglais dans le salon du Continental.)

Mr Chetwin hocha la tête, et le Polonais ajouta :

– Je suis polonais. Mais j'espère, beaucoup, beaucoup, que l'Angleterre gagnera la guerre, beaucoup, beaucoup !

Un murmure d'assentiment s'éleva d'un groupe de Polonais et de Tchèques assis à côté. Mr Chetwin eut l'air touché.

– C'est fort gentil à vous », dit-il.

Toutes les conversations cessèrent quand la cloche de Big Ben retentit, assourdissante comme d'habitude, car le gardien tournait toujours le bouton de la radio à fond.

La voix familière du speaker résonna : « Vous êtes à l'écoute du Service d'informations de la BBC Angleterre. Voici le bulletin d'informations, communiqué par Bruce Belfrage. »

La voix n'avait pas tout à fait son intonation quotidienne. Anna se demanda ce qui se passait ; on y sentait une émotion, un désir à peine perceptible de se dépêcher de parler qui n'était pas habituel. Son attention était tellement captée par cette intonation qu'au début elle saisit à peine ce que la voix venait de dire : « Combats aériens au-dessus de l'Angleterre... Forte concentration de bombardiers ennemis... Je vous lis le communiqué spécial du ministère de l'Air... » C'était l'information clef, et pendant une fraction de seconde, chacun entendit le speaker faire un effort pour surmonter le trouble qui lui barrait la gorge, puis il dit très distinctement : « Cent quatre-vingt-deux appareils ennemis ont été abattus. »

Il y eut un flottement dans le salon. Les auditeurs avaient retenu leur souffle à l'instar du speaker ; ils se remettaient à respirer et se demandaient discrètement, surtout les mauvais anglophones, s'ils avaient bien entendu. L'instant d'après, le Polonais se leva d'un bond de sa chaise, saisit la main de Mr Chetwin et se mit à la secouer avec une énergie extrême.

– Anglais, comme ça ! s'écria-t-il en levant le pouce au plafond. Vous montrez Hitler vous Anglais ! Lui sait maintenant que lui Hitler non pas gagné à tous les coups ! Vos avions lui montrer cela !

Les autres Polonais et Tchèques s'approchèrent de Mr Chetwin et firent cercle autour de lui, lui donnant de petites tapes dans le dos et lui secouant rudement la main. Il n'en revenait pas, pour sa part, mais il avait l'air bien content.

– Fort gentil à vous, disait-il, mais ce n'est pas moi qu'il faut remercier, je n'y suis pour rien personnellement…

En vain, car les gens du salon ne faisaient pas la différence. Pour eux, c'était vraiment comme s'il avait abattu à lui seul un tiers des bombardiers allemands. Quand il prit congé finalement pour aller reprendre son train, l'un d'entre eux lui cria encore dans la rue d'une voix triomphante :

– À partir de maintenant Hitler devra révisionner ses plans !

*

Mais dans quel sens, effectivement, allait-il réviser ses plans ? C'était bien la question qu'Anna se posait quelques jours plus tard. La période de beau temps s'était finalement achevée. Un ciel couvert de lourds nuages mettait un terme provisoire aux activités aériennes. Personne ne pouvait dire sur quoi cette période allait déboucher. Quand Anna eut achevé de dactylographier son chapitre sur l'humour et qu'elle avait reçu la livre convenue, elle projeta d'aller s'acheter un pantalon – une mode toute récente pour les femmes. Mutti et elle parcoururent donc Oxford Street en long et en large à la recherche d'un pantalon seyant.

Il faisait encore chaud malgré le ciel couvert, l'atmosphère des grands magasins qu'elles parcouraient l'un après l'autre était chaque fois plus étouffante. Comme la plupart des pantalons qu'on leur proposait étaient trop chers, elles n'en trouvèrent un dans leurs prix que juste avant la fermeture. Il était fait dans un tissu bleu marine mal identifiable, dont Mutti dit qu'il allait fondre sans doute à la première alerte, mais c'était la taille qui convenait, et pour dix-neuf shillings, onze pence et des poussières. Elles conclurent donc l'affaire, au grand plaisir d'Anna, mais pour Mutti, il faut le dire, avec un peu de lassitude.

Mutti n'avait pas le moral. Le matin même, elle avait reçu une lettre de Mr Chetwin, toujours aussi préoccupé du sort de Max, mais qui ne pouvait malgré tout faire état du moindre progrès. Mutti commençait donc à se dire que son ultime espoir échouait.

Elles firent longuement la queue à l'arrêt de l'autobus. Quand elles purent enfin monter, Mutti s'affaissa aussitôt de tout son poids sur la banquette, tout en ramassant un journal laissé là par un voyageur. Sans perdre de temps à s'extasier sur le pantalon, comme Anna, elle se plongea dans la lecture. Les autobus roulaient lentement pour économiser l'essence ; les pages tournèrent l'une après l'autre. À mi-chemin, Mutti s'écria :

– Ah ça alors ! Regarde un peu !

Anna jeta un coup d'œil par-dessus son épaule, étonnée qu'une critique de film captivât Mutti à ce point-là.

– Lis ! fit Mutti. Lis, tu vas voir !

C'était un compte rendu extrêmement chaleureux d'un film racontant les embûches et les multiples catastrophes qui se dressaient sur le chemin d'une famille juive antinazie s'efforçant de fuir l'Allemagne. Cet article n'était pas écrit par un critique traditionnel, mais bien par un politicien.

– Tu saisis ? s'écria Mutti. Ils peuvent faire preuve de compassion de loin, quand ils pensent aux familles qui restent coincées en Allemagne, mais quand ces mêmes familles arrivent en Angleterre, ils les internent dans des camps !

Elle plia rapidement le journal et le mit dans son sac à main.

– Je vais vite écrire à ce monsieur…

Dès qu'elles furent revenues à l'hôtel, elle montra l'article à Vati, qui se demanda au début s'ils devaient écrire au journal. « Nous sommes des étrangers ici – on ne doit pas critiquer son hôte. » Mutti s'emporta aussitôt et cria que ce genre de principe ne tenait pas devant l'avenir de Max. Pour finir, ils se décidèrent à rédiger la lettre ensemble.

Ils essayèrent de faire valoir le combat de la première heure mené par Vati contre Hitler, les bourses d'études obtenues par Max à Londres et à Cambridge, le fait que Mr Chetwin souhaitait l'engager. Ils dressèrent la liste complète des gens qui avaient protesté contre l'internement de Max. Ils terminèrent en demandant s'il n'y avait pas quelque chose d'absurde dans cette situation. Puis ils descendirent tous ensemble poster la lettre sur Russell Square.

*

La réponse vint deux jours plus tard.

Anna n'avait dormi qu'une moitié de la nuit. Il y avait eu beaucoup d'alertes, et des bombes, pour la première fois, étaient tombées non plus dans les lointains faubourgs, mais tout près, au centre de Londres. Déprimée, fatiguée, elle regarda la lettre avec une certaine réticence. Elle se disait que ce n'était pas le genre de journée où des gens pouvaient recevoir de bonnes nouvelles. Mutti elle-même dut surmonter son anxiété avant de l'ouvrir. Elle le fit d'un coup de poignet si brusque qu'elle arracha un coin de la lettre. Puis elle lut les premières lignes et fondit aussitôt en larmes.

Vati lui prit la feuille des mains et Anna et lui lurent ensemble.

C'était le directeur du journal qui leur répondait en personne. Il disait qu'il y avait longtemps que son journal mettait en cause cette mesure gouvernementale. Elle privait de moyens d'agir certains des opposants d'Hitler les plus intelligents et les plus virulents réfugiés en Angleterre. Il avait été très ému par la lettre qu'il avait reçue, et l'avait transmise aussitôt au Premier ministre lui-même, qui avait promis de se pencher sur le cas de Max sans délai.

– Ça veut dire qu'ils vont le relâcher ? demanda Anna sans comprendre.

– Oui, dit Vati. Exactement.

Assis dans l'étroite salle du petit déjeuner, ils se

regardaient tous les trois. Soudain, tout était transformé. Il y avait eu ces bombes tombées pendant la nuit, une autre alerte venait de retentir à l'instant, le journal du matin titrait : « Derniers préparatifs allemands en prévision de l'invasion », mais rien de cela ne comptait plus. Max allait enfin être libre.

Pour finir, Vati dit doucement :

– Les Anglais sont vraiment des gens extraordinaires. Ils sont sous une menace d'invasion imminente. Malgré cela, leur Premier ministre parvient à s'accorder un instant pour réparer une injustice en faveur d'un jeune inconnu qui n'est même pas de son pays.

Mutti se moucha discrètement.

– C'est vrai, fit-elle. Mais il faut dire que Max est un garçon remarquable !

8

Max rentra une semaine plus tard, à l'improviste, juste au moment où retentissait une alerte. C'était en fin d'après-midi, Mutti n'était pas encore là, Vati était sorti de l'hôtel à sa rencontre dans Russell Square. Anna venait de se laver les cheveux dans la salle de bains à l'étage au bout du couloir. Tandis qu'elle regagnait sa chambre, les cheveux noués dans une serviette, elle leva les yeux et le vit.

– Max ! cria-t-elle.

Elle se sentit l'envie de le prendre dans ses bras, mais c'était peut-être trop brusque.

– Alors, ça va, petit bonhomme ? (C'était comme cela que Max l'appelait quand ils étaient encore tout petits.) Tu prends soin de toi à ce que je vois, et tu as bien raison, dit-il.

– Ah ! Max ! (Elle l'étreignit tout de même.) Tu n'as pas changé, c'est bien toi !

– Heureusement ! Qu'est-ce que tu croyais ? Que je serais devenu aigri et incapable de sourire ? Jamais de la vie ! Je ne changerai jamais ! (Ils gagnèrent la chambre d'Anna.) Par contre, je tire un enseignement des expériences que j'ai vécues. Et je vais faire ce qu'il faut, tu peux me croire, pour ne plus avoir à connaître ce que j'ai connu ces derniers mois.

– Comment ?

Il souleva les vêtements qui encombraient l'unique chaise.

– J'enseignerai pendant un an. Le vieux Chetwin a l'air d'y tenir. Tu as vu ce qu'il a fait pour moi ? Ensuite je m'engage dans l'armée.

– Mais, Max, est-ce qu'ils vont accepter des Allemands dans l'armée anglaise ?

La bouche de Max se raidit.

– On verra ça...

La porte s'ouvrit, Mutti parut dans l'embrasure, et Vati juste derrière elle.

– Max ! cria-t-elle.

Au même moment, chacun entendit retentir un bruit mat suivi d'un grondement, et Max dit, légèrement surpris :

– C'était une bombe ?

– Oui, dit Anna qui avait presque envie de s'excuser. Mais elle est tombée loin d'ici.

– Mince ! fit Max, et voyant Mutti fondre sur lui pour l'embrasser, il lui dit d'un air de reproche : Eh bien bravo ! Je te félicite... Tu me fais rentrer sous les bombes !

À table, ils débouchèrent une bouteille de vin

offerte quelques mois plus tôt à Vati par un de ses amis, et qu'il gardait pour l'occasion. Le vin les surprit par son goût – le fond d'une penderie, dit Vati, n'était peut-être pas le meilleur endroit pour qu'un vin garde son bouquet – mais ils burent au retour de Max, à la santé de Mr Chetwin, et à celle du Premier ministre, si bien qu'à la fin de la bouteille, Anna nageait dans l'euphorie.

Mutti avait la plus grande peine à détourner les yeux de Max. Dès que son assiette était vide, elle était là pour la remplir. Dès qu'il prononçait une parole, elle la buvait comme du petit-lait. Max ne dit pas grand-chose pourtant. Il était inquiet pour Otto, qui risquait d'être perdu sans lui. Dire qu'il songeait à accepter d'émigrer à bord d'un bateau qui partait pour le Canada...

– Son professeur y part, dit Max. Mais lui, qu'est-ce qu'il va faire là-bas ? Sans compter que le dernier navire a coulé avant d'arriver, torpillé par un sous-marin.

Peu après l'arrivée de Max, on avait entendu retentir la sirène de fin d'alerte, mais un autre raid aérien fut annoncé un peu plus tard, et on perçut dans le lointain le bruit des avions et des bombes tout le reste de la soirée. Avec la tombée de la nuit, la situation empira. Comme une maîtresse de maison dont un événement imprévu fait échouer les préparatifs, Mutti dit à Max, contrariée :

– Je ne sais pas très bien ce qu'ils mijotent.

– Il y a sans doute des choses à voir, dit Max, je vais jeter un coup d'œil.

Sans s'arrêter aux mises en garde, Max et Anna quittèrent l'hôtel en contournant l'épais rideau occultant tendu à la porte.

Il ne faisait pas sombre dans la rue ; le ciel était rose au-dessus d'eux, au point qu'Anna crut un instant qu'elle avait mal évalué l'heure. Bientôt un sifflement sourd déchira la nuit, suivi d'une explosion terrible. Ce n'était vraiment pas tombé loin ! Un homme casqué les aperçut :

– Rentrez vous abriter, bon sang !

– Où est l'incendie ? demanda Max.

Évidemment, pensa Anna, c'est pour cela que le ciel est si rose.

L'homme se plaqua derrière un porche en entendant une autre bombe descendre du ciel en sifflant, mais elle tomba nettement plus loin.

– Dans les docks, dit-il. Et les boches n'y vont pas avec le dos de la cuillère ! Faut pas traîner, rentrez chez vous ! Et il les repoussa dans l'hôtel.

Max paraissait éberlué.

– Est-ce que c'est tous les jours comme ça ?

– Non, cette fois c'est le pire de tous, dit Anna. Tu as vu le ciel ? Ce feu doit vraiment être immense !

Quand il fut temps d'aller se coucher, rien ne leur laissait supposer que le raid allait s'interrompre.

Alors, Frau Gruber, la patronne, dit que tous ceux qui le souhaitaient pouvaient dormir dans le salon. Elle passa à droite et à gauche, distribuant des couvertures, et chacun aida à ranger les tables pour faire de la place. Bientôt le salon ressembla à une espèce d'asile de nuit : des gens pelotonnés dans les fauteuils de skaï, d'autres préférant s'étendre au sol, enveloppés dans des couvertures. Certains d'entre eux avaient revêtu pyjama et robe de chambre. D'autres, ayant gardé leurs vêtements, s'emmitouflaient dans leur manteau, dans la crainte que la chute d'une bombe ne les précipite dans la rue. L'auteur du livre sur l'humour portait un pyjama rayé, une veste de tweed et un chapeau.

Quand chacun se fut installé, Frau Gruber les rejoignit, vêtue de sa robe de chambre, avec un grand pot de cacao et une multitude de tasses, ce qui donna à la soirée un petit air de fête de dortoir. Puis ce fut l'extinction des feux. Seule brûla une petite veilleuse dans un des angles de la pièce. Frau Gruber, qui semblait requinquée par cette émulation nouvelle, leur lança à la cantonade : « Et maintenant bonne nuit à tous ! » Formule qu'Anna trouva cocasse, étant donné les circonstances.

Elle était couchée sur le sol, la tête au-dessous d'une table. Max était allongé près d'elle – Mutti et Vati se trouvaient dans des fauteuils un peu plus loin. Quand l'obscurité s'était faite, il n'avait plus été possible de garder l'esprit détaché du bruit sourd des déflagrations. Anna entendait les avions qui tournaient au-dessus de leurs têtes : un bourdonnement vacillant, pareil au son d'un gros insecte allant et venant dans une pièce, interrompu de temps à autre par la déflagration d'une bombe. La plupart du temps c'était loin, mais les explosions semblaient fortes. Certaines personnes, elle le savait, étaient capables de distinguer les appareils anglais et allemands, mais pour Anna il n'y avait là que des appareils allemands. Autour d'elle, elle entendait les gens se retourner et murmurer. Personne n'arrivait à dormir.

– Max ? appela-t-elle à voix basse.

– Ça va ? dit-il, bien éveillé.

– Et toi ?

Il fit signe que oui. À ce moment, elle se rappela comment, quand elle était petite et effrayée par les orages, Max l'aidait à garder courage en lui disant : « Ce n'est pas grave, c'est le bon Dieu qui a un rhume. »

– Tu te souviens, commença-t-elle…

– Justement, dit Max, j'y pensais. Le bon Dieu ? Eh bien cette fois-ci, il a l'air plutôt dérangé !

Elle rit. Puis ils se turent tous deux, attentifs au bourdonnement d'un avion qui semblait passer juste au-dessus de leurs têtes.

– Quand je pense que je pourrais dormir bien

tranquillement sur l'île de Man, avec Otto en train de lire P.G. Wodehouse à côté de moi !

Le bruit de l'avion s'affaiblit, puis il augmenta à nouveau – il fait un cercle, pensa Anna. Pour finir, le bruit diminua et s'effaça dans le lointain.

– C'était dur au camp ? demanda-t-elle.

– Non. Pas à partir du moment où on a été installés. Il n'y a pas eu de sévices ou de trucs dans ce genre-là. La seule chose qui me mettait en rogne, c'était d'être enfermé là-bas. Je me sentais comme un étranger.

Anna se demanda si elle-même avait jamais cessé de l'être. L'était-elle ici, à l'hôtel, parmi les autres réfugiés ? Oui, comme partout ailleurs, sans doute.

– C'est peut-être prétentieux de dire cela, poursuivit Max, mais je sais une chose : j'ai ma place ici, dans ce pays. Dès ma première année de lycée, j'avais parfaitement compris cela – cette année-là, il m'a semblé que tout se passait comme je le voulais. Ce n'était pas seulement vrai pour moi. D'autres personnes, comme George et Bill, ont ressenti cela aussi.

– Oui, dit Anna.

– Tout ce que je voudrais, c'est qu'on me donne les mêmes droits qu'aux autres. Au camp, il y avait des gens qui pensaient qu'ils avaient de la chance de se trouver là tout compte fait, parce qu'ils ne couraient aucun risque. Je ne suis pas du genre belliqueux, et je n'ai vraiment aucune envie d'aller me faire tuer à la guerre – mais j'aimerais mille fois mieux me trouver dans l'armée de terre avec George, ou dans la RAF avec Bill, que rester à moisir là-bas. J'en ai ma claque d'être toujours étiqueté comme différent !

Il y eut une autre déflagration, cette fois bien plus proche que les autres. Le souffle en secoua l'immeuble, et tandis qu'Anna sentait le sol se restabiliser sous elle, le mot « bombardement » lui surgit à l'esprit. Je suis dans un bombardement. Je suis couchée à même le sol du salon de l'hôtel Continental, vêtue de mon pyjama rose, au milieu d'un bombardement.

– Max, dit-elle, est-ce que tu as peur ?

– Pas vraiment.

– Moi non plus, dit-elle.

– C'est un soulagement d'avoir, ne serait-ce qu'une fois, les mêmes inquiétudes que les autres !

*

Le raid dura toute la nuit. Anna dormit par intermittences, sombrant dans un sommeil bercé par le ronronnement des avions, pour en émerger aux bruits sourds et lointains des déflagrations. Le signal de fin d'alerte retentit à cinq heures et demie. Frau Gruber, qui paraissait prendre cette nouvelle avancée d'Hitler comme un défi personnel, apparut avec un plateau et des tasses de thé pour ses hôtes. Elle venait d'ouvrir les rideaux, et Anna vit avec surprise que Bedford Terrace conservait à l'aube son aspect de toujours. La rue était déserte et les pauvres maisons silencieuses sous le ciel pâle semblaient avoir vécu une nuit semblable aux autres. Une porte s'ouvrit de l'autre côté, une femme vêtue d'un pantalon et d'une veste de pyjama fit quelques pas sur le trottoir. Elle leva la tête vers le ciel, comme Anna venait de le faire, puis bâilla, étira les bras, et rentra se remettre au lit ou se faire un petit déjeuner.

*

Max était très impatient de rejoindre son poste au lycée. Après avoir téléphoné, non sans peine, à la gare d'Euston, il avait appris que l'attaque provoquait des retards sur les lignes. Anna et Mutti l'embrassèrent avant de partir au travail. Seul Vati lui tint compagnie, tandis qu'il bouclait sa valise.

Il faisait beau ce matin-là. En parcourant les petites rues qui jouxtaient Tottenham Court Road, Anna se sentait abasourdie. Chaque chose avait gardé son aspect ordinaire. Il y avait seulement plus de taxis et de véhicules que d'habitude, des voitures avec des bagages empilés sur leurs galeries : encore des gens qui quittaient Londres. Elle attendait à un croisement quand un marchand de légumes préparant sa devanture lui cria avec un sourire :

– Sacré boucan cette nuit, pas vrai ?

Elle sourit en hochant la tête, et se hâta de contourner l'arrière du British Museum. C'était la partie la plus terne de son trajet quotidien. Elle emprunta une petite rue plus vivante, avec des boutiques, et aperçut des débris de verre en avançant sur le trottoir. Une vitrine brisée, pensa-t-elle... C'est alors qu'elle leva la tête et vit le reste de la rue.

Il y avait du verre partout, des portes qui pendaient sur leurs gonds, et des décombres répandus sur toute la largeur de la chaussée. Parmi les maisons d'en face, là où son regard s'attendait à retrouver une façade, il n'y avait plus qu'une large brèche. Tout le premier étage s'était évaporé, il ne restait de la façade que deux ou trois pans délabrés. La maison était là, au beau milieu de la rue, un monceau de briques et de pierres assez large pour boucher le passage. Quelques hommes, en bleus de travail, déblayaient le tout à la main, ou projetaient les briques à coups de pelle dans la vaste benne d'un camion.

On pouvait voir l'intérieur de ce qui restait de la maison. La tapisserie était verte, et la salle de bains peinte en jaune. On la reconnaissait malgré l'effondrement, car une petite partie de plancher supportait encore une baignoire, qui semblait suspendue dans le vide. Juste au-dessus, à un crochet, pendait un petit gant de toilette, et à côté, sur une tablette, il y avait un verre à dents à l'effigie de Mickey Mouse.

– C'est terrible, hein ! fit un vieil homme. Par bonheur, il n'y avait personne, elle était partie emmener ses gosses chez sa sœur. Je le prendrais entre quatre z'yeux ce Hitler !

Puis il retourna balayer les débris que l'explosion avait projetés dans sa boutique.

Anna s'avança à pas lents. La partie la plus proche de la maison détruite était entourée d'un cordon à cause des risques d'effondrement. Des voisins punaisaient de précaires bouts de carton à la place des vitres brisées. Elle était soulagée qu'il n'y ait eu aucune victime. Un des hommes en train de déblayer lui cria de ne pas approcher, elle prit donc une rue adjacente.

Là, les dégâts étaient plus rares, seulement quelques carreaux cassés, un peu de poussière et de plâtre. Tandis qu'elle se frayait un chemin au milieu des débris de verre, elle vit à quel point ils brillaient dans le soleil vif du matin. La brise soulevait la poussière qui tourbillonnait à ses pieds. Elle observa ses mollets brunis par le soleil et elle éprouva soudain un besoin urgent de gambader, de sauter. C'était horrible de ressentir cela après un raid aérien dans lequel des gens étaient morts, mais une part de son esprit refusait d'y penser. Au ciel, c'était l'azur parfait, le soleil chauffait ses bras nus, des moineaux sautillaient gaiement à ses pieds, dans le caniveau, on entendait des coups de klaxon, des gens déambulaient et conversaient entre eux. Bientôt elle ne put éprouver rien d'autre qu'un immense bonheur à l'idée d'être encore en vie. Ces pauvres gens qui sont sans toit ! se dit-elle, mais presque aussitôt cette pensée fut effacée par la joie qu'elle ressentait.

Elle aspira une bouffée d'air, un air chargé d'une âcre odeur de poussière de brique et de plâtre, et elle courut jusqu'au bout de la rue, courut encore jusqu'à Tottenham Court Road, et tout le long du chemin jusqu'au cours de secrétariat.

9

Par la suite il y eut des raids toutes les nuits. Les sirènes résonnaient à la tombée du soir. Il se passait quelques minutes, puis on percevait à distance le bourdonnement des bombardiers. La fin d'alerte ne survenait pas avant le lever du jour. C'était tellement régulier qu'il aurait presque été possible de régler sa montre là-dessus.

– Est-ce que je peux aller acheter quelques caramels pour le raid ? demandait Anna à Mutti.

– D'accord, mais vite, disait Mutti ; ils seront là dans dix minutes.

Anna sortait dans le soir tiède. Elle courait à travers les rues jusque chez le marchand près du métro. Un œil rivé sur son horloge, le bonhomme pesait en hâte ses cent grammes de friandises, puis elle retournait au pas de course et atteignait toujours l'hôtel dans le hurlement des sirènes.

Chaque nuit, elle dormait dans le salon, de même que Mutti et Vati. Il y avait beaucoup de place, parce qu'après le premier grand raid nombre de gens étaient partis et qu'il en partait chaque jour. Ça vous démolissait le moral de rester allongé dans le noir à attendre passivement que les Allemands aient lâché leurs bombes : on ne pouvait strictement rien faire pour tenter de les arrêter. Au bout de quelques nuits pourtant, des séries de détonations s'ajoutèrent au vacarme. Chacune d'elles faisait penser à l'explosion d'un énorme fût contenant de l'air comprimé. Frau Gruber, devenue experte en l'espace d'une nuit, reconnut dans ces bruits des tirs de batteries antiaériennes. Il était donc encore plus difficile de s'endormir qu'avant, mais il était bon de les entendre.

C'était curieux de voir la vitesse à laquelle on s'habituait à dormir à même le sol ; Anna n'était pas loin de trouver cela douillet. Elle avait beaucoup de couvertures, et grâce aux lourds volets de bois qui fermaient les fenêtres du salon, les bruits n'arrivaient qu'étouffés, ce qui donnait un sentiment de sécurité relative. Elle ne dormait jamais assez, mais c'était vrai pour tout le monde, et tout le monde en prenait son parti. Pendant la journée, en tous lieux, dans l'autobus ou dans le métro, dans un parc, dans un coin de café, on voyait des Londoniens en train de piquer de petits sommes. Même à l'école, il arrivait que des filles dorment sur leur machine. Quand elles se parlaient, leurs phrases étaient souvent entrecoupées par de terribles bâillements, mais on ne s'y arrêtait même plus, on suivait le fil de ses mots sans prendre la peine de s'excuser.

Une nuit, au cours de la troisième semaine de raids, une bombe tomba sur Russell Square, fit voler en éclats les vitres des maisons de Bedford Terrace et creusa un cratère dans la terre molle du parc. Anna dormait à cet instant, et le souffle, heureusement pour elle, eut un effet d'aspiration, si bien que les vitres et les volets (pas si sûrs que cela finalement) atterrirent sur le trottoir et non sur les gens dans le salon.

Elle se leva d'un bond, à moitié endormie et sans vraiment réaliser. Elle sentit un rideau flotter sur son visage, et vit dans la rue, pas loin de là, un *air raid warden* qui lançait de violents coups de sifflet. Autour d'elle, les gens se levaient en trébuchant dans la pénombre, quand au-dessus du brouhaha retentit la voix de Mutti qui criait :

– Anna ! Tu n'as rien ?

– Non ! répondit Anna tandis que Frau Gruber arrivait une torche à la main.

Ce ne fut qu'à ce moment-là qu'elle se rendit compte, à sa stupéfaction, qu'elle était prise de tremblements.

*

Après cela, plus personne ne dormit dans le salon. Un employé municipal arriva pour clouer des planches en remplacement des fenêtres. Il expliqua à Frau Gruber que ce n'était pas un endroit sûr et qu'il valait mieux à l'avenir que tout le monde descende à la cave.

Au cours de secrétariat, pour faire la fanfaronne, Anna raconta l'aventure, mais sans vraiment impressionner. À cette date, la plupart des gens qui étaient demeurés à Londres avaient vécu ce genre d'incident. Ou bien c'étaient toutes leurs fenêtres qui avaient volé en éclats, ou bien, grâce à quelque retard ou hasard de dernière minute, ils avaient pu ne pas se trouver dans une maison frappée de plein fouet. Une fois, comme elle rentrait à l'aube d'un abri antiaérien, Mme Laroche avait trouvé une mine terrestre dans son salon. Elle avait troué sa toiture, Dieu sait comment, sans exploser et se balançait dans le vide, retenue à son parachute resté pris en haut de l'escalier. Elle pouvait poursuivre sa chute à la moindre vibration. Ce choc s'ajoutant aux soucis qu'elle se faisait pour sa famille en Belgique, Mme Laroche était partie, sur le conseil de son médecin, se reposer à la campagne.

L'école ne souffrait pas vraiment de son absence. De toute façon, elle fonctionnait déjà au ralenti. Il y restait à peine une douzaine d'élèves et on ne tapait plus de dictées parce que les rouleaux de papier qui alimentaient les machines étaient importés de Belgique et ne leur parvenaient plus. Les élèves pianotaient à vide pour garder leurs automatismes, tandis que le dernier professeur à être resté leur lisait de petits romans. C'était la seule chose à faire, mais Anna trouvait quelquefois qu'écouter du Dorothy Sayers ou de l'Agatha Christie, alors qu'elle venait de traverser des rues aux maisons effondrées, était une bien curieuse façon de passer ce qui pouvait être le dernier jour de sa vie.

La nuit, tous les clients de l'hôtel dormaient dans la cave désormais. Le sol y était froid et dur. Pour y trouver un peu de confort, il fallait descendre son matelas en le traînant dans l'escalier. Le descendre passait encore, mais quand, après une nuit blanche, il fallait le remonter à l'aube, c'était vraiment la goutte d'eau qui faisait déborder le vase.

Auparavant, la cave servait à entreposer des objets et des provisions diverses. Anna détestait cet endroit. Pour y accéder, il fallait passer de la salle à manger à la cuisine en empruntant un étroit escalier de pierre, puis descendre encore plusieurs marches. Le plafond était assez bas, presque à deux mètres du sol, l'air humide et mal ventilé. Couché sur son matelas, les yeux levés au plafond, les oreilles tendues vers le raid, on imaginait facilement la maison en train de s'écrouler. Anna avait beau se raisonner, elle ne pouvait pas s'empêcher de vérifier si l'escalier était toujours bien à sa place.

Parfois, attendre sans bouger lui paraissait insupportable. Elle se levait en murmurant à Mutti : « Je vais aux toilettes », et en dépit des ronchonnements poussés par les autres dormeurs, elle les enjambait et gagnait tranquillement la partie désertée de l'hôtel. Elle montait les quatre étages jusqu'à sa chambre et restait là, dans le bruit des bombes et de la mitraille, en attendant de retrouver le courage d'affronter la cave.

Une nuit, entrant dans sa chambre, elle sursauta en découvrant une silhouette à la fenêtre.

– Qui est là ? cria-t-elle bien vite. La silhouette se retourna, elle s'aperçut que c'était Vati.

– Viens voir, dit-il, tandis qu'Anna le rejoignait dans l'obscurité.

La nuit était illuminée, le ciel rouge reflétait les incendies du sol, des grappes de fusées éclairantes diffusaient une lumière orange à des kilomètres à la ronde. On aurait dit de gigantesques décorations de Noël descendant mollement dans la nuit. Anna savait qu'elles étaient là pour aider les avions allemands à atteindre leurs objectifs. Malgré cela, elle les trouvait belles. Le ciel était si lumineux qu'on percevait distinctement l'horloge de l'église dont les aiguilles étaient depuis longtemps arrêtées et un trou laissé par des tuiles soufflées lors d'une explosion. Dans le lointain fusaient des flashs jaunes comme des éclairs, ponctués de détonations sourdes – cela provenait des batteries antiaériennes, camouflées dans un coin d'Hyde Park.

Soudain un faisceau apparut et se mit à balayer le ciel, suivi d'un autre, puis d'un troisième... Ils s'entrecroisèrent plusieurs fois, puis une grande lueur orange voila le reste de la scène. Était-ce une bombe ou un avion qui venait d'exploser en plein ciel ? Anna ne savait pas très bien, mais cela fit un tel vacarme qu'ils durent s'éloigner de la fenêtre.

Le choc passé, ils regardèrent de nouveau la nuit lumineuse. Aux fusées éclairantes orange s'ajoutaient quelques fusées roses et elles retombaient toutes ensemble lentement au-dessus de la ville.

– C'est peut-être la fin d'un monde, dit Vati, la fin du monde civilisé. Mais que c'est beau à voir...

*

À mesure que le temps passait et que les jours raccourcissaient, la durée des raids augmentait. Jusqu'au milieu du mois d'octobre, les sirènes ne lancèrent jamais un seul signal de fin d'alerte avant six heures trente du matin. Il ne servait plus à rien de se rendormir alors.

– Si seulement il pouvait arrêter de faire si beau ! maugréait Mutti.

En effet, lorsque le ciel était couvert, les bombardiers ne venaient pas, et on avait l'extrême bonheur de redécouvrir ce qu'était une nuit entière dans son lit. Mais les beaux jours se succédaient et bien que ce fût grisant de se retrouver chaque matin étonné d'être encore en vie dans l'air vif et frais de l'automne, chaque soir les bombardiers revenaient et engendraient une nouvelle nuit d'angoisse dans la petite cave.

Un soir, les sirènes retentirent un peu plus tôt que d'habitude. Tout le monde était en train de dîner. Immédiatement on entendit le grondement des bombardiers et des déflagrations en chaîne de bombes non loin de là.

– Bang ! Bang ! fit un des Polonais, sa cuillère à soupe à la main. Ce n'est pas gentil d'interrompre de braves gens qui prennent leur repas.

C'était un homme grand d'âge moyen que les réfugiés de l'hôtel avaient surnommé « Woodpigeon »[1], parce qu'il avait pour passe-temps d'imiter un couple de pigeons hantant l'arrière-cour de l'hôtel.

– Encore les gares, dit Frau Gruber.

– Ah non, certainement pas les gares ! s'écria la dame allemande dont le mari avait été exécuté par les nazis. Ils les ont attaquées hier.

---

1. *Woodpigeon* : pigeon ramier.

L'hôtel Continental se trouvait à mi-chemin entre Euston et Saint Pancras. Quand les Allemands visaient les gares, il fallait à chaque fois s'attendre à une sale nuit en perspective.

– Ils les ont attaquées hier, c'est vrai, précisa Woodpigeon, mais ils ne les ont pas atteintes.

Au même moment, tous les convives rentrèrent le cou dans les épaules, à l'écoute d'un souffle strident. Une explosion secoua la pièce. Un verre glissa du bord d'une table et s'écrasa sur le plancher.

– C'était assez près, dit Mutti.

Frau Gruber débarrassa les assiettes comme si de rien n'était.

– Prunes et crème anglaise en dessert, lança-t-elle, mais on ferait peut-être mieux de remettre la suite à plus tard.

Tandis qu'Anna prenait son matelas dans sa chambre, il y eut une autre explosion qui ébranla l'immeuble entier – les murs, le plancher, le plafond, tout remua nettement autour d'elle. Elle s'élança dans l'escalier avec le matelas bringuebalant et rebondissant sur les marches. Pour une fois, elle ne se plaignait pas de devoir descendre à la cave – là au moins ça ne remuait pas.

Frau Gruber avait tendu une couverture qui séparait la cave en deux parties égales : femmes d'un côté et hommes de l'autre. Anna plaça son matelas dans un espace qui restait libre. Elle se retrouva installée à côté de la dame allemande, Mutti quelque part derrière elle. Avant même qu'elle soit allongée, il y eut un autre grand choc suivi d'un vacarme terrifiant. Frau Gruber, qui était encore à farfouiller dans sa cuisine, abandonna sa crème anglaise et rejoignit ses hôtes à la cave.

– Oh ! ma pauvre, dit la dame allemande, j'espère qu'on ne va pas encore passer une de ces nuits terribles !

Ces paroles furent suivies par une déflagration plus violente, puis par une troisième, heureusement un peu plus lointaine.

– Bon, il est passé, dit Anna.

Généralement, les Allemands lâchaient des chapelets de six bombes. À mesure que les explosions se succédaient en approchant, c'était terrifiant d'attendre. Mais une fois que la plus proche des bombes était tombée, on pouvait souffler un moment.

– Grâce à Dieu ! fit la dame allemande.

Mais Anna entendait déjà le grondement d'un autre appareil.

– Ils suivent un autre couloir cette fois, dit Frau Gruber.

– Oui, juste dans l'axe, dit Mutti.

Le nouveau chapelet s'égrena, ils entendaient les bombes tomber une à une du ciel en hurlant. Et de une... et de deux... et de trois... et de... quatre ! Cinq... et six. Il était passé. Cela laissait un temps de répit, mais un autre avion arrivait puis un autre, et encore un autre. Ça ne peut pas continuer, pensait Anna à chaque passage, et pourtant ça continuait.

À côté d'elle, la dame allemande était allongée sur le dos, les yeux clos, mains sur la poitrine. De l'autre côté de la couverture, Woodpigeon marmonnait sans cesse :

– Tu ne pourrais pas toucher cette gare une bonne fois, imbécile d'Allemand ! Tu ne pourrais pas la toucher et rentrer chez toi une bonne fois ?

Enfin, au bout d'un temps qui leur parut un siècle, il y eut une accalmie. Une dernière bombe explosa, qui ne fut suivie par le passage d'aucun nouveau bombardier... Un profond silence s'installa.

Pendant quelques instants, chacun dressa l'oreille, et comme rien ne se produisait, on commença à se détendre. Anna regarda sa montre : dix heures et demie seulement.

– Le pire qu'on ait eu, dit Mutti.

Vati leva un coin de couverture et jeta un coup d'œil vers elles.

– Ça va ? demanda-t-il.

Anna hocha la tête. Bizarrement, elle n'éprouvait plus le même besoin de regarder si les marches étaient toujours là. C'est idiot de ma part, pensa-t-elle, si ça s'écroulait, je l'entendrais bien.

– Bon, on ferait peut-être mieux d'essayer de se reposer un petit peu, fit la voix de Frau Gruber.

Au même moment, un claquement sourd se fit entendre dans le lointain, l'ampoule s'éteignit brusquement.

– Ils ont touché un câble, commenta Frau Gruber en les éclairant de sa torche.

– Ces braves Allemands ! dit Woodpigeon. Ils nous ont éteint la lumière.

Tout le monde éclata de rire. Frau Gruber éteignit sa torche. « Inutile d'user les batteries ! »

Anna ferma les yeux pour ne pas voir le noir. Elle en avait très peur quand elle était petite, et elle en avait peur encore. Le silence régnait désormais. On n'entendait que quelques grondements par intermittences dans le lointain. Il n'y avait rien à faire, rien à voir, et rien à entendre, elle sombra dans le sommeil.

*

Soudain tout parut exploser. La cave remua autour d'elle. Tout en reprenant ses esprits, elle entendit une autre bombe déchirer le ciel en hurlant, la plus forte qu'elle ait entendue. Elle explosa en émettant un bruit à crever les tympans, et il lui sembla juste après que quelque chose tombait sur elle, une chose qui la recouvrait et qui l'empêchait de voir, et qui l'empêchait de respirer.

C'était ce qu'elle craignait depuis le début.

Elle essaya de remuer et découvrit que ce n'était que la couverture de Frau Gruber qui s'était effondrée sur elle. Les visages tout blancs de Vati et de Woodpigeon apparurent en même temps que le faisceau de la torche.

– Ça va toujours ? lui dit Vati.

Elle hocha la tête à nouveau et se rallongea à l'endroit où elle était sans plus bouger, encore sous le coup de la terreur. À côté d'elle, la dame allemande était en train de sangloter.

Mutti voulut dire quelque chose, mais un autre avion arrivait et un nouveau chapelet de bombes déchira le ciel au-dessus d'eux.

– Je vais voir où on en est, annonça Frau Gruber après la dernière du chapelet. La cave s'éclaira un instant et retomba dans la pénombre. Frau Gruber gagnait la cuisine en suivant le faisceau de sa torche...

– Ça va, dit-elle en revenant. Apparemment, on tient toujours.

Anna restait couchée sans remuer un doigt.

Il ne faut surtout pas paniquer, se répétait-elle constamment. Mais pour cela il aurait fallu que la dame allemande cesse de geindre. Au rythme où ça tombe, pensait-elle, il n'est pas possible qu'ils nous manquent...

Une vague de terreur l'envahit, mais elle la maîtrisa à temps. Si je pouvais seulement parvenir à me faire vraiment à l'idée. Si je pouvais seulement parvenir à garder mon calme au moment où l'écroulement se produira. Les sauveteurs finissent toujours par sortir les gens des décombres. Quand on ne panique pas, on use moins d'oxygène. On a plus de chance de tenir jusqu'à l'arrivée des secours.

Mutti se pencha sur elle, dans le noir.

– Tu veux venir près de moi ? dit-elle.

– Ça va où je suis, dit Anna.

Mutti ne pouvait rien pour elle.

Un autre avion approchait et les bombes déchirèrent le ciel... Si je me prépare dès maintenant, si j'imagine ce qui se passera quand je serai dans un petit boyau avec des tonnes de pierres dessus...

La vague de panique remontait. Elle s'efforça de se raisonner. Il ne faudra pas tenter de se débattre, ni tenter de sortir en creusant. Il faudra rester immobile. Il n'y aura peut-être pas beaucoup de place, ni beaucoup d'air... Soudain elle eut la sensation presque tactile d'être au sein d'une cavité noire et compacte refermée sur elle. C'était tellement épouvantable qu'elle se rassit dans un sursaut pour tenter de reprendre son souffle. Derrière elle, Mutti appela :

– Anna ?

– Ça va, dit-elle.

La dame allemande était toujours en train de

pleurer. Plus loin, deux voix tchèques murmuraient une sorte de vague prière.

Il faut que je me contrôle. Il le faut ! Elle venait à peine de se dire cela que la vague de terreur revenait, une vague tellement irrépressible qu'elle se sentit sur le point de crier. Ça n'allait pas. Ça n'allait pas. Elle n'allait pas y arriver ! Allongée, elle serra les dents, jusqu'à ce que la vague retombe.

Peut-être que quand ça arrivera, ça ne paraîtra plus si terrible. C'est peut-être pire en pensée. Mais elle avait beau se dire cela, elle savait que ce n'était pas vrai.

Les bombardiers passaient toujours, et les bombes s'égrenaient toujours, et les sanglots de la dame allemande devenaient presque insupportables. Mutti lui cria tout à coup d'essayer de se dominer.

Plus tard, Vati vint installer son matelas près d'elle et Mutti, mais le fait de se retrouver tous les trois à proximité ne soulageait même pas Anna. Seule dans le noir de son cerveau, elle tentait de fermer l'accès à l'image la plus terrifiante : elle-même hurlant sans voix au fond d'un boyau noir.

Finalement, ses nerfs épuisés la laissèrent à demi en paix, gagnée par une sorte de torpeur. Ça y est, je m'habitue, pensa-t-elle, mais elle savait que ce n'était pas cela. Quand le vacarme cessa enfin, tandis qu'une lueur commençait à filtrer lentement dans la cave, et que résonnaient les sirènes qui signalaient la fin du raid, elle eut beau se dire : Bon, après tout, ça n'aura pas été si mal, elle savait bien que cela non plus n'était pas la réalité.

*

Quand ils firent l'état des dégâts, ils virent que les quelques fenêtres qui restaient encore dans l'hôtel avaient été détruites. Le haut de la tour de l'église qu'elle apercevait de sa chambre s'était complètement effondré, et le toit qui couvrait la nef présentait une large brèche avec des pourtours déchiquetés. Côté Bedford Terrace, à quelques pas de l'hôtel, là où se trouvait auparavant une maison, il ne restait qu'un tas de décombres dans lequel personne n'aurait pu survivre.

– De plein fouet, commenta le gardien.

– Qui vivait là ? demanda Anna.

Debout dans l'air froid du matin, en pantalon et en blouson, la main enveloppée dans son mouchoir, car elle s'était fait une coupure en soulevant une vitre brisée, elle sentait le vent de la rue souffler à travers ses vêtements.

– Des réfugiés maltais, expliqua le gardien. Mais ils vont toujours dans des abris publics.

Elle se rappelait les avoir vus – des gens frêles, de peau un peu brune, qui portaient toujours des vêtements bien trop fins pour l'automne anglais.

Dès que les sirènes retentissaient, ils sortaient en groupe dans la rue en bavardant nerveusement dans une langue aux sons bizarres, et la crainte les faisait marcher à bonne allure vers le métro.

– Tous ? demanda Anna. Est-ce qu'ils y vont tous ?

– Presque tous, lui dit le gardien.

À cet instant, une voiture bleue en provenance de Russell Square déboucha dans la rue, contourna quelques tas de briques éparpillés sur la chaussée, et, fait surprenant, s'arrêta devant la porte de l'hôtel. Le chauffeur ouvrit la portière et un petit homme rond descendit. C'était le professeur Rosenberg.

– J'ai appris que la nuit avait été mauvaise, dit-il. Est-ce que tout le monde va bien ?

Anna lui fit signe que oui, et elle lui emboîta le pas pour rejoindre le salon où Mutti et Vati étaient en train de prendre une tasse de thé préparée par Frau Gruber.

– Je pense qu'il faudrait la sortir de tout cela pendant quelque temps, dit-il en désignant Anna. Je regagne la campagne ce soir. Je repasse la prendre et l'emmène.

Anna tenta de protester, mais au même moment, sans prévenir, et sans qu'elle sache vraiment pourquoi, des larmes lui montèrent aux yeux. Mutti et Vati souhaitaient qu'elle parte avec le professeur.

Finalement, Mutti parvint à emporter la décision en s'exclamant :

– De toute façon, je ne pourrai jamais supporter une autre nuit comme cela avec toi – ce serait bien plus facile pour moi si je te savais hors de danger !

– Pars, je te le demande ! ordonna Vati.

Alors Mutti aida Anna à faire sa petite valise, et vers cinq heures du soir, elle s'assit à l'arrière de la belle et grosse voiture bleue.

Elle se pencha à la portière, agitant la main tant qu'elle put jusqu'à ce qu'ils tournent au coin de la rue. Ensuite, tout le long de la route, elle eut devant les yeux l'image de ses parents lui faisant signe, debout au milieu des gravats qui jonchaient la rue dévastée.

10

À l'arrivée, il faisait nuit. C'était déjà le crépuscule, quand la voiture sortit de Londres en zigzaguant pour contourner les rues obstruées de débris ou les bombes non explosées. Le professeur avait demandé à son chauffeur d'accélérer, afin qu'ils aient quitté la ville à l'arrivée des bombardiers. Anna descendit de voiture au milieu d'une campagne obscure, elle sentit plutôt qu'elle ne vit de grands bouquets d'arbres touffus qui entouraient une grande demeure. Elle inspira une bouffée d'air à fort parfum de feuilles d'automne pendant que le professeur la dirigeait jusqu'à la porte. Alors que ses yeux se faisaient à la lumière vive du couloir, un gong résonna quelque part dans le fin fond de la maison. Le professeur lui dit d'aller retrouver tante Louise et disparut dans l'escalier.

Anna, ne voyant pas où était tante Louise et ne sachant que faire de mieux, s'orienta en fonction du bruit. Elle traversa un grand salon meublé de fauteuils moelleux, de sofas et de lampes à jolis abat-jour, puis une vaste salle à manger dont la longue table était dressée, avec nappe de dentelle blanche, pour une bonne douzaine de personnes. Au fond de cette pièce, elle vit une porte matelassée de serge verte. Elle venait de se décider à l'ouvrir quand le gong se tut ; au même instant, tante Louise, en robe de chambre de velours, fit irruption dans la pièce, la baguette du gong à la main.

– On ne dînera pas, voilà tout... s'écria-t-elle.

Elle vit Anna et lui jeta les bras au cou, lui donnant involontairement un petit coup de baguette au passage.

– Ah, ma chérie ! Tu n'as rien eu ? J'ai demandé à Sam de t'amener. Tes parents n'ont rien eu non plus ?

– Tout le monde va bien.

– Dieu soit loué ! Vous avez eu une nuit terrible. On l'a appris à la radio. Ah, ce doit être affreux à Londres ! Quelle vie ! D'ailleurs, ici non plus, ce ne sont pas les problèmes qui manquent ! Le dîner de ce soir par exemple... (Elle fit un petit signe à Anna.) Viens par ici, tu peux m'aider !

Derrière la porte capitonnée, elles suivirent un étroit couloir et tombèrent sur deux jeunes servantes portant des tabliers à ruches.

– Allons, Lotte ! Inge ! s'exclama tante Louise. Essayez d'être raisonnables !

Mais elles boudaient visiblement, et celle qui s'appelait Inge fronça le nez d'un air dédaigneux.

– On ne peut pas dire blanc et puis noir.

– Je suis d'accord, approuva Lotte.

– Oh, mon Dieu ! gémit tante Louise. Qui aurait cru une chose pareille ? Pour de simples harengs fumés !

Elles pénétrèrent dans la cuisine où mijotaient cinq ou six casseroles.

– Regardez ! Regardez ce gâchis !

Et elle gagna presque au pas de course une porte qui se trouvait derrière.

– Fraulein Pimke ! s'écria-t-elle en actionnant vivement la clenche.

Le verrou devait être tiré et Anna eut l'impression que l'on pleurait à l'intérieur.

– Fraulein Pimke ! Écoutez-moi ! Jamais je n'ai eu en tête de dire un mot sur votre cuisine !

Une suite de grommellements confus se fit entendre derrière la porte.

– Je le sais cela, cria tante Louise. Nous savons tous que vous avez fait la cuisine pour le Kaiser. Et pour les plus hauts dignitaires ! Il ne me viendrait pas à l'idée de vous faire la moindre critique. Mais pour ce qui est des harengs, comment vouliez-vous que je devine que les filles refuseraient d'en manger. Et quand j'ai vu que la ration de beurre… Bon, écoutez, Fraulein Pimke, ça suffit, je vous demande de sortir !

Elles entendirent un traînement de pieds, indécis, derrière la porte. Le verrou tourna lentement et la porte s'entrebâilla sur un très vieux visage inquiet, aux joues toutes barbouillées de larmes.

– … jamais, jamais on ne m'a refusé un seul plat de mon existence, fit la vieille d'une voix chevrotante. Et pour couronner le tout, on me dispute, à mon âge… À quatre-vingt-deux ans, mon Dieu, et j'essaye de faire de mon mieux…

Elle en grimaçait d'amertume et une nouvelle poussée de larmes humidifia ses joues ridées.

– Allons, Fraulein Pimke, tout de même… (Tante Louise glissa habilement un bras par l'entrebâillement.) Pensez à ce que dirait le Kaiser, s'il vous voyait pleurer comme cela.

Fraulein Pimke, privée de son refuge, cligna des yeux, l'air hésitant, et tante Louise en profita pour faire valoir ses arguments.

– Je n'avais pas l'intention de crier. C'est le choc que j'ai eu en voyant que les trois quarts de la ration de beurre étaient passés sur les harengs. Je n'en revenais pas ! Et après cela, les filles qui m'annoncent qu'elles partent… Fraulein Pimke, je vous le dis à vous, dans cette maison vous êtes la seule sur qui je puisse encore compter.

Fraulein Pimke parut un peu amadouée par ces paroles, et tiqua en voyant Anna.

– Qui c'est ?

– Une jeune victime ! s'exclama tante Louise. Une jeune victime des bombes de Londres ! (Ses yeux tombèrent sur le mouchoir qui entourait la main d'Anna, elle le lui désigna du doigt.) Vous voyez bien, elle est blessée ! Fraulein Pimke, vous ne pouvez pas laisser cette petite sans dîner !

Et usant d'une habile manœuvre, elle ramena tout son petit groupe à l'intérieur de la cuisine. Fraulein Pimke suivit, docile, et se replaça devant son fourneau.

– Du fond du cœur, merci ! claironna tante Louise. Quand je vais lui raconter cela, le professeur va être ravi – il sait qu'on peut compter sur vous !

Quand elles regagnèrent le salon, qui s'était rempli entre-temps de convives en tenue de soirée, Anna commençait à sentir les effets du manque de sommeil. Sous le contrecoup de la terreur éprouvée la nuit précédente, elle se sentait comme dans un rêve. Tante Louise la présenta à un certain nombre de gens, dont la plupart étaient des proches du professeur apparemment, mais elle avait du mal à se les rappeler tous.

Il y avait une petite femme, l'air acariâtre, qui devait être la sœur du professeur lui-même, deux garçons moins âgés qu'Anna, qui semblaient être ses enfants. Et cet homme coiffé d'un turban, vêtu d'un costume de soie blanche, que faisait-il dans cette maison ? Était-ce un vrai maharadjah, comme quelqu'un avait semblé le dire ? Anna n'était pas très à l'aise en pantalon et pull-over, mais elle fut un peu rassurée quand une femme rousse en robe noire lui dit qu'elle la trouvait parfaite et attira l'attention de son mari qui confirma. Il lui parla un peu du front, avant de lui demander ce que cela faisait d'être pris dans un bombardement.

Il s'avéra qu'aucune de ces personnes n'avait passé de nuit à Londres depuis le commencement des raids. Ils lui posèrent donc des questions à n'en plus finir, en la regardant comme si c'était une créature un peu étrange, en provenance d'un autre monde. Quant au maharadjah, si c'en était bien un, il n'avait que ce mot à la bouche : « C'est effroyable, c'est effroyable, comment les gens peuvent-ils donc faire pour supporter une chose pareille ? » Ce qui, aux yeux d'Anna, semblait assez stupide. Que pouvait-on faire d'autre, quand on n'avait pas le choix ? Une vieille dame munie d'un cornet acoustique disait : « Est-il bien vrai que ça fait énormément de bruit ? »

Le repas, servi finalement par Inge et Lotte qui boudaient encore, était incroyablement bon. Pendant l'audition rituelle du bulletin de vingt et une heures, Anna, délicieusement repue, eut toutes les peines du monde à ne pas s'endormir.

Le professeur lui recouvrit la main d'un pansement confortable, et tous les convives, à la vue de sa coupure de rien du tout, en parlèrent comme s'il s'agissait d'une blessure de guerre. Le temps passant, elle se sentait flotter dans une telle atmosphère de rêve qu'elle ne fut même pas étonnée de voir tout à coup apparaître Fraulein Pimke en robe de chambre, pantoufles et filet à cheveux. Elle venait faire son tour de table et souhaiter la bonne nuit à chaque convive en l'embrassant. « Vous avez bien dîné au moins ? » murmurait-elle à chaque fois. Même le maharadjah y alla de sa tirade, tandis que Fraulein Pimke lui faisait un baise-main.

Anna tenait à peine sur ses jambes lorsque tante Louise, pour finir, la conduisit jusqu'à sa chambre. Tout y était propre et joli, avec un bon lit aux draps fraîchement lavés. Par la fenêtre, elle vit des arbres et le ciel immensément calme. Pas de bombes, pas d'avions, pas un bruit. Tandis que sa nuque se posait sur l'oreiller moelleux, elle se dit : Mutti et Vati... Mais elle était si fatiguée, et le lit était si douillet, qu'elle s'endormit sans même avoir eu le temps d'achever sa pensée.

*

Au réveil, il faisait grand jour. Elle ouvrit des yeux étonnés en découvrant les murs tout blancs, le motif à fleurs des rideaux. Puis elle s'étira dans le lit, emplie d'un langoureux bien-être. C'était la même sensation que quand la santé vous revient après une grave maladie. Sans doute le fait d'avoir dormi toute une nuit sans interruption, pensa-t-elle en regardant l'heure – il n'était pas loin de midi.

Elle sauta rapidement du lit, enfila sa robe, l'espérant moins fripée que son pantalon ; il avait été difficile de prendre soin de ses vêtements au cours des derniers jours à Londres. Elle descendit l'escalier et ne vit personne dans le salon, hormis la vieille dame au cornet, qui sourit en l'apercevant.

– Énormément de bruit, pas vrai ?

– Oui, cria Anna dans le cornet, mais ici qu'est-ce que c'est calme !

Par les portes-fenêtres, elle aperçut le ciel parcouru de nuages gris. Mutti et Vati devaient avoir eu une nuit à peu près tranquille. Il était trop tard pour songer à prendre le petit déjeuner, et d'ailleurs elle n'avait pas faim. Elle sortit donc dans le jardin.

Il faisait grand vent mais pas froid. Au devant d'elle, des feuilles mortes tourbillonnèrent au ras du sol d'un bout à l'autre de la terrasse, qui débouchait sur ce qui avait dû être pelouse. De longues touffes d'herbe humide s'enroulèrent autour de ses chevilles et même de ses genoux quand elle entreprit de la traverser. Arrivée à mi-chemin, elle s'arrêta pour mieux sentir le vent caresser son visage et les herbes se balancer à ses pieds. C'était mouvant comme la mer et, peut-être parce qu'elle n'avait pas eu de petit déjeuner, elle se sentit prise de vertige parmi ces courants fluctuants.

Le jardin descendait en pente douce jusqu'à une épaisse rangée d'arbres. Elle l'atteignit et découvrit un ruisseau qui courait derrière. Elle s'accroupit pour regarder, juste au moment où un rayon de soleil trouait les nuages. L'eau brune soudain brilla vert-bleu. Un petit poisson apparut, en suspension dans le courant au-dessus du fond sablonneux, très clair dans l'eau illuminée. Le regard d'Anna détailla sa gaine d'écailles scintillantes, minutieusement imbriquées, ses yeux ronds et comme étonnés, ses nageoires et sa queue sveltes et profilées. L'eau vive le faisait apparaître tantôt argenté tantôt vert, et selon qu'elle s'ouvrait ou qu'elle se refermait, sa bouche s'étirait, plate et longue. Anna, depuis la rive, le percevait si bien qu'elle avait l'impression de le toucher des yeux, mais elle dut bouger légèrement, car il fila comme une flèche. Un instant plus tard, le soleil se cacha derrière les nuages, et le ruisseau immédiatement se recouvrit d'un voile plus terne.

Quelques feuilles détachées des arbres passèrent en planant devant elle. Elle se leva finalement, et retourna vers la maison. Elle avait toujours à l'esprit l'image, tellement nette, du poisson. « Si on pouvait peindre cela ! » dit-elle au vent qui soulevait ses cheveux. Et comme grisée, elle ajouta : « Et les girafes, et les tigres, les arbres aussi, et les gens, et toute la beauté du monde ! »

*

Elle trouva la plupart des hôtes en conciliabule dans le salon. Chacun lui demanda si elle se sentait mieux, sauf la vieille dame au cornet, qui jetait sans cesse des regards obliques vers la salle à manger, pour voir si la table était prête.

Tante Louise, sans doute épuisée par le petite drame de la veille, n'était pas sortie de sa chambre. Anna n'aperçut pas non plus le turban du maharadjah.

Le professeur parlait du Berlin d'autrefois.

– Oui, l'anniversaire de grand-mère... Quand on se rappelle tous ces enfants et ces petits-enfants réunis...

– Elle nous faisait des cadeaux à tous, dit sa sœur en hochant la tête.

– Remercions le bon Dieu qu'elle n'ait pas vécu assez longtemps pour voir comment tout cela finissait !

Puis la porte s'ouvrit sur le maharadjah, et Anna, d'une certaine manière, se sentit soulagée de le revoir ; elle s'était demandé si elle ne l'avait pas rêvé. Il portait encore son turban, mais avec un complet veston qui n'avait rien d'extraordinaire. Par égard pour lui, chacun s'exprima en anglais. Seule la vieille dame au cornet déclara en allemand, d'une voix à faire trembler les murs :

– Elle servait le meilleur *gefilte fish* de Prusse. »

Les servantes allaient-elles leur servir le repas, puisqu'elles quittaient leurs fonctions ? Mais oui, en fait, elles étaient là, tout sourire et attentives. Anna apprit un peu plus tard que tante Louise avait seulement décidé d'augmenter leurs gages. Elle se trouva assise près du maharadjah, qui reparla bombardements, en disant que le premier raid l'avait tellement terrifié que ça l'avait rendu malade. En attendant qu'il puisse trouver un bateau pour rentrer en Inde, le professeur lui avait donc proposé de venir ici.

– Vous êtes mon bienfaiteur, Professeur, lança-t-il, en lui pressant chaudement la main.

– Et notre bienfaiteur à tous, poursuivit la dame aux cheveux roux.

Il parut heureux de ces signes de gratitude, mais

en gardant un air soucieux. Un peu plus tard, il fit remarquer que le prix de la nourriture augmentait de façon terrifiante depuis le début de la guerre.

Anna demanda où étaient les deux jeunes garçons vus la veille. La sœur du professeur lui dit qu'ils allaient au lycée dans une ville voisine, mais sans y apprendre grand-chose, parce que tous les bons professeurs avaient été mobilisés.

– Allons, vous vous faites trop de souci, ça n'a pas de sens, dit la femme rousse.

La sœur du professeur fut si exaspérée qu'en l'espace de quelques minutes s'éleva une violente querelle. Tout le monde y prit part, sauf le maharadjah, qui se contenta de formuler : « L'éducation est le joyau de la couronne d'un jeune enfant », ce qui ne fut guère contesté, non plus par la vieille dame au cornet, qui ouvrit la bouche plusieurs fois mais seulement pour prier Anna de lui passer les plats qui se trouvaient à sa portée.

La fin du repas, tout compte fait, fut ressentie comme un soulagement. La plupart des hôtes annoncèrent qu'ils se retiraient dans leur chambre pour se reposer. De quoi ? se demanda Anna. Il s'était mis à pleuviner, ça ne lui disait rien de sortir, elle écrivit donc à Mutti et lava quelques vêtements dans la buanderie près de la cuisine.

Quand elle retourna dans le salon, il n'était que trois heures et demie. Il n'y avait personne à l'exception de la vieille dame qui s'était endormie dans un fauteuil, la bouche ouverte. Avisant un magazine qui traînait sur une table, Anna le feuilleta un instant ; il ne parlait que de chevaux. Elle resta assise sans rien faire, tandis que la vieille dame ronflait. Sur sa robe, tout près de sa bouche, il y avait une petite plume qui, chaque fois qu'elle inspirait, se soulevait légèrement en gagnant un peu de terrain. Anna l'observa un moment, dans l'espoir qu'il se passe quelque chose - la vieille dame pourrait l'avaler, ou éternuer, par exemple –, mais il ne se produisit rien.

Lentement la pièce s'obscurcissait. La vieille dame ronflait et la plume se soulevait, et Anna avait l'impression d'attendre là depuis des siècles, quand il y eut du remue-ménage.

Lotte entra en poussant une table roulante où était disposé le thé. La vieille dame, humant les toasts, s'éveilla instantanément. Tante Louise apparut alors dans une longue robe de velours, suivie par les autres convives. Elle tira les rideaux et alluma les lampes. Au même moment, les deux garçons débouchaient en trombe dans la pièce. Leur mère commença aussitôt à les accabler de questions. Qu'est-ce qu'ils avaient appris de beau ? Et les devoirs à la maison ? Peut-être qu'Anna pourrait les aider un petit peu ? Ils rejetèrent la suggestion en lui lançant des regards hostiles et allumèrent la radio qui retentit à plein volume.

Tante Louise appuya les mains sur ses oreilles délicates.

– Est-ce qu'on va devoir supporter longtemps un vacarme pareil ?

– On écoute *Forces Favourites*[1], s'écria un des garçons.

– Les enfants ont tout de même le droit de se distraire un peu de temps en temps ! s'exclama leur mère pour prendre leur défense.

Aussitôt chacun se lança dans une nouvelle controverse, et les hostilités reprirent et se poursuivirent bien après que les garçons eurent pris la radio pour écouter dans la cuisine. Tante Louise dit que ces enfants avaient été pourris gâtés. Leur mère fit remarquer que tante Louise, n'ayant pas eu d'enfant elle-même, n'avait pas le moyen d'en juger. La dame aux cheveux roux observa qu'il régnait une atmosphère irrespirable – et la vieille dame se lança dans un violent réquisitoire auquel personne ne comprit rien, mais qui paraissait accuser un voleur non identifié d'empiéter sur sa ration de sucre.

Anna ne savait pas quoi faire. Elle gagna la fenêtre et scruta la pénombre. Le soleil n'était pas

---

1. *Forces Favourites :* les chansons favorites des soldats britanniques.

complètement couché et le ciel demeurait couvert. S'il faisait le même temps à Londres, ça n'irait pas trop mal cette nuit. Elle se disait qu'à cette heure-là ses parents devaient être en train de se décider pour la nuit, de se demander s'ils allaient encore la passer dans la cave, ou risquer de gagner leurs lits.

Derrière elle une voix s'écria :

– La semaine dernière, c'était pareil avec les bottes en caoutchouc !

Anna se demanda alors ce qu'elle faisait dans cette maison, au milieu de ces gens-là.

11

Elle découvrit rapidement que, dans la maison du professeur, tous les jours se succédaient sur le même mode que le premier. C'étaient de longues périodes d'ennui émaillées de violentes querelles. Elle les occupait en promenades et en tentant de dessiner. À l'exception du professeur, les hôtes de la maison n'avait strictement rien à faire, si ce n'est attendre le repas suivant, les nouvelles et la fin du blitz. Comme les garçons étaient les seuls à ne pas rester dans la maison, les gens s'irritaient les uns les autres.

Extraordinaire, pensait Anna, de voir quelles vétilles peuvent suffire à déclencher une querelle – par exemple toute cette comédie à propos du *God Save the King*. Le problème surgissait chaque fois que l'on allumait la radio, et il paraissait impossible de lui trouver une solution.

L'affaire provenait du fait qu'un soir tante Louise s'était levée d'un bond à la fin des informations pour se tenir au garde-à-vous au moment du *God*

Save the King. Ensuite, elle avait accusé toutes les personnes restées assises d'être ingrates envers le pays qui leur avait donné asile. La sœur du professeur lui avait rétorqué qu'elle tenait de ses deux garçons que l'idée de se lever chez soi à l'écoute du *God Save the King* ne serait même pas venue à l'esprit d'un Anglais digne de ce nom. Il en résulta comme toujours une dispute au cours de laquelle chacun se rangea dans un camp.

Anna tentait de rester neutre en évitant d'être dans le salon juste après les informations, mais les choses n'étaient pas si simples : tante Louise n'avait pas d'oreille. Dès qu'on passait à la radio une musique un peu solennelle, pour elle c'était le *God Save the King*. Elle pouvait donc vous faire lever sur *Rule Britannia* par exemple, ou sur *Land of Hope and Glory*.

Il y eut aussi la fois où plana un mystère terrible autour des rations de sucre. La question fut soulevée par la vieille au cornet, comme on pouvait s'en douter. Elle se plaignait depuis quelques jours en laissant entendre que quelqu'un venait lui grappiller du sucre. Personne n'y prêtait attention. Mais un matin, comme elle entrait prendre son petit déjeuner, elle poussa un cri de triomphe en disant qu'elle avait la preuve.

Pour éviter les discussions, les rations de sucre comme celles de beurre étaient soigneusement pesées et réparties pour la semaine dans de petites coupes de porcelaine au nom de leur propriétaire. Les récipients étaient ensuite placés par Lotte sur une desserte près de la table du petit déjeuner. Les gens, selon leur tempérament, faisaient durer sur plusieurs jours, ou avalaient le tout d'un coup. La vieille madrée avait marqué d'un trait de crayon son niveau de sucre, et à en juger par ce trait il avait baissé en une nuit de plus d'un quart de centimètre ! Une fois les soupçons éveillés, les autres usèrent de la même ruse, et il apparut le lendemain que la sœur du professeur et le mari de la dame rousse avaient un peu de sucre en moins.

La bataille qui en résulta fut d'une âpreté sans égale. La dame rousse laissa supposer que c'étaient les deux jeunes garçons. La sœur du professeur cria : « Ils voleraient donc leur propre mère ? » – réflexion qui, selon Anna, trahissait une étonnante façon de penser. Tante Louise demanda au professeur d'interroger Lotte et Inge, qui réaffirmèrent leur intention de quitter leurs fonctions.

Finalement on perça le mystère : la coupable n'était autre que Fraulein Pimke. N'écoutant que son souci de préparer de bons desserts, elle venait puiser çà et là dans les petites coupes à portée de main. Reste qu'entre temps il s'était tenu tant de propos impardonnables qu'il fallut deux jours de mutisme aux convives pour les oublier. Le maharadjah, qui était le seul à être resté en retrait, trouva tout cela très déprimant. Anna et lui faisaient souvent de longues promenades mélancoliques sous les arbres dégouttant de pluie. Il lui parlait de son pays d'une voix rêveuse et nostalgique, jusqu'à ce que l'air froid de l'automne les force à rebrousser chemin.

*

Ce fut après cette histoire qu'Anna trouva qu'il était temps, et grand temps, de regagner Londres. Elle l'annonça à tante Louise avec tout le tact qu'elle put.

– Ma mère a besoin de moi, dit-elle, bien que Mutti n'eût rien demandé.

Malgré tout tante Louise se montra contrariée. Elle ne voulait pas qu'Anna retourne affronter les raids aériens, et elle craignait que Fraulein Pimke, qui maintenant avait l'habitude de voir Anna dans la maison, ne se chagrine de son départ.

– Et les servantes ? ajouta-t-elle. Si elles me laissent vraiment tomber, j'aurai besoin de toute l'aide possible !

Finalement, comme d'ordinaire, au moment où Anna sentait que la patience allait lui manquer, elle ouvrit grand les bras et dit :

– Quelle idiote je fais ! Tu ne trouves pas ? Ne fais pas attention à ce que je dis.

Le professeur n'avait pas prévu de se rendre à Londres ces jours-ci, Anna rentra donc par le train. Ce qui lui prit quatre heures et demie, au lieu des cinquante minutes prévues. Elle avait évité d'annoncer son retour, parce que Mutti et Vati lui recommandaient dans leurs lettres de rester le plus longtemps possible et ce n'était pas le genre de chose qu'elle avait envie de discuter.

Le train entra dans Londres, et elle aperçut, dans presque chaque rue qui défilait des brèches provoquées par des bombes. Il ne restait aucune fenêtre au dos des maisons situées en bordure des voies ferrées. Le toit de la gare de Paddington avait perdu tous ses vitrages autrefois encrassés de suie. Cela faisait une drôle d'impression de voir le ciel en levant la tête, avec les nuages qui passaient bien au-dessus des poutrelles noires. Des moineaux voletaient au travers et de là piquaient sur les quais à la recherche de quelques miettes.

Les rues étaient quasiment désertes en début d'après-midi, tout le monde était au travail. De l'autobus où elle était assise et qui se traînait en remontant vers Euston Road, Anna remarqua que des mauvaises herbes poussaient sur certains des sites bombardés.

Tout le long de Bedford Terrace, une maison sur deux, ou presque, avait ses fenêtres obturées par de grandes planches clouées en travers, et paraissait abandonnée. Le Continental, quant à lui, ne semblait pas avoir subi d'autres dommages ces derniers temps. Des fenêtres étaient réparées. Elle trouva Vati dans sa chambre en train de taper à la machine – Mutti, à cette heure-là, travaillait au bureau.

– Mais pourquoi n'es-tu pas restée à la campagne !

Puis, constatant qu'elle était là et qu'il n'y avait plus rien à faire, il se montra ravi de la voir. Mutti, une ou deux heures plus tard, eut une réaction analogue. Au fond, aucun des deux ne parut très surpris. Évidemment, pensa Anna, ils connaissent les Rosenberg depuis longtemps.

L'hôtel Continental s'était encore vidé. Après cette dure nuit dans la cave, la dame allemande n'avait pas eu la force de cesser de pleurer. Un docteur avait déniché une institution charitable à la campagne, où elle pourrait se faire soigner et se remettre. Le gardien également avait quitté l'hôtel pour aller vivre chez son frère, et de même pour une grande partie du personnel et des clients. Ceux qui restaient avaient l'air morne et des têtes de papier mâché, même s'ils tenaient à souligner que le temps changeant d'automne leur permettait de récupérer une bonne dose de sommeil en retard.

Le dîner, dans ces conditions, parut quasiment familial. Woodpigeon fit un petit discours pour saluer le retour d'Anna.

– Mais tu es fou, à mon avis, de n'être pas restée là-bas, parmi les moutons qui pâtissent dans des plus tranquilles paysages.

– Paissent, Mr Woodpigeon, rectifia Frau Gruber, qui l'appelait ainsi comme les autres. Votre anglais empire tous les jours.

Les sirènes ne retentirent qu'après la tombée de la nuit. Mutti les balaya d'un geste.

– Ils ne viendront pas. Trop de nuages.

– Je ne vois pas sur quoi tu te fondes pour dire cela, objecta Vati.

Pourtant chacun s'en remit à son intuition et, d'un commun accord, on rejeta la cave.

Anna découvrit qu'on lui avait attribué une chambre au premier étage, à côté de celle de Mutti. (Pas de raison de dormir sous les toits quand l'hôtel est quasiment vide, lui expliqua Frau Gruber.) Ce qu'elle redoutait surtout, c'était de voir revenir sa peur, mais la campagne avait dû lui être bénéfique, car les quelques coups de boutoir qui la réveillèrent dans la nuit ne l'inquiétèrent pas outre-mesure. Même la nuit suivante, dans la cave, ne fut pas si mauvaise que ça.

Quand elle retourna au cours de secrétariat, elle constata un net regain d'activité et de bien meilleures perspectives. Mme Laroche, plus mince et nerveuse que jamais, avait repris les rênes en main. Son anglais caractéristique retentissait dans toutes les classes. Les machines étaient à nouveau approvisionnées en papier, car quelqu'un avait découvert un fournisseur en Angleterre. Il y avait également quelques nouvelles venues.

Personne ne parlait plus des raids aériens. La chose était si quotidienne qu'elle n'intéressait plus vraiment. Au lieu de cela, les conversations tournaient toutes autour des emplois : il y avait une brusque demande de secrétaires sur Londres. La ville ayant appris à vivre sous les bombes, les activités reprenaient. Dans le couloir, sur un panneau, Mme Laroche punaisait les annonces de postes vacants.

– Dans combien de temps au plus tôt pensez-vous que je pourrai chercher ? demanda Anna à son retour.

Elle eut le plaisir d'entendre un bredouillis qui ressemblait à « petite période de reprise », suivi par « dans quelques semaines ». En fait, Anna put retrouver ses automatismes très vite, et une dizaine de jours plus tard, elle avertit fièrement Mutti :

– Je vais donner des coups de téléphone pour postuler. Si jamais j'ai un rendez-vous, il se peut que je rentre en retard.

Elle se sentait vraiment fière de dire cela.

Dès la fin du premier cours, elle alla emprunter le téléphone de l'école, avec la liste des postes dans une main et un shilling en pièces de un penny dans l'autre.

Les meilleures offres d'emploi provenaient du ministère de la Guerre. Une fille que connaissait Anna y avait été embauchée pour trois livres dix shillings par semaine. Or, elle parlait mal le français. Que n'allaient-ils pas proposer à quelqu'un comme Anna dans ce cas, elle qui parlait français et allemand couramment ? En effet, quand elle appela et décrivit ses compétences, la voix qui lui répondit, de tonalité plutôt martiale parut tout à fait enthousiaste.

– Je vous ai reçue cinq sur cinq. Pouvez-vous venir à onze heures pile, pour une première entrevue ?

– Oui, bien sûr, dit Anna, qui se voyait déjà en train d'annoncer à Mutti qu'elle gagnait quatre livres par semaine ou, qui sait, quatre livres dix shillings peut-être, lorsque son interlocuteur parut se souvenir d'un détail :

– À propos, vous êtes bien d'origine britannique ?

– Non, répondit Anna, je suis née en Allemagne, mais mon père...

– Navré, fit la voix, tout à coup nettement plus froide. Ces postes ne sont destinés qu'à des candidats britanniques.

– Mais nous sommes des antinazis ! Nous l'étions même avant tout le monde !

– Navré. Mais c'est le règlement – je ne peux strictement rien faire.

L'homme raccrocha.

Comme c'était stupide ! Elle était tellement déçue qu'il lui fallut un certain temps pour sortir de sa torpeur et se résoudre à son deuxième choix : le ministère de l'Information. Une voix lui fit la même réponse : la condition *sine qua non*, être d'origine britannique.

Ils ne peuvent pas tous se baser sur ce règlement-là tout de même, pensa-t-elle, un serrement au cœur. Et pourtant si ! Il y avait six grandes administrations sur la liste de Mme Laroche, toutes demandaient des secrétaires, et aucune ne voulut seulement lui accorder un entretien. Après le dernier refus, elle resta un instant inerte, à court d'idées et d'énergie. Puis elle alla directement dans le bureau de Mme Laroche.

– Madame, vous m'aviez dit qu'à la fin de mon cours, j'étais sûre d'avoir un travail. Mais chaque fois que j'appelle un numéro de la liste, on n'accepte même pas de me voir parce que je ne suis pas britannique.

La réponse de Mme Laroche fut assez difficile à suivre, comme d'habitude, mais plus encore cette fois. Ces règlements étaient récents – ou peut-être ne l'étaient-ils pas – et Mme Laroche avait eu de sérieux motifs d'espérer qu'ils seraient modifiés entre-temps. Bref, il se dégageait une chose du discours de Mme Laroche, c'était qu'Anna perdait son temps à continuer d'essayer.

– Mais Madame, dit Anna, il faudra bien que je trouve ! C'est pour cette seule raison que je suis venue ici. Vous m'avez dit que j'allais trouver, et ce matin j'ai dit à ma mère...

Elle s'interrompit un instant, car ce qu'elle avait dit à Mutti n'était pas l'important là-dedans. Quoi qu'il en soit, elle ne savait plus comment garder son sang-froid.

– Le problème, c'est que je ne vois pas bien ce que je pourrais faire actuellement, dit Mme Laroche en poussant un soupir fort désobligeant.

– Mais, il va bien falloir que vous fassiez quelque chose !

Anna fut la première surprise de s'entendre répliquer cela.

– *Comment ?* fit la dame en français, en levant sur elle un regard mauvais.

Anna ne détourna pas les yeux.

Mme Laroche lui marmonna quelque chose d'incompréhensible et commença à farfouiller parmi les feuilles et les papiers éparpillés sur son bureau.

Finalement elle en sortit un, et grommela une courte phrase dans laquelle il était question d'une croix et d'un colonel rouge.

– Est-ce qu'il va trouver quelque chose à redire sur mon origine ?

Mais Mme Laroche lui fourra le bout de papier dans la main et dit d'une voix presque brutale :

– Allez ! Allez ! Au téléphone ! »

Quand elle fut face au téléphone, Anna lut : « L'Honorable Mrs Hammond, Colonel de la Croix-Rouge », et au-dessous le nom d'une rue qui donnait sur Vauxhall Bridge Road. Elle emprunta deux nouveaux pence et composa le numéro. La voix qui répondit était brève et cassante, mais à aucun moment elle ne posa de question à propos de son origine. Elle proposa une entrevue au début de l'après-midi.

Dès qu'elle eut raccroché, Anna ne tint plus en place. Fallait-il appeler Mutti pour lui parler du rendez-vous ? Elle décida de ne pas le faire, ça n'allait peut-être rien donner. Pendant l'heure du déjeuner, elle ne put rester assise devant son repas ordinaire, un petit pain au lait et un thé chez Lyons. Elle déambula dans les rues en usant de l'effet de miroir des rares vitrines encore debout : elle se demandait si son allure était bien celle d'une secrétaire. Finalement, elle gagna l'endroit bien avant l'heure du rendez-vous, et arpenta Vauxhall Bridge Road plusieurs fois dans les deux sens.

Le quartier n'avait rien d'extrêmement attirant. Il s'y trouvait une brasserie, et l'odeur aigre du houblon se répandait dans toute la rue. Un tramway y passait, ferraillant sur ses rails. Toutes les devantures de boutiques étaient recouvertes de planches.

Le bureau de Mrs Hammond se trouvait un peu à l'écart, dans un hôpital à moitié détruit par un bombardement, et donnait sur un vaste square. Après la rumeur de la rue, l'endroit lui sembla silencieux lorsqu'elle pressa la sonnette. Une vieille femme en blouse vint lui ouvrir et la mena à travers un long et sombre bâtiment qui avait dû être un des pavillons de l'hôpital désaffecté. De là, elle la conduisit dans une pièce, petite et mieux éclairée, où une demi-douzaine de femmes, toutes d'un grand âge, faisaient ronfler des rangées de machines à coudre. Elles accédèrent enfin à une pièce encombrée d'écheveaux de laine, où l'Honorable Mrs Hammond siégeait droite derrière son bureau. Il y avait sur ses cheveux de minuscules peluches de laine, une laine tellement envahissante dans un espace aussi réduit qu'on avait l'impression qu'elle montait à l'assaut de sa chaise et de son uniforme bleu, pour mieux retomber sur le sol.

– Bon sang ! Ces calculs, c'est la croix ! s'écria-t-elle juste au moment où Anna franchissait la porte. Encore perdu mon chiffre en route. Toujours comme ça ! Dites-moi un peu, vous êtes bonne en arithmétique ?

– Oui, je crois, répondit Anna.

– Tant mieux ! Que savez-vous faire d'autre ?

Anna fut ainsi amenée à énumérer ses talents, depuis ses résultats scolaires au certificat de fin d'études, jusqu'à sa récente aptitude à dactylographier en trois langues. À mesure qu'elle dressait la liste, elle voyait le visage de Mrs Hammond s'assombrir.

– Ça ne va jamais marcher. Vous allez détester – ça risque de vous barber !

– Je ne vois pas pourquoi, dit Anna.

Mrs Hammond secoua la tête.

– Les langues, ça ne sert à rien ici ! Vous devriez postuler auprès du ministère de la Guerre. Ils courent derrière les filles comme vous – français, allemand, hindoustani – c'est tout de même assez rare tout ça.

– J'ai essayé ce ministère, mais ils n'ont pas voulu de moi.

D'un air distrait, Mrs Hammond tenta de dénouer un brin de laine qui était resté enroulé autour d'un bouton de sa tunique.

– C'est votre tête qui ne leur revient pas ?

Anna reprit sa respiration.

– Ce n'est pas cela. Je ne suis pas anglaise.

– Irlandaise ! fit Mrs Hammond en ajoutant d'un ton de reproche : Vous avez les yeux verts, c'est vrai !

– Ce n'est pas cela. Je suis allemande.

– Allemande ?

– Oui, allemande. Juive allemande. Mon père est écrivain. C'est un antinazi. Nous avons quitté l'Allemagne en mars 1933... (Brusquement, elle en eut assez d'avoir toujours à expliquer, justifier. Elle prit un ton déterminé.) Le nom de mon père figurait sur la première des listes noires affichées dans l'Allemagne nazie. Nous nous sommes enfuis d'Allemagne. Peu de temps après, ils ont offert une récompense à qui aiderait à le capturer mort ou vif. Il y a peu de chance, vous voyez, pour que j'essaye de saboter l'effort de guerre de l'Angleterre. Mais c'est étrange de voir combien il est difficile d'en convaincre la plupart des gens dans ce pays.

Il y eut un instant de silence.

– Quel âge avez-vous ?

– Seize ans.

– Je vois...

Mrs Hammond se leva de sa chaise en semant des brins de laine autour d'elle comme ferait un chien qui s'ébroue.

– Maintenant, si nous regardions en quoi cela consiste.

Elle amena Anna devant des étagères, où s'empilaient jusqu'au plafond des colis plus volumineux que lourds d'aspect.

– Bon, laine, dit-elle. (Elle désigna un petit meuble de rangement, et ouvrit d'un léger coup sec un tiroir débordant de fiches.) Gentilles petites bonnes femmes.

Anna parut perplexe.

– Tricoteuses. Dans toute l'Angleterre.

– Je vois.

– On expédie la laine à ces gentilles tricoteuses. Elles tricotent chaussettes, passe-montagnes, pull-over... Ensuite tout revient ici, et repart pour nos petits gars qui en manquent dans tous les corps d'armée. Et voilà.

– Je vois.

– Très facile. Pas besoin d'être polyglotte – à moins qu'on en adresse aux petits gars de la France libre, mais je n'ai jamais entendu dire qu'ils étaient à court de lainages. Bon, maintenant, il y a les vieilles dames que vous avez vues à côté. C'est une responsabilité.

– Qu'est-ce qu'elles font ?

– Pyjamas, bandages... À expédier aux hôpitaux. Elles habitent dans le voisinage et viennent d'elles-mêmes. Toutes bénévoles, vous voyez ce que cela signifie. Un petit coup de Bovril[1] le matin, thé et biscuits l'après-midi.

Anna comprenait, en effet.

– Mine de rien, c'est drôlement utile. Je l'ai réalisé en voyant mon fils, il est dans la Royal Air Force

1. Le Bovril est un bouillon de bœuf.

– jamais un lainage, toujours froid… J'ai réellement besoin de quelqu'un. Est-ce que vous croyez que ça ira pour vous ?

– Je pense que oui, répondit Anna. (Ce n'était pas exactement le travail qu'elle pouvait espérer, mais elle appréciait Mrs Hammond et c'était un travail tout de même.) Bon, mais… combien… balbutia-t-elle.

Mrs Hammond se frappa le front.

– J'oubliais. Le nerf de la guerre ! J'avais prévu trois livres, mais avec toutes ces langues, j'admets que vous pourriez gagner plus. Disons trois livres dix par semaine – ça irait ?

– Oh oui ! dit Anna.

– Entendu, vous commencez lundi.

*

La joie au cœur, elle descendit Vauxhall Bridge Road en prenant l'un des trams qu'elle avait vus passer par là. Le ciel s'obscurcissait déjà quand elle gagna Hyde Park Corner, et les escaliers du métro commençaient à se remplir de gens venus s'abriter pour la nuit. Nombre d'entre eux avaient déjà tout leur matériel de couchage étalé près d'eux sur le quai ; il fallait regarder où on mettait les pieds. À Holborn, des gens étaient dos au mur, assis sur les banquettes de bois ; d'autres prenaient place sur le sol ; une femme en uniforme vert distribuait des tasses de thé sur un petit étal ambulant. Au bout du quai, Anna entendit résonner un harmonica : entouré d'un groupe de badauds, un homme chantait *Roll out the Barrel*. Un vieillard coiffé d'une casquette se retourna sur son passage et s'écria : « Bonne nuit, la belle ! »

Elle atteignait Bedford Terrace lorsque les sirènes retentirent. Elle fit la course avec elles jusqu'à la porte de l'hôtel, puis courut d'un bout à l'autre du salon, dans l'escalier et, hors d'haleine, frappa à la porte de Mutti. Au loin, commençait à s'élever le grondement des bombardiers.

– Maman ! cria-t-elle au moment où explosait la première bombe. Maman ! Ça y est, j'ai un travail !

12

Anna faillit ne pas commencer le lundi suivant malgré tout, parce qu'il arriva quelque chose.

C'était le vendredi en soirée. Max, venu leur rendre visite, passait cette nuit-là avec eux. Il n'y avait pas eu grand-chose à se mettre sous la dent au dîner, le rationnement était sévère, mais ils avaient tardé à table pour entendre Max leur parler de sa nouvelle vie de professeur, qui lui donnait satisfaction, et Anna du travail qu'elle venait de trouver.

– L'Honorable Mrs Hammond, c'est comme cela que la dame s'appelle, expliqua Anna d'une voix fière. Elle doit être parente d'un lord. Et elle me paie trois livres, dix shillings par semaine.

– Pour la première fois, dit Mutti, on va voir un peu devant nous.

Elle avait repris des couleurs et il y avait longtemps qu'Anna ne l'avait vue si détendue. C'était pour une grande part parce que Max était là, mais aussi parce que les brouillards de novembre étaient arrivés. Ils leur avaient permis de dormir dans leur lit deux nuits d'affilée. Ce soir-là également, le ciel était couvert, et quand Mutti, d'un cœur léger, avait négligé les sirènes, cela avait fait sur Max une grosse impression.

Il était assez tard quand ils gagnèrent leurs chambres. Anna s'endormit aussitôt.

Elle rêva de Mrs Hammond, dont le bureau lui apparut inexplicablement rempli de monceaux et de monceaux de laine qu'elle essayait de démêler. Elle avait attrapé un fil et voulait voir où il menait. Mrs Hammond disait alors : « Il n'y a qu'à suivre le son. » Bientôt Anna s'apercevait qu'à mesure qu'elle tirait la laine naissait un étrange bourdonnement, comme celui d'un essaim d'abeilles dans une ruche, ou d'un avion. Elle tirait doucement sur son fil et le bourdonnement tout à coup se transforma en son strident.

« Pardon, je ne voulais pas... » commença-t-elle à dire, mais le son s'amplifiait encore, devenant de plus en plus proche. Anna eut alors l'impression d'être happée au centre du son. À cet instant, Mrs Hammond et Anna volaient dans les airs. Il y eut un fracas terrible, elle ouvrit les yeux... Elle était... par terre... dans un coin de sa chambre... à l'hôtel Continental.

Tout autour d'elle, des débris de vitres – la troisième fois qu'on les remplace, pensa-t-elle – le sol était gris d'une espèce de poussière de plâtre qui était tombée du plafond. Pour ne pas se couper cette fois, elle tâtonna prudemment et mit la main sur ses souliers, de façon à pouvoir marcher sur le verre pour gagner la porte. Ses mains tremblaient violemment en tentant de les enfiler – ce n'est que le choc, pensa-t-elle. Tout s'était passé tellement vite qu'elle n'avait même pas eu peur.

Le palier était gris de plâtre. Une lampe pendait au bout d'un fil. Un vrai gâchis ! Max et Mutti apparurent presque immédiatement. Max, furieux, lança à Mutti :

– Tu as dit qu'ils n'allaient pas venir !

– Et alors, ils ne sont pas venus ! Il n'y a que celui-là qui est venu !

– Mais bon sang ! cria Max en lui montrant le couloir. Tu as vu un peu ce qu'il a fait !

– Je ne pouvais tout de même pas deviner que le seul et unique avion à survoler Londres cette nuit lâcherait une bombe en plein sur nous ! Je ne suis pas responsable des dingues qui viennent se perdre dans le brouillard ! C'est trop facile de critiquer !

– Mais bon sang ! dit Max à nouveau. On aurait pu y passer tous !

À ces mots, une même pensée les frappa tous trois en même temps. « Vati ! » cria Anna en se ruant vers sa chambre.

Sa porte était fermée, mais à l'intérieur, elle l'entendit traîner les pieds. Au bout d'un moment, il tira violemment la porte à lui. Il était couvert de poussière. Ses cheveux et son pyjama disparaissaient presque entièrement sous une épaisse couche de plâtre, mais il n'avait aucune blessure. Derrière son épaule, Anna vit que le plafond s'était effondré. Sans la présence d'une lourde armoire où il rangeait ses vêtements, le plafond aurait croulé sur son lit.

– Tu n'as rien ? s'écria Mutti.

– Absolument rien, dit Vati.

Ils restèrent quelque temps inertes à considérer le désastre. Puis Vati rompit le silence :

– Quand je pense, fit-il d'une voix triste, que je m'étais enfin décidé à remettre de l'ordre sur mon bureau !

*

Par miracle, il n'y eut pas de blessés dans l'hôtel, seulement quelques coupures et quelques contusions. Mais tout le bâtiment était sens dessus dessous. Partout des plafonds écroulés. Le chauffage était hors d'usage. Le vent s'infiltrait dans le salon aux endroits où les montants de porte et les chambranles de fenêtre ne s'ajustaient plus bien aux murs. La bombe était tombée sur la maison voisine, qui par miracle était déserte. C'était une bombe de petit calibre. (« Qu'est-ce que j'avais dit ! » fit Mutti, qui se sentait piquée au vif par les remontrances de

Max. « Ce n'était même pas une vraie bombe ! ») Reste que les dégâts semblaient irréparables. Les experts municipaux le confirmèrent, quand ils arrivèrent sur les lieux.

– Ça ne servirait à rien de vouloir rafistoler, expliquèrent-ils à Frau Gruber. Même en faisant de gros travaux, vous ne pourriez jamais retrouver une sécurité suffisante. Vous feriez mieux de trouver un autre endroit.

Frau Gruber hocha la tête avec fatalisme. Comme si ce qui lui arrivait là faisait partie des choses courantes. Il fallait très bien la connaître pour voir se tendre un petit muscle au coin de ses lèvres quand elle dit :

– C'était mon gagne-pain, vous savez.

– Vous serez indemnisée, dit l'expert. Vous pourrez acheter un autre hôtel.

– On se retrouve sans abri sinon, dit Woodpigeon d'un air navré.

À ces mots, les hôtes regardèrent Frau Gruber avec espoir, comme si elle pouvait leur sortir un nouveau toit de son chapeau.

C'est drôle, se dit Anna, depuis le début du Blitz, on savait que ça pouvait se produire. Mais maintenant que ça y est, personne ne sait quoi faire. Comment trouver une bâtisse dans une ville ruinée par les bombes ?

Toutes les pensées en étaient là quand le téléphone retentit. Tante Louise, venue à Londres pour une journée seulement, voulait manger avec Mutti. Quand celle-ci lui eut dit ce qui s'était passé, elle s'écria immédiatement : « Mais ma chère, il faut que vous achetiez la maison du maharadjah ! »

Mutti, sur un ton aigre-doux, lui expliqua que Frau Gruber, cherchant une maison à Londres, n'avait que faire du Taj Mahal. Tante Louise préféra ignorer la remarque.

– Je crois que c'est à Putney, dit-elle, en ajoutant que le maharadjah était là, et qu'ils allaient immédiatement faire un petit saut à l'hôtel.

– Un malheur n'arrive jamais seul, commenta Vati. (Il avait sorti ses affaires de la chambre avec l'aide de Max, et les disposait dans une autre moins sérieusement endommagée. Depuis que la bombe était tombée, personne n'avait pris de repos et, comme il n'y avait plus de chauffage, un froid vif s'était installé. L'idée d'avoir à supporter tante Louise en plus, c'était trop pour lui. Tu n'aurais pas pu l'arrêter ?

– Tu connais Louise, dit Mutti. Et elle s'en alla avertir Frau Gruber de sa visite.

Quand tous virent entrer dans l'hôtel le maharadjah enturbanné et tante Louise emmitouflée dans un manteau de fourrure noir, ils eurent l'impression de voir débarquer des martiens. Frau Gruber les reçut pourtant sans montrer le moindre étonnement. Elle devait se dire qu'après la bombe, tout pouvait bien lui arriver.

– Vous êtes le premier maharadjah que j'ai l'honneur de rencontrer, dit-elle avec simplicité, et elle le mena dans le bureau – ou du moins dans ce qu'il en restait.

– Vraiment, Louise, disait Mutti dans le froid glacial du salon, tu as tout de même de drôles d'idées. Elle ne réunira jamais assez d'argent pour lui faire une offre sérieuse.

– Allons bon, tu crois, ma chérie ? Et moi qui étais persuadée que ça vous rendrait le plus grand service. Il tient vraiment à vendre, tu sais, il rentre en Inde, et puis ce n'est qu'un *tout petit* maharadjah. Il n'y a pas de raison que ce soit exorbitant !

Après quoi elle les incita à venir tous à la campagne, et Anna en particulier, mais celle-ci expliqua qu'elle avait son travail, et Mutti dit d'une voix lasse qu'ils devaient d'abord chercher un toit. Rester là plus de quelques jours semblait désormais impossible.

– Et ça arrive juste au moment où Anna trouvait à se caser, gémit-elle. Pourquoi faut-il donc que l'on ait sans cesse des problèmes ?

Tante Louise lui prit la main et la tapota en disant :

– Allons, allons, garde courage, ça va finir par s'arranger.

À ce moment-là, on vit revenir Frau Gruber et le maharadjah dans le salon, l'air souriant.

– Alors, dit le maharadjah, en prenant le bras de la patronne, on va y jeter un coup d'œil ?

– Tu vois ! s'exclama tante Louise, mais avant d'y aller, il faut manger.

Ils déjeunèrent dans un restaurant que les Rosenberg aimaient bien. Ils prirent même une bouteille de vin, ce qui fit qu'au bout d'un moment chacun se dérida un peu. Frau Gruber, pour tout dire, était un peu pompette quand le maharadjah régla l'addition. Max dut regagner le lycée où il enseignait, mais tous les autres acceptèrent de monter dans la voiture de tante Louise pour aller visiter les lieux.

Anna fut surprise en découvrant à quel point c'était loin du centre. Dans la voiture, elle voyait défiler une infinité de petites maisons toutes semblables, puis ils traversèrent la Tamise, et atteignirent une rue étroite qui lui parut très commerçante.

Le maharadjah annonça d'une voix émue :

– Putney High Street... Nous arrivons...

Bien que le coucher du soleil fût encore loin, l'après-midi était très sombre et les boutiques toutes éclairées, ce qui donnait l'impression d'être en temps de paix. Au passage, Anna respira l'odeur de poulet et de frites d'une petite rôtisserie. Il y avait un Woolworth et un Marks & Spencer. Partout des gens faisaient leurs courses pour le week-end. On voyait dans ces rues bien moins de traces de bombes que dans celles du centre de Londres, et lorsque la voiture, quittant Putney High Street, monta une petite colline flanquée de grandes maisons entourées de jardins, l'air lui parut plus pur qu'en bas, et même assez proche de celui que l'on respire à la campagne.

La maison du maharadjah se trouvait dans une rue bordée d'arbres. Large de façade, elle abritait une douzaine de chambres spacieuses. Il y avait aussi un jardin, mais il n'était pas entretenu. Pour une personne seule, ça semblait gigantesque, mais pour quelqu'un qui voulait en faire un petit hôtel, ou une pension de famille, ce devait tout de même être accessible. Tout était vide. Il n'y avait plus que les rideaux aux fenêtres, et quelques objets oubliés – un grand vase en laiton, un tabouret sculpté et, aussi étonnant que cela paraisse, une volée de canards en plâtre accrochée avec soin au-dessus de la cheminée.

Ils parcoururent lentement les pièces dans la lumière qui déclinait. Le maharadjah expliquait comment on branchait le compteur, les dispositions à prendre pour le couvre-feu, le fonctionnement de la chaudière. De temps en temps, Frau Gruber s'inquiétait d'une chose ou d'une autre, ils revenaient tous deux sur leurs pas et reprenaient tout du début.

« Je dois dire que tout cela me paraît très convenable », disait-elle, et à ce moment-là le maharadjah s'écriait : « Attendez de voir la cuisine ! et l'arrière-cuisine ! et les salles de bains ! »

Toutes les pièces du rez-de-chaussée donnaient sur le jardin à l'état sauvage qu'on gagnait par des portes-fenêtres. Aussi, quand pour la troisième fois Frau Gruber dit : « Je rejetterais bien un petit coup d'œil au fourneau », Vati et Anna se regardèrent et, se détachant du petit groupe, firent quelques pas dans l'air humide.

Le brouillard s'accrochait aux arbres, les feuilles mortes volaient partout. Elles collaient aux souliers d'Anna tandis qu'ils suivaient une allée qui menait à un banc de bois bordant une ancienne pelouse. Vati y passa son mouchoir et ils s'y assirent un moment.

– C'est grand comme jardin, dit Anna.

Elle vit Vati hocher la tête.

Le brouillard s'infiltrait dans l'herbe haute, dans les buissons. Il estompait les contours. On aurait dit qu'il n'y avait plus aucune limite autour d'eux. Anna eut soudain l'impression de vivre un moment irréel.

– Quand je pense...

– Eh bien ? dit Vati.

L'humidité avait plaqué une feuille jaune sur son soulier, elle la détacha soigneusement.

– On n'a jamais été plus près d'être tués que cette nuit, pas vrai ?

– Jamais, en effet, dit Vati. S'il avait lâché sa bombe une seconde plus tôt ou plus tard, nous ne serions pas là, en ce moment.

C'était étrange, pensait Anna. Le jardin serait là dans le brouillard, et elle n'en saurait rien du tout.

– C'est difficile. Imaginer que les choses continuent sans soi.

Vati hocha la tête.

– Et pourtant, c'est comme cela. Si nous étions morts cette nuit, les gens seraient là à prendre le petit déjeuner, ou à monter dans l'autobus. Il y aurait les oiseaux, les arbres, les enfants qui partent à l'école, des jardins comme celui-ci. C'est réconfortant, en un sens.

– Oui mais ça nous manquerait aussi !

Vati la regarda tendrement.

– Puisque nous n'existerions plus...

– Je sais, oui, mais je n'arrive pas à m'imaginer qu'étant morte, je ne serais pas capable de penser à tout cela – à ce que ça montre, à ce que ça sent, à ce que ça me fait. Tout me manquerait d'une façon terrible.

Ils restèrent assis en silence, et Anna vit une feuille tomber, lentement, lentement, d'un arbre, puis se poser parmi d'autres.

– Pendant une assez longue période, cet été, je ne croyais pas que l'on vivrait jusqu'à maintenant. Et toi ?

– Moi non plus, dit Vati.

– Je ne voyais pas comment on ferait. Et ça me paraissait si horrible de mourir sans avoir eu le temps de découvrir ce que je pouvais faire – sans avoir essayé vraiment. Mais maintenant...

– On est en novembre, l'invasion ne s'est pas produite... (Il posa les mains sur les siennes.) Maintenant, je pense qu'il y a une chance !

Le gravier crissa dans l'allée, et la silhouette de Mutti se profila dans le brouillard.

– Ah, vous êtes-là ! s'écria-t-elle. Louise aimerait bien s'en aller. Elle voudrait être sortie de Londres avant que la nuit soit tombée. Le maharadjah revient demain pour régler les derniers détails en compagnie de Frau Gruber. Elle va la prendre. Vous ne trouvez pas que c'est drôlement bien comme endroit ?

Anna se leva du banc, et Vati la suivit.

– Nous étions en train de l'apprécier, dit-il.

*

La voiture paraissait plus étroite au retour. Anna était assise devant entre Vati et le chauffeur, l'atmosphère était étouffante. Derrière, Frau Gruber et le maharadjah parlaient toujours de la maison. Mutti et tante Louise mettaient de temps à autre leur grain de sel dans la discussion. Comme la voiture se traînait dans ce crépuscule de faubourg, les noms lus sur les plaques des rues se mêlaient aux bribes entendues, engourdissants et émollients comme une profonde envie de dormir. Walham Crescent...

Saint Anne's Villas... Parsons Green Road... « ... tellement pratique, comme évier », disait Frau Gruber, « ... et le jardin... » disait Mutti « ... vous imaginez, en été... »

Une première goutte de pluie éclata sur le pare-brise. Anna posa la tête sur l'épaule de Vati ; la route grise, les maisons grises défilèrent plus vite devant ses yeux.

Tout sera différent, pensait-elle. J'aurai un travail prochainement, et nous vivrons tous à Putney, et nous aurons assez d'argent pour tout payer, peut-être bien que nous survivrons à la guerre, que je grandirai, et alors...

Mais ce qui se passerait alors était presque inimaginable. Qui plus est, pourquoi tenter le diable ? Le prochain raid n'était probablement pas loin. Finalement, comme si la tension éprouvée la nuit précédente l'atteignait à retardement, elle sombra dans le sommeil.

DEUXIÈME PARTIE

13

Après un été aussi dur, l'hiver parut presque douillet. En premier lieu parce que le rythme des raids aériens décrut. Il y eut plusieurs nuits en décembre où les sirènes restèrent muettes, et lorsque les Allemands survolaient vraiment Londres, leurs bombes touchaient rarement Putney. Résultat, on dormait toutes les nuits dans son lit, et même s'il y en avait de bruyantes, l'atroce fatigue due à la peur et à l'absence de sommeil se dissipa progressivement. La maison de Putney était plus agréable à vivre que le Continental, et avoir un jardin à Londres était une sorte de luxe.

– Nous achèterons quelques chaises longues pour l'été, disait Frau Gruber.

Mais même l'hiver on pouvait voir Woodpigeon ou les autres, Polonais, Tchèques, Allemands, se promener en rêvassant, parmi les feuilles et l'herbe haute qui recouvraient l'ancienne pelouse.

La seule chose qu'Anna n'aimait pas c'était d'avoir à partager une unique chambre avec Mutti.

Il n'y avait pour ainsi dire pas de petites chambres dans la maison, et elle savait bien que Vati, qui écrivait toute la journée, avait besoin d'un lieu à lui. Quoi qu'il en soit, elle détestait ne jamais pouvoir être seule, mais n'ayant pas d'autre choix, elle tentait de ne pas y penser.

La plupart du temps elle avait l'esprit tourné vers son travail. Ça n'avait pas l'air difficile, mais ça l'inquiétait au début. Au cours de sa première journée, elle avait souffert le martyre – pas vraiment par peur d'une erreur, plutôt à cause d'une découverte qu'elle avait faite deux jours plus tôt : elle avait attrapé des poux, probablement dans le métro. Ça n'avait rien d'exceptionnel. Les gens, dans les abris publics, étaient si proches les uns des autres que ces bestioles proliféraient. Mais de là à en attraper deux jours avant de rencontrer des gens pour un nouveau travail !

Mutti était vite descendue lui acheter chez le pharmacien une lotion de couleur brune, d'odeur franchement nauséabonde. Tout le reste du weekend, Anna s'était fait des applications et des shampoings dans une des rares salles de bains en état de l'hôtel. À la fin, ses cheveux semblaient à nouveau sains, mais il restait une petite crainte : il suffisait qu'un pou, un unique petit pou, ait pu échapper au massacre. Durant tout son premier jour de travail, elle redouta de sentir un pou quitter ses cheveux pour faire un tour sur son oreille ou sur son cou au moment où Mrs Hammond aurait les yeux posés sur elle. Ça la préoccupait tellement qu'elle s'éclipsait dans les toilettes pour regarder ses cheveux dans la glace, et il fallut qu'une vieille dame lui demande si elle était malade pour qu'elle se décide à cesser son manège. Elle apprit plus tard que l'Honorable Mrs Hammond avait mis sa nervosité sur le compte du récent choc provoqué par la bombe. Quand Anna fut tranquillisée côté poux, elle fit preuve de concentration et donna toute satisfaction.

Il faut bien dire que le travail était loin d'être compliqué. D'abord elle épluchait le courrier, puis elle ouvrait tous les colis. Elle en sortait les lainages, et expédiait un supplément d'écheveaux de laine aux tricoteuses. Ensuite elle extrayait de leurs boîtes les bouts de pyjamas précoupés et les bandages pour les vieilles dames qui arrivaient vers les dix heures. Les machines à coudre pouvaient se mettre en marche. C'était comme cela tous les matins.

Il fallait faire bien attention en distribuant le travail, car les vieilles dames, très susceptibles, pouvaient prendre la mouche pour un rien. Il en venait de différentes selon les jours de la semaine, mais les plus assidues d'entre elles étaient surtout Miss Clinton-Brown, une femme longiligne et très pieuse, Miss Potter, une petite boulotte qui ne parlait qu'à sa perruche, et enfin Mrs Riley, une actrice « à la retraite », qui avait en réalité travaillé dans un music-hall. Mrs Riley portait toujours un effroyable châle à frange et ne sentait pas la violette. Les autres dames plus distinguées tournaient le nez sur son passage.

Régulièrement, elles essayaient de convaincre Mrs Hammond de se passer de ses services, mais en vain, car Mrs Riley était une couseuse hors pair.

– C'est vrai qu'on le sent quand elle est là, leur répondait Mrs Hammond avec un sourire malicieux. Regardez le travail qu'elle abat. D'ailleurs, nos gars à l'hôpital en ont vu d'autres, croyez-le bien. De toute manière, les pyjamas sont lavés avant qu'ils les mettent.

L'arrivée de Mrs Hammond, qui survenait vers les onze heures, était le grand moment de la journée. Dès qu'elles entendaient son taxi, les vieilles dames se réveillaient. Elles se pomponnaient, s'agitaient, et dans l'instant où elle entrait, toutes se courbaient sur leurs machines, qui se mettaient à fonctionner deux fois plus vite que la normale.

« Comment vont ces dames ce matin ? » lançait-elle à la cantonade, et le rôle d'Anna consistait à verser de l'eau bouillante sur le Bovril et à tendre les tasses à la ronde. La tasse de Mrs Hammond rejoignait son bureau, mais cette dernière la rapportait souvent dans l'atelier pour bavarder ou narrer quelques anecdotes qui faisaient les délices des vieilles dames. Elle rentrait chez elle le week-end, à la campagne, mais passait la semaine à l'hôtel Claridge. Là elle côtoyait fréquemment des célébrités londoniennes, et quand elle mentionnait négligemment leur nom, une sorte d'euphorie collective s'emparait des vieilles dames.

– Croisé la reine Wilhelmine hier. Pauvre femme, l'ombre d'elle-même, elle travaille du chapeau ! J'ai entendu Mr Churchill prendre la parole à un dîner – un homme merveilleux c'est certain, mais pas plus haut que moi, vous saviez ?

Et les vieilles dames se répétaient l'information, étonnées à l'idée que la reine Wilhelmine perde la tête et que Mr Winston Churchill soit haut comme trois pommes.

Après le Bovril, Mrs Hammond, appelant Anna dans son bureau, lui dictait jusqu'à l'heure du repas des lettres qu'elle tapait ensuite, dans le courant de l'après-midi. Les lettres étaient pour la plupart destinées à des officiers que Mrs Hammond paraissait connaître depuis sa tendre enfance. Ils voulaient recevoir des lainages pour les soldats qu'ils commandaient. Presque toujours, elle parvenait à leur expédier ce qu'ils demandaient.

Une fois ou deux, il y eut un mot à taper pour son fils, Dickie, engagé dans l'armée de l'air, qui peinait beaucoup à obtenir son brevet de navigateur.

– Le pauvre garçon se donne assez de mal sur ses problèmes d'arithmétique. Je ne vais pas lui imposer de décrypter mes griffonnages.

Et cela dit, Mrs Hammond dictait un mot d'encouragement aussi concis qu'affectionné, auquel il convenait de joindre un petit cadeau, en général chaussettes ou gants de laine aux couleurs de l'armée de l'air.

Un jour, il passa au bureau pour embrasser Mrs Hammond, qui le présenta à Anna. Il devait avoir dix-neuf ans, et c'était un petit costaud, l'air très ouvert, légèrement bègue. Il passait le brevet le vendredi suivant, et ça le tracassait beaucoup.

– Allons, allons, tu vas l'avoir. Tu t'en sors toujours !

Il sourit et dit l'air piteux :

– Le p-problème c'est qu-que faut que j't-travaille deux fois p-plus que n'importe qui.

Mrs Hammond, maternellement, lui donna une petite tape dans le dos, et s'exclama :

– Pauvre Dickie ! Pas la tête faite pour les études... Pour ce qui est des animaux, ça oui ! fit-elle observer pour Anna. Il n'y en a pas deux comme lui pour remettre d'aplomb une vache malade !

En fin de semaine, Anna percevait son salaire et payait à Frau Gruber deux livres cinq shillings pour sa chambre. Quinze shillings s'en allaient en tickets de métro, en déjeuners et en dépenses de première nécessité du genre dentifrice, cordonnier. Cinq autres shillings allaient à Mme Laroche pour rembourser la machine à dactylographier dont le coût n'était pas inclus dans les frais de scolarité. Et les cinq shillings qui restaient pouvaient être économisés. Elle calcula qu'avant le mois de mai Mme Laroche serait remboursée. Alors il lui serait possible d'économiser dix shillings, ce qui semblait considérable.

Mrs Hammond faisait toujours preuve d'une grande gentillesse envers elle, souvent sur un mode enjoué. Parfois elle lui demandait si les choses allaient bien, si la nouvelle maison de Putney leur donnait satisfaction, si Vati avait du travail. Mais elle tenait à ce qu'Anna continue de garder secret le fait qu'elle était allemande, notamment auprès des vieilles dames.

– Les mémés ne comprendraient pas. Elles vous soupçonneraient de chercher à saboter les passe-montagnes.

Une fois, comme Max était à Londres pendant les vacances de Pâques, elle les emmena voir un film. Max dit par la suite à Anna :

– Je l'aime bien, ta Mrs Hammond. Mais ça ne t'ennuie jamais ce travail ?

Il était venu la chercher, et l'avait vue taper des lettres et préparer des colis de pelotes de laine.

– Non, dit-elle sans vraiment comprendre ce que Max avait à l'esprit.

Elle portait un nouveau pull, de couleur verte, qu'elle s'était acheté elle-même. Elle avait presque terminé de payer la machine à dactylographier. Ce matin-là, Mrs Hammond avait dit en la présentant à un colonel en visite : « Ma jeune assistante – avec elle, l'affaire pourrait tourner sans moi. » Qu'y avait-il d'ennuyeux dans tout cela ?

*

Avec le retour du beau temps revint la peur de l'invasion. Puis arriva un jour de juin où tout le monde fut stupéfait par une nouvelle à la radio (c'était seulement quelques jours après l'anniversaire d'Anna) : l'armée allemande venait d'attaquer la Russie.

– J'ai toujours cru que les Russes et les Allemands étaient alliés ! s'écria Anna.

– Et les Russes le croyaient aussi ! répondit Vati en levant un sourcil.

À l'évidence, si les Allemands ouvraient un nouveau front à l'est, ils ne pouvaient pas envahir l'Angleterre en même temps. Il y eut une grande fête au bureau. La pause Bovril dura une heure, pendant laquelle Mrs Hammond leur rapporta les impressions d'un général de ses amis qui prétendait que les Allemands ne tiendraient pas un mois devant Staline. Miss Clinton-Brown se mit aussitôt à réciter des actions de grâce. Miss Potter, qui entraînait sa perruche à lire : « À bas Hitler, à bas Staline », remarqua qu'il fallait qu'elle recommence tout. Mrs Riley bondit de sa chaise, s'empara d'une perche qui servait pour les rideaux occultants, et reprit la pose dans laquelle elle paraissait en Britannia[1], au music-hall d'Old Bedford en 1918.

Ensuite, Mrs Hammond et Anna se retirèrent, mais à peine avaient-elles eu le temps d'écrire une dizaine de lettres qu'elles durent s'interrompre à nouveau. Cette fois-ci c'était Dickie, en permission exceptionnelle, et il arborait un uniforme d'officier flambant neuf.

– P-passé mon brevet, m-man, dit-il. Je me p-présente : Officier n-navigateur Hammond ! D-deuxième en partant du d-dernier, mais j'ai t-tout de même réussi.

Mrs Hammond fut si ravie, en entendant cette bonne nouvelle, qu'elle dit qu'elles en avaient assez fait pour l'instant et qu'elle proposa à Anna de venir déjeuner avec eux.

– On rentre à la maison, dit-elle.

---

1. Britannia personnifie la Grande-Bretagne, elle est coiffée d'un casque et tient un trident et un bouclier.

La « maison », c'était le Claridge. Anna n'y était allée qu'une fois pour lui déposer quelques lettres qu'elle avait laissées au bureau. Ce jour-là, elle n'avait même pas dépassé la réception. Cette fois, emboîtant le pas à Mrs Hammond, elle traversa l'épais tapis du vestibule, franchit la porte battante et se retrouva au milieu d'une salle à manger à colonnes, où un maître d'hôtel se pressa à leur rencontre pour les saluer et les mener jusqu'à leur table. Tout autour, il y avait des gens en uniformes, des gens très importants pour la plupart, qui parlaient, mangeaient, et buvaient : la rumeur de leurs conversations emplissait la pièce.

« À boire ! » lança Mrs Hammond, et d'office Anna vit un verre, où elle crut reconnaître du gin, atterrir doucement devant elle. Elle n'aimait pas tellement cela, mais elle sirota lentement, pendant que le maître d'hôtel venait prendre la commande. Bientôt, tandis qu'elle s'escrimait sur un copieux morceau de volaille, elle se sentit gagnée par une douce euphorie. Elle n'avait pas besoin de parler, car Mrs Hammond et Dickie s'entretenaient de leur demeure et d'un de leurs chiens préférés – « T-tu es bien certaine que Wilson l'a d-débarrassé de ses vers ? » En jetant un coup d'œil dans la salle, elle fut la première à remarquer un homme mince en uniforme s'approchant rapidement d'eux. Il avait quantité de galons, et Dickie, dès qu'il l'aperçut, se leva d'un bond et fit le salut militaire. L'homme salua à son tour d'un petit sourire bref, mais c'était vers Mrs Hammond que se portait son attention.

– Boots !

– Jack ! Quelle joie ! Viens donc t'asseoir !

Elle le présenta à Dickie et à Anna en qualité de général de l'armée de l'air – Anna elle-même avait déjà entendu son nom quelquefois – et elle commanda une nouvelle tournée de gin pour l'occasion. Ensuite, le général lui-même en commanda une troisième pour fêter la rupture de l'alliance germano-russe.

– Il s'agit bien de la meilleure chose qui soit arrivée dans cette guerre, dit-il, en plus de la façon dont on a repoussé ces canailles en septembre dernier, bien sûr.

Une conversation s'engagea entre Mrs Hammond et lui sur les conséquences prévisibles de cette nouvelle situation.

Pendant ce temps, Anna sentait son euphorie monter lentement. À présent tout lui paraissait tenir dans un vaste sourire, mais voyant que Dickie la regardait, il lui fallait dire quelque chose.

– Je suis désolée pour votre chien, parvint-elle à articuler de façon approximative.

Elle sentit en disant cela une immense pitié l'envahir à la pensée de cette pauvre bête qui n'avait sans doute pas été débarrassée de ses vers à temps.

Dickie parut reconnaissant. « Ça m-m'inquiète un

petit p-peu, j-je dois dire », et il se mit à lui parler du manque d'appétit de son chien, de l'état de sa robe (pourquoi lui mettre une robe ? pensa Anna un court instant, avant de se rendre compte qu'il parlait de son poil), et surtout de son manque de confiance dans les diagnostics de Wilson. Il y avait les chevaux aussi, et les vaches, et de moins en moins de gens pour les soigner convenablement. Il était là, l'air tracassé, dans son tout nouvel uniforme, et Anna écoutait, acquiesçait, s'extasiait. Comme ce garçon était gentil ! Comme c'était agréable de manger au Claridge avec un général ! Comme c'était bien que les Allemands se soient lancés sur le front russe et n'envahissent plus l'Angleterre !

Quand le général, en se levant, fit ses compliments à Dickie pour sa jolie petite amie, ce fut agréable également, et plutôt drôle, mais il y eut une chose encore plus amusante quand ils furent sortis du Claridge.

– M-m-man, commença Dickie sur un ton de reproche, c-cet homme a s-sous ses ordres un t-tiers de la RAF. P-pourquoi est-ce qu'il t-t'a appelée Boots ?

Et Mrs Hammond répondit le plus naturellement du monde :

– Toujours appelée comme ça ! Depuis qu'on a cinq ans. Ça doit remonter aux cours de danse, il paraît que je lui marchais tout le temps sur les pieds.

Il n'en fallait pas plus, vu l'euphorie d'Anna, pour qu'elle explose littéralement de rire.

– Ben voilà, fit Mrs Hammond, la pauvre petite est saoule maintenant, à cause de nous.

Elle lui fit prendre un café noir et la ramena en voiture jusqu'à une station de métro, en lui disant qu'elle était libre de prendre son après-midi.

– Mes excuses auprès de votre maman, dit Mrs Hammond. Mais avec le front russe, et Dickie officier... (Le reste de sa phrase se perdit un petit peu, Mrs Hammond parlait elle-même moins distinctement que d'habitude.) Mais quoi qu'il en soit, reprit-elle en se renfonçant d'un mouvement chancelant à l'intérieur de la voiture, c'était très bien cette petite fête !

*

Même lorsque les effets du gin se furent entièrement dissipés, Anna continuait à rire de cette histoire. Elle la raconta à Max quand il fut de retour à Londres. C'était au mois de juillet alors, il semblait traverser une période de déprime. Le troisième trimestre touchait presque à sa fin, il ne voulait pas s'engager à enseigner une autre année ; pourtant, malgré toutes ses démarches pour être accepté dans l'armée, il n'avait reçu que des réponses décourageantes.

L'armée de terre et la marine avaient des règlements très stricts interdisant l'admission de ressortissants étrangers. L'armée de l'air, étant plus récente, n'était pas soumise aux mêmes règles, mais en fait ça revenait au même, on n'y prenait pas d'étrangers. Max désespérait donc d'y parvenir. Quand Anna prononça le nom du général qu'elle avait rencontré au Claridge, il eut un déclic.

– Si je pouvais lui parler... dit-il. Est-ce que tu crois que Mrs Hammond accepterait de me recommander ?

– Je peux toujours le lui demander, dit Anna qui n'était pas sûre que Mrs Hammond fasse ce geste.

Mais Mrs Hammond fit bien plus.

Le lundi suivant, dès qu'Anna eut exposé le cas de Max, elle décrocha son téléphone, en présence d'Anna elle-même, et franchit les divers obstacles, secrétaires, adjudant-major et subordonnés les plus proches, aussi facilement qu'un navire se frayant un chemin dans les vagues.

– Jack, j'aimerais te présenter un jeune homme singulier. Pourrait-on déjeuner ensemble ? (Une question fut posée à l'autre bout du fil.) Tout à fait, ce serait splendide !

Suivirent des propos sur la guerre, une allusion à Dickie qui venait juste de rejoindre son escadrille de combat, et pour finir une plaisanterie à propos de la classe de danse, si bien que la conversation, ponctuée par un éclat de rire, s'acheva sur un inexplicable « Taïaut-oh-taïaut-oh-taïaut ! »

– C'est réglé, dit Mrs Hammond. Max et moi mangeons avec Jack.

Le rendez-vous avait été fixé d'ici à une quinzaine de jours, et Max fut très nerveux en attendant la date. Il décida d'en profiter pour apprendre tout ce qu'il pouvait, et ses élèves durent affronter d'interminables rédactions, qui lui laissaient le temps d'étudier les diverses caractéristiques des multiples types d'appareils, aussi bien anglais qu'allemands, du Tiger Moth au Messerschmitt, et un livre sur la navigation aérienne pour faire bonne figure.

Vati lui dit qu'il faisait bien, un militaire de ce niveau s'attendrait nécessairement à ce qu'il fût bien informé.

Mutti, quant à elle, se refusait ne serait-ce qu'à envisager un échec.

– Mais bien sûr que le général va faire une exception pour toi !

– Tu ne peux pas le savoir, bon sang ! tonna Max, furieux. Et s'il ne fait pas d'exception, j'ignore ce que je vais faire !

Anna se contenta d'attendre le jour dit en croisant les doigts. Elle savait que si Max ne réussissait pas, il aurait toujours l'impression que la Terre avait tourné sans lui.

Quelques jours avant le rendez-vous, elle était en train de déballer quelques colis dans le bureau. Dans l'un d'eux, il y avait un pull de l'armée de l'air. Elle le tendait à bout de bras en se demandant si son frère en porterait bientôt un semblable, lorsque Mrs Riley entra. Elle avait un air de tristesse qu'Anna ne lui avait jamais vu.

– C'est affreux.

– Qu'est-ce qui s'est passé ?

Il n'y avait pas eu de nouvelles particulières à la radio. Mrs Riley fit de la main un geste d'impuissance tragique.

– Pauvre, pauvre Mrs Hammond. Et dire que pas plus tard qu'hier elle était gaie comme un pinson...

Mrs Riley aimait à faire des drames pour rien.

– Et alors, qu'est-ce qui lui arrive ? répondit Anna irritée.

Loin de s'attendre à une chose grave, elle fut atterrée quand Mrs Riley lui dit d'une voix lugubre :

– Dickie a été tué à bord de son avion.

Dickie... Avec sa bonne figure. Son air pas très intelligent. Et le tracas qu'il se faisait pour ses vaches et pour ses chevaux. Ça ne s'était même pas produit au cours d'une opération, mais pendant un vol d'entraînement : l'avion avait décroché, et s'était écrasé au sol. Tous les membres de l'équipage avaient été tués sur le coup. Mr Hammond était venu la veille en fin d'après-midi, alors qu'Anna était partie plus tôt pour poster des colis ; il avait appris la nouvelle à Mrs Hammond et tous deux avaient regagné leur maison.

– C'était leur seul enfant, dit Miss Clinton-Brown.

Anna essaya bien de trouver une chose à dire, mais elle en fut incapable. Qu'est-ce qu'on pouvait dire sur la mort d'un être aussi simple et aussi convenable que Dickie ?

« Un héros ! » dit Mrs Riley, en prenant une pose théâtrale. Mais bien sûr c'était tout sauf ça, et d'une façon ou d'une autre, ça rendait la chose encore pire.

Il n'y avait rien d'autre à faire que continuer à travailler. Les vieilles dames parlaient à peine, leurs machines piquaient rapidement, de bas en haut, de haut en bas, comme si produire plus de pyjamas était la seule part qu'elles pouvaient prendre à cette peine et à ce deuil. Anna choisit de remettre de l'ordre dans le stock de laine à tricoter. Ce ne fut qu'en plein travail qu'elle se rappela le rendez-vous… Qu'allait-il advenir de Max ?

Quand, à la fin de la journée, il s'avéra qu'aucune nouvelle n'était venue de Mrs Hammond, hormis un petit mot apporté en matinée par le chauffeur où elle demandait de poursuivre le travail pendant son absence, Anna décida de passer un coup de téléphone à son frère.

– Je ne crois pas qu'elle aura envie de maintenir

l'entrevue, dit-elle, en mesurant sa déception à la lourdeur de son silence. Et je pense que c'est une bonne chose ! ajouta-t-elle en revoyant tout à coup l'image de Dickie, souriant, quand il parlait de son chien.

Max répondit d'une voix blanche :

– Si tu revois Mrs Hammond, dis-lui combien je suis désolé. Mais si je n'ai pas d'autres nouvelles, je passerai de toute façon, ne serait-ce que par acquit de conscience.

Au bureau, les jours qui suivirent furent empreints d'une grande tristesse. Les pauses Bovril étaient les pires moments. Les vieilles dames restaient assises à siroter leurs boissons chaudes en silence, puis se remettaient à leur ouvrage immédiatement. Une fois seulement, Mrs Potter marqua un temps d'arrêt en rendant sa tasse à Anna.

– Pourquoi fallait-il que ce soit lui ? dit-elle.

Et après un silence elle ajouta sans se rendre compte de ce que ça avait d'incongru :

– Il me demandait à chaque fois des nouvelles de ma perruche.

Il n'y avait rien de nouveau du côté de Mrs Hammond. Dès le matin du rendez-vous, Anna se sentit déprimée à la pensée du déplacement fort long qu'entreprenait Max en pure perte pour venir depuis la campagne. Il devait arriver à midi. Peu avant l'heure, elle se rendit dans la pièce désaffectée, pour qu'ils ne soient pas obligés de parler devant les vieilles dames dans la salle des machines à coudre.

Ses premiers mots furent :

– Pas de nouvelles ?

Elle lui fit non de la tête tout en remarquant son complet brossé et ses souliers fraîchement cirés.

– Je ne m'attendais pas à ce qu'il y en ait.

Ces mots dits, son visage se défit subitement.

– La pauvre femme...

Ils se tenaient dans cette pièce obscure, se demandant ce qu'ils allaient faire. On devrait aller déjeuner, pensa Anna, il faut attendre que les vieilles dames soient reparties – peut-être qu'en les pressant un peu...

– Je fais un saut à l'atelier et je reviens, commença-t-elle.

À ce moment une porte claqua.

Ils se regardèrent tous les deux.

– Tu crois... ? dit Max sans finir.

Il y eut un bruit de pas dehors. Ce ne sont pas ceux de Mrs Hammond, pensa Anna, ils sont plus lents, ils sont plus hésitants aussi. L'instant d'après, la porte s'ouvrit. Et Mrs Hammond apparut.

Elle cligna un peu des yeux en les voyant dans la pénombre. À part cela, elle était la même. Pas un seul de ses cheveux qui ne fût à sa place. Seuls ses yeux étaient différents, et sa voix, quand elle leur parla, paraissait étrangement enrouée, comme si elle devait faire un effort pour prononcer le moindre mot.

Elle secoua la tête aussitôt qu'elle les vit s'avancer vers elle.

– Inutile, dit-elle. Je sais bien...

Pendant un court instant son regard jaugea Max, comme si, à travers lui, elle tentait de faire revivre quelque chose du pauvre Dickie. Il aurait pu s'être tenu là une quinzaine de jours plus tôt.

– Je ne me sens pas capable d'aller affronter les vieilles dames. Allons-y maintenant.

Puis elle fit demi-tour vers la porte, Max allait lui emboîter le pas, lorsqu'elle s'arrêta en chemin.

– Vous savez, Max, rien ne vous oblige à faire cela, dit-elle d'une voix rauque. Êtes-vous réellement sûr que c'est ce que vous voulez ?

Max fit signe que oui. Elle le regarda alors, et dans ce regard on aurait presque pu sentir du dédain.

– Alors, un agneau de plus à mener à l'abattoir !

Aussitôt elle secoua la tête, l'air de dire qu'il ne fallait pas faire attention à ces paroles.

– Partons, dit-elle. Allons voir Jack.

14

Deux semaines s'écoulèrent encore, puis Max fut accepté dans la Royal Air Force.

– Tu vois bien, dit Mutti. Qu'est-ce que je t'avais dit ?

Il fut envoyé dans un camp d'entraînement dans les Midlands. Les conditions y étaient rudes. Il passait le plus clair de son temps à faire des marches et des manœuvres, mais quand il revenait les voir à l'occasion des permissions, il paraissait bien plus heureux qu'il ne l'était précédemment.

Lors de son passage à Londres, il était venu au bureau pour remercier Mrs Hammond, mais il ne l'avait pas trouvée. Depuis que Dickie était mort, elle y venait de moins en moins. À tel point qu'Anna arrivait presque à tout gérer. Ce n'était pas si difficile, mais cela manquait un peu d'ambiance. Elle n'aurait pas cru que la présence de Mrs Hammond comptait autant dans l'intérêt qu'elle portait à ce travail. Et cette dernière manquait bien plus aux vieilles dames qu'à Anna elle-même.

Quand Anna servait le Bovril, elles levaient sur elle un œil morne, comme s'il avait perdu son goût en l'absence de Mrs Hammond et des histoires qu'elle racontait à propos de Winston Churchill ou de la reine des Pays-Bas. Elles se querellaient. Miss Clinton-Brown avait été chargée de couper les pyjamas, tâche jusqu'alors supervisée par Mrs Hammond en personne. Miss Clinton-Brown ne cessait pas de louer Dieu d'avoir fait d'elle le genre de personne responsable sur qui les autres pouvaient compter. Mrs Riley et Miss Potter faisaient retentir leurs machines, profitant de leur vrombissement pour se dire des vacheries sur elle.

Il y avait moins de lettres à taper, Anna occupait donc son temps à mettre le fichier à jour et à prévenir les discordes. Parfois, n'ayant rien de mieux à faire, elle esquissait de rapides croquis des vieilles dames sur un carnet dissimulé dans son bureau. Certains dessins lui semblaient bons, mais elle se sentait coupable de passer son temps de cette manière – elle n'était pas payée pour cela.

L'hiver amena précocement une brusque vague de froid. Elle s'en apercevait le matin, quand elle attendait l'autobus. Son manteau lui paraissait soudainement trop fin tellement le vent était glacial. Quand elle arrivait au bureau, il lui fallait un bon moment pour se réchauffer près du poêle. Les dimanches, quand il faisait beau, elle allait se promener à Putney

Heath, en compagnie de ses parents. Les touffes d'herbe gelée crissaient sous leurs semelles. L'étang de Wimbledon Parkside était emprisonné par une couche de glace dès la fin du mois de novembre. Les canards attendaient tristement le dégel.

Parfois, quand ils se sentaient à l'aise financièrement, ils faisaient une petite halte à l'Auberge du Télégraphe. Vati commandait une bière, Anna et Mutti du cidre. Ils faisaient durer ces moments, car une fois rentrés à l'hôtel, il n'y avait pas grand-chose à faire.

Après le déjeuner, tout le monde venait s'installer dans le salon. Frau Gruber l'avait meublé avec des tables et des fauteuils rapportés du Continental. Au fond, c'était la seule pièce où il faisait à peu près bon. Il y avait une bonne cheminée, et du temps du maharadjah, quand on pouvait se procurer tout le charbon que l'on voulait, un grand feu devait rougeoyer et chauffer le moindre recoin. Mais désormais, étant donné les restrictions de combustible, il ne semblait jamais y faire aussi chaud qu'on l'aurait voulu.

Ça n'avait rien de folichon de rester assis dans cette pièce, qui n'était pas réellement chaude, à attendre l'heure du repas. Mais les gens s'occupaient au mieux. Certains lisaient. Les deux dames tchèques tricotaient de longues écharpes. Pendant quelque temps, Woodpigeon essaya d'apprendre à Anna des rudiments de polonais. Il possédait un livre qu'elle tentait de décrypter, mais un jour de découragement, il mit un terme à ses efforts en le lui arrachant des mains.

– À quoi ça sert ? Puisque aucun de nous ne reverra jamais la Pologne ?

Finalement, que ce soit l'Allemagne ou la Russie qui gagne la guerre, les Polonais savaient très bien que ni l'une ni l'autre ne rendraient l'indépendance à leur pays.

Parfois, un couple, les Poznanski, organisait des réunions pour discuter de la question. Ces débats ne débouchaient jamais sur la moindre conclusion, mais parler un peu de la Pologne devait leur remonter le moral. Anna aimait ces réunions. Les Poznanski distribuaient du papier et des crayons pour que les gens qui le souhaitaient soient en mesure de prendre des notes. Au lieu de cela, Anna dessinait discrètement les participants.

Une fois, elle croqua les dames tchèques en train de tricoter de conserve. Quand la cloche du repas retentit, elle posa sa feuille sur la table. Mutti la prit en attendant que le plateau de biftecks hachés et de choux parvienne jusqu'à eux.

– Regarde ça, dit-elle en la montrant à Vati.

Vati regarda attentivement.

– Très bon. Ça fait penser au Daumier des débuts. Tu devrais dessiner plus souvent.

– Il faudrait qu'elle puisse prendre des leçons, dit Mutti d'une voix inquiète.

– Mais maman, dit Anna, j'ai déjà mon travail.

– Je ne sais pas, ce serait peut-être possible le soir au moins, ou les week-ends. Si seulement on avait de l'argent…

Ce serait bien, pensait Anna, d'avoir une chose à faire le soir. Souvent les soirées étaient tristes. Mutti et elle avaient déjà lu une bonne moitié des romans de la bibliothèque publique. La seule distraction, c'était le bridge, mais Anna n'aimait pas les cartes. Lorsque Mutti lui annonça que tante Dainty les invitait, elle se dit que ça lui ferait au moins une petite distraction.

C'était une tante de Mutti, la maman de cousin Otto. Elle les invitait à fêter le retour d'Otto du Canada. Il y avait été interné en arrivant, puis libéré. Finalement, on lui avait dit de retourner en Angleterre, pour une raison particulière au sujet de laquelle tante Dainty était restée très évasive.

– Tu viens, papa ? demanda Anna.

Mais Vati était parvenu à persuader la BBC de diffuser une de ses pièces en Allemagne. Il en écrivait une seconde, hâtivement, en espérant bien qu'ils allaient la prendre elle aussi. Mutti et Anna se rendirent donc toutes deux à l'invitation.

Dans le bus qui se traînait en direction de Golders Green, en plein couvre-feu Anna demanda à Mutti :

– Pourquoi l'appelle-t-on tante Dainty[1] ?

---

1. *Dainty* signifie « délicat » en anglais.

– Déjà quand elle était enfant, c'était le surnom qu'on lui donnait. Ça ne l'a plus quittée après, je ne sais pas très bien pourquoi, d'autant que ça ne lui va plus très bien. Elle a vraiment eu la vie dure. Son mari a été emprisonné dans un camp de concentration. Ils l'en ont sorti avant la guerre, mais il n'était déjà plus le même.

Il ne leur fut pas très facile de trouver la bonne adresse – un appartement en sous-sol dans une longue rue dont les maisons étaient toutes de forme analogue – mais dès que Mutti eut sonné, la porte s'ouvrit sur une femme dont Anna se dit que c'était une des plus grosses qu'elle ait vues. Elle était enveloppée dans une longue robe noire qui tombait presque jusqu'à terre, et portait deux ou trois épaisseurs de lainages divers par-dessus.

– *Ach hallo* – entrez donc ! dit-elle en allemand, en découvrant une rangée de dents assez irrégulières.

Mais à voir rayonner ses yeux, même enfoncés dans son visage, on sentait qu'elle avait du cœur. Elle serra Mutti dans ses bras.

– Ma chère Dainty, quelle joie de te voir !

Tante Dainty leur fit descendre quelques marches et ils entrèrent dans une grande pièce, cave ou cellier, mais dont les murs étaient couverts d'un si grand nombre de rideaux et tentures diverses que le lieu prenait un air de majesté.

– Asseyez-vous, asseyez-vous, dit-elle en leur montrant un divan couvert d'une pile confortable de coussins brodés. Mon Dieu, Anna, ce que tu fais adulte à présent ! Et ce que tu ressembles à ton père !

– Vraiment ? dit Anna, enchantée.

Tandis qu'elle se réchauffait en levant les mains au-dessus du poêle, Mutti et Dainty se lancèrent dans une conversation badine : « Ça remonte à combien de temps tout cela... Tu te rappelles le jour chez Lyons... Oh non, elle était à l'école probablement à ce moment-là, mais je suis sûre que tu l'as vue » – et ainsi de suite jusqu'à l'arrivée d'Otto.

C'était la première fois qu'Anna le voyait aussi bien vêtu. Immédiatement, tante Dainty lui posa le bras sur l'épaule, comme si elle commençait seulement à s'habituer à sa présence.

– Il ne va pas rester longtemps. Il repart pour le Canada.

– Comment cela ? s'étonna Mutti. Mais il vient à peine d'en revenir.

– Je suis rentré pour voir des gens et pour clarifier certaines choses – mes papiers et diverses formalités. Ensuite, je regagne le Canada pour faire un travail de recherche. Touchons du bois ! ajouta-t-il.

– Retraverser comme cela l'Atlantique, sans même prendre le temps de souffler. Avec tous ces U-boats[1] allemands qui ne demandent qu'à le torpiller.

1. *U-boat :* sous-marin allemand.

Tante Dainty prononçait « o-boats », en faisant un rond avec les lèvres. Ce qui laissait imaginer les U-boats comme des poissons ouvrant des bouches gigantesques prêtes à l'engloutir comme un rien.

– Quelle sorte de recherche ? Une recherche importante ? demanda Mutti, qui aimait la physique en classe autrefois.

Otto se mit un doigt sur la bouche.

– Du genre top secret, j'en ai peur. Tu te rappelles le professeur qu'ils ont interné avec moi – il fait partie de l'équipe aussi, avec quelques autres chercheurs. Ça pourrait devenir important.

– Seulement tu sais, dit tante Dainty, quand il est revenu ici, son père n'a pas pu le reconnaître. Je lui ai parlé. J'ai dit : « Victor, c'est ton fils, tu ne te rappelles pas ? » Nous ne sommes même pas sûrs qu'il ait réalisé.

– Oui, j'y pensais... Comment va-t-il ?

– Pas bien... soupira tante Dainty. Il ne quitte quasiment plus son lit.

» Ma soupe ! s'écria-t-elle en courant dans la cuisine. Il va être temps de manger !

Otto ajouta quelques chaises à la table dressée dans un coin, puis il aida sa mère à apporter les plats. Il y avait des tranches de pain bis et une authentique soupe aux quenelles.

– Des knoedel ! s'exclama Mutti, qui en goûta une

aussitôt. Mon Dieu, Dainty, c'est tellement bon ! Tu es un cordon bleu !

– Bah, tu sais, j'ai toujours aimé ça. Même en Allemagne, quand on avait six servantes et une cuisinière. Mais j'ai appris des choses nouvelles – qu'est-ce que tu penses de mes rideaux ?

– Incroyable ! C'est toi qui les as faits ?

– Et les coussins sur le divan, et cette robe, et plein de petites choses pour faire plaisir aux locataires.

– Elle a pu économiser suffisamment sur le loyer pour acheter une machine à coudre. Moi, j'étais interné. Père qui n'allait pas bien. Fallait louer les pièces du haut. Et maintenant, regardez cette pièce, poursuivit Otto d'une voix tendre, elle en a fait un petit palais.

– *Ach* Otto – un petit palais ! protesta Dainty en riant, et en dépit de sa corpulence, on aurait dit une petite fille.

Mutti, qui avait peine à recoudre un bouton, n'en revenait pas.

– Mais comment as-tu fait ? Qui est-ce qui t'a montré ?

– Cours du soir, expliqua Dainty. Au London County Council[1]. Ça coûte trois fois rien et c'est bien. Tu devrais essayer un jour. »

Tout en bavardant, elle avait débarrassé les

1. Conseil municipal de Londres.

assiettes à soupe et apporté une tarte aux pommes. Elle en mit une part de côté, pour qu'Otto la porte à son père, et coupa ce qui restait en petits quartiers égaux.

– Ça ferait plaisir à Victor, à ton avis, que je monte le voir ? proposa Mutti, mais Dainty repoussa la proposition.

– Ça ne servirait à rien, chérie. Il ne pourrait même pas te reconnaître.

Après le repas, tout le monde se rapprocha du poêle et Otto leur parla de son séjour canadien. À l'aller, il avait vécu une traversée difficile, enfermé dans la cale surpeuplée d'un bateau, mais rien n'avait pu entamer sa confiance dans les Anglais.

– Il faut se mettre à leur place avant de les accuser. Comment auraient-ils pu savoir que nous n'étions pas des nazis ? La plupart des soldats anglais ont fait preuve d'une grande correction.

Les Canadiens avaient fait preuve d'une grande correction eux aussi – bien que pas tout à fait autant que les Anglais, entre parenthèses – et il était heureux de voir la recherche qu'il entreprenait commanditée par l'Angleterre.

– Cela dit, je serai payé en dollars canadiens, poursuivit-il comme à regret, mais je pourrai envoyer une part de mon salaire ici tout de même.

Mutti l'interrogea encore sur son travail, mais il

se contenta de dire avec un sourire mystérieux que ça concernait de très petites choses.

– Et pourtant, Dieu sait si Otto est maladroit ! dit tante Dainty. Il a toujours été comme cela. C'était comme son cousin Bonzo.

– Qu'est-ce qu'il est devenu, au fait ? dit Mutti, et ils s'engagèrent dans un type de conversation qu'Anna connaissait parfaitement. Depuis leur départ de Berlin, c'est-à-dire depuis ses neuf ans, elle l'avait entendue chaque fois que des adultes se rencontraient : l'évocation interminable des parents, des amis, des relations diverses qu'ils côtoyaient en Allemagne, et qui se trouvaient désormais éparpillés à travers le monde. Quelques-uns avaient réussi à force de débrouillardise, d'autres n'ayant pu fuir à temps s'étaient fait prendre par les nazis, le plus grand nombre tentait de lutter pour survivre.

Comme Anna les avait souvent très peu connus, ou bien complètement oubliés, quand on parlait à leur sujet, ça ne lui évoquait pas grand-chose. Son regard fit le tour de la pièce, passant des rideaux de Dainty aux livres d'Otto qui s'élevaient sur plusieurs rayons d'étagère, avant de revenir à la table et à la porte qui lui faisait face.

En regardant l'entrebâillement, elle se rendit compte brusquement que quelqu'un se tenait dans le couloir et jetait un regard dans la pièce. C'était tellement inattendu qu'elle prit peur et qu'elle se tourna immédiatement vers tante Dainty, mais celle-ci remplissait les tasses, et Otto et Mutti étaient dos à la porte.

Le personnage qui se tenait dans l'entrebâillement de la porte était vieux et complètement chauve. Sa face semblait dissymétrique, à cause d'une cicatrice qui lui barrait la joue. Il était habillé d'une espèce de robe droite, et sitôt qu'Anna l'avait vu, il lui avait fait un petit signe, comme pour lui demander le silence ou comme pour lui faire ses adieux. Anna eut l'impression d'avoir vu un fantôme, mais les yeux qui la regardaient étaient bien ceux d'un être humain. D'un petit coup sec des deux mains, il serra sa robe sur son corps, et disparut dans le couloir. Il ne devait même pas être chaussé, Anna n'entendit aucun bruit.

– Noir ou au lait ? dit Dainty.

– Au lait, répondit Mutti.

Au moment où Dainty tendait sa tasse, chacun put entendre le bruit de la porte d'entrée qu'on refermait.

– Excusez-moi, dit tante Dainty en sortant rapidement de la pièce.

Un court instant plus tard elle revint affolée.

– Otto, dépêche-toi ! C'est ton père.

Otto se leva aussitôt et fila droit jusqu'à la porte, tandis que Dainty, impuissante, revenait à ses tasses de café.

– Il continue de s'enfuir, dit-elle. Une fois, il a

filé jusqu'à l'autre bout de la rue – il n'avait que sa chemise de nuit. Un voisin l'a vu, heureusement, et il nous l'a ramené à temps.

– Pourquoi fait-il cela ? dit Mutti.

Tante Dainty parut prendre sur elle, et surmonta son émotion.

– Déjà, à sa sortie du camp de concentration, il le faisait souvent. On avait beau lui dire qu'il n'était plus là-bas, il n'arrivait pas à y croire. Il devait avoir gardé en tête je ne sais quel projet d'évasion. Ensuite ça s'est amélioré, mais plus tard… Les yeux de Dainty semblèrent s'assombrir brusquement. Eh bien, c'est le cerveau, vois-tu. Quand le cerveau est endommagé, ça ne cesse d'empirer avec l'âge.

Il y eut des bruits de voix étouffées dans la rue.

– Otto l'a retrouvé, dit Dainty.

La voix d'Otto tentait de se montrer apaisante. D'un autre côté on entendait un vague et faible pleurnichement.

– Mon Dieu, Anna, dit tante Dainty en la regardant d'un air inquiet, ne te laisse pas tourmenter par cela. Tu sais, quand il fait ces choses-là, il ne sait même pas qui nous sommes. Il ne sait plus qui est Otto parce qu'il ne l'a pas vu depuis longtemps. Il pense qu'il est encore dans le camp de concentration, il pense… enfin, Dieu sait ce qu'il pense ! Et mon pauvre Otto n'en peut plus.

La porte donnant sur la rue se referma en claquant.

Anna les entendit descendre les quelques marches. Il y eut un petit heurt en bas de l'escalier – comme quelqu'un qui manque une marche – et Otto apparut devant la porte ouverte. Il tenait son père par l'épaule, pour le reconduire dans sa chambre, mais le vieil homme, se dégageant, marcha en direction de Mutti, qui recula involontairement.

– Laissez-moi ! cria-t-il. Laissez-moi m'en aller ! Pour l'amour de Dieu, laissez-moi !

Tante Dainty et Otto échangèrent un regard.

– Il était loin ?

Otto fit non. Seulement deux trois maisons plus loin.

Le vieil homme aperçut un bout de tarte aux pommes qui était resté sur la table. Il le mangea d'un air absent.

– Père... dit Otto.

– Non, mon chéri. Ça ne sert à rien, dit Dainty.

Sans en tenir compte, Otto s'approcha de son père – doucement, pour ne pas l'effrayer.

– Père, dit-il, c'est moi, Otto.

Le vieil homme continuait de manger.

– Tu n'es plus dans le camp, tu sais. On t'en a fait sortir – tu t'en souviens, tout de même ! Il n'y a plus de danger maintenant. Tu es chez toi. En Angleterre.

Son père tourna la tête vers lui. Il tenait encore un peu de tarte, et le bas de sa robe droite tombait sur ses pieds nus.

Ses yeux de vieil homme fixèrent Otto avec une expression intense. Puis il poussa un hurlement.

– Va appeler le docteur, dit Dainty.

– Père... dit Otto encore une fois.

Mais cela ne servit à rien. Dainty s'approcha du vieil homme et le saisit par les épaules. Il essaya de se débattre, mais il ne faisait vraiment pas le poids. Elle le ramena jusqu'à son lit. Otto partit téléphoner. Quand il passa devant Anna, il paraissait blanc comme un mort.

Anna et Mutti attendirent, seules dans la pièce, sans dire un mot, que Dainty soit revenue.

– Je suis désolée, leur dit-elle. J'aurais aimé que ça n'arrive pas au moment où vous étiez là.

Mutti prit Dainty par ses larges épaules.

– Ma pauvre Dainty, je ne savais pas...

– Non, ce n'est rien, dit-elle. J'ai fini par m'habituer – si tant est que l'on puisse jamais s'habituer à ce genre de choses... (Soudain ses yeux s'emplirent de larmes.) C'est pour Otto, s'écria-t-elle. Je ne supporte pas de le voir comme ça. Il a toujours aimé son père. Il fallait voir quand il était petit, il n'arrêtait pas de parler de lui.

Elle tourna les yeux vers la chambre. On y entendait le vieil homme frapper faiblement sur la porte.

– Comment des gens peuvent-il faire cela ! s'exclama-t-elle. Comment peuvent-ils ?

*

Quand elles reprirent l'autobus, sur le long trajet de retour, Anna demanda à Mutti :

– Comment ont-ils sorti oncle Victor du camp ?

– En payant une sorte de rançon. Dainty a vendu tous ses biens – elle en avait un certain nombre –, l'argent est allé aux nazis. Otto était déjà en Angleterre alors. Il a pu parler à quelqu'un au ministère de l'Intérieur, il a convaincu les Anglais d'accepter que Victor vienne ici – autrement, jamais les nazis n'auraient voulu le laisser sortir.

– C'est donc pour cela qu'il dit toujours que les Anglais sont merveilleux.

Elle se demanda ce que ça devait faire d'être dans la position d'Otto. Si c'était Vati qu'on avait mis dans un camp de concentration… Le seul fait d'y penser était insupportable. Heureusement pour Otto, il avait ce travail. Elle l'imagina rentré au Canada et s'investissant dans sa recherche pour ne plus penser à rien d'autre, pour écarter de son esprit ce qu'on avait fait de son père, afin d'aider les Anglais à gagner la guerre contre Hitler. Quelle que soit la recherche à laquelle Otto allait se consacrer, elle se disait qu'il la mènerait parfaitement, de toute façon.

– Qu'est-ce qui est tout petit en physique ?

Mutti semblait gelée et vannée.

– Oh, tu dois savoir cela, dit-elle. Ce peut être des molécules... des atomes... des choses dans ce goût-là.

Comme c'est dommage ! se dit Anna. Des molécules ou des atomes... La recherche d'Otto ne semblait pas devoir tirer à conséquence.

*

Quelques jours plus tard, Otto vint à l'hôtel faire ses adieux. Il dit que son père allait mieux. Le docteur lui avait prescrit une nouvelle sorte de calmants et il dormait le plus souvent.

« Ne perds pas trop ma mère de vue », dit-il à Mutti, qui le lui promit. Puis, juste au moment de partir, il lui tendit un prospectus. « Elle m'a demandé de te donner ça, dit-il un peu embarrassé. Ça pourrait peut-être t'intéresser – ça concerne ses cours du soir. »

Lorsque Otto les eut quittés, Anna parcourut rapidement le prospectus de tante Dainty. Incroyable, le nombre de choses que l'on pouvait apprendre à Londres pour des prix presque dérisoires – de la comptabilité à la tapisserie, en passant par le grec classique ! Soudain elle remarqua une chose.

– Tiens, regarde, maman. Il y a des cours de dessin.

– Oui, tu as raison, dit Mutti.

Incrédules, elles lurent deux fois de suite le montant des frais d'inscription. Huit shillings six pence, par trimestre.

– Demain matin, à la première heure, on passe un coup de fil, dit Mutti.

15

Ils passèrent Noël à la campagne en compagnie des Rosenberg. La sœur du professeur, avec ses deux garçons, était partie à Manchester chez un autre de ses parents ; les écoles y étaient meilleures. L'atmosphère de la maison était plus détendue qu'avant. Tout le monde se sentait heureux, parce que les Américains étaient enfin entrés en guerre. Ce qui faisait dire au professeur que tout pourrait être achevé avant même la fin 1942.

Tante Louise avait décoré un sapin placé dans le salon. À force de petits trajets en auto-stop, Max avait pu les rejoindre à temps pour s'asseoir au repas de Noël. Ayant appris à piloter, sa période d'entraînement touchait à sa fin. Il était arrivé premier aux examens, comme toujours, et on le présentait déjà pour une promotion d'officier.

Anna lui apprit qu'elle allait commencer les cours de dessin dès que les vacances auraient pris fin.

– Dans un véritable atelier ! Un cours avec modèle. La même chose qu'aux Beaux-Arts !

– Sensass ! dit Max – c'était le mot en vogue dans la Royal Air Force.

Tante Louise en tressaillit d'aise.

– Un atelier ! s'écria-t-elle. Oh ma chère ! Tu vas rencontrer toutes sortes de gens bizarres !

Il était difficile de dire si elle trouvait cette perspective pleine d'attraits ou pleine de dangers, mais ce qui est sûr, c'est qu'à ses yeux elle recelait un potentiel de sensations hors du commun. De là une petite déception pour Anna quand elle se rendit à son premier cours de dessin à l'École des Beaux-Arts d'Holborn.

*

Elle suivit les indications et déboucha dans une grande salle : murs nus, avec dans le fond une estrade de bois, où se dressait un paravent. Un certain nombre de personnes étaient assises de-ci delà, certaines avec une planche à l'oblique devant elles, d'autres devant un journal ouvert. Tous ces gens gardaient leur manteau, car il faisait extrêmement froid.

Peu après, une petite femme passa, un cabas à la main, et fila se cacher derrière le paravent. Il y eut un bruit lourd et sourd de sac mal posé qui culbute, et une pomme de terre s'échappant de derrière le paravent vint bêtement rouler sur l'estrade. Une main la reprit rapidement, puis la petite femme réapparut dans une robe de chambre rose.

– Qu'est-ce qu'on gèle ! s'exclama-t-elle, en branchant un chauffage d'appoint tourné en direction de l'estrade – et elle vint s'accroupir devant.

Entre-temps, Anna avait pris une feuille de papier à dessin d'une pile à un penny la feuille, et l'avait fixée sur une planche, parmi les nombreuses disponibles. Ayant sorti crayon et gomme, elle s'assit à califourchon sur un des bancs qui étaient là, appuya sa planche devant elle sur un support à crans réglables, comme les autres élèves l'avaient fait. Elle était fin prête à apprendre à dessiner, mais il ne se passait toujours rien. À droite, une femme d'un certain âge tricotait une paire de chaussettes. À gauche, un jeune garçon, de seize ans environ, mangeait tranquillement un sandwich.

La porte se rouvrit finalement, et un homme portant un duffle-coat s'avança pour gagner l'estrade.

– En retard, John ! claironna soudain la voix à fort accent gallois du jeune au sandwich.

L'air absent, l'homme tourna les yeux – un regard bleu – vers l'assistance, et fixa l'auteur de la remarque.

– Encore en train de frimer, William ! Tâche de me faire un truc bien ce soir, sinon je pourrais dire à ton père ce que je pense réellement de toi !

– Bien, Monsieur ! fit le Gallois dans un éclat de rire, tandis que l'homme posait au vol son duffle-coat sur une table et allait trouver le modèle.

Il parut lui dire quelque chose qui concernait une pose en pied, mais le modèle secoua la tête :

– Non, pas ce soir, Mr Cotmore, j'ai les pieds en compote.

La jeune femme avait ôté sa robe de chambre, et se tenait là dans le rougeoiement du chauffage qui éclairait son ventre rebondi.

Anna redoutait cet instant : devoir se trouver dans une pièce, regard parmi d'autres regards se focalisant sur un corps nu. Mais tous les autres paraissaient trouver cela tellement naturel qu'elle se sentit en un rien de temps tout à fait à son aise aussi.

– Une heure que je fais la queue pour acheter du poisson, maugréa encore la jeune femme – et bien que nue, on la voyait bien en courses un cabas à la main.

– Bon, pose assise alors, dit l'homme que les autres appelaient Cotmore.

Il saisit ce qui semblait être un ancien rideau de velours et le déposa sur le siège d'une chaise placée sur l'estrade. Ensuite il donna au modèle de précises directives de pose et dit : « La même toute la soirée. »

Il y eut des froissements de journaux. À contrecœur, la tricoteuse remit sa chaussette dans son sac, et chacun se pencha sur sa feuille.

Anna regarda le modèle, puis sa feuille blanche, en se demandant par où elle allait commencer.

D'habitude, elle croquait des sujets sur le vif, et ça ne prenait que quelques minutes. Là elle avait du temps devant elle, deux heures et demie à remplir, elle se demandait bien comment... Elle jeta un rapide coup d'œil vers une fille assise devant elle. Elle semblait couvrir la surface en donnant de longs coups de crayon. Forcément, plus la feuille est grande, plus ça prend de temps, pensa-t-elle, après on soigne les détails.

Le crayon en main, elle commença.

Après une bonne heure de travail, la moitié du chemin était faite. Partie de la tête du modèle, elle était arrivée aux hanches. Il y avait bien dans les épaules un petit quelque chose qui clochait, mais elle n'était pas mécontente du rendu des boucles de cheveux. Elle allait commencer les mains que le modèle tenait croisées et appuyées sur une de ses hanches, quand la voix du nommé Cotmore sortit la salle de son silence : « Repos ! »

Le modèle s'étira, se leva d'un bond de sa chaise, et renfila sa robe de chambre. Les élèves posèrent leurs crayons. Toujours pareil, se dit Anna – juste quand j'allais trouver mon rythme !

Un murmure s'éleva dans la salle, on rouvrit des journaux, la femme assise à droite ressortit son tricot. On avait beau être resté emmitouflé dans son manteau, on n'en était pas moins glacé, aux pieds notamment, et aux mains.

– Frisquet, hein ? lui dit un voisin, en faisant pivoter vers elle un petit sachet de caramels.

Descendu de son piédestal, le modèle alla inspecter les multiples versions d'elle-même.

– Ils t'ont rendu justice au moins ?

C'était la voix de Mr Cotmore qui parlait avec des élèves. Le jeune Gallois était du groupe, et l'ambiance à la rigolade.

Le modèle secoua la tête.

– Ils me voient plus bouffie que je ne le suis, dit-elle en faisant la grimace.

À la fin de la pause, Anna se replaça devant son dessin et le trouva nettement moins bon. Les épaules n'allaient pas, ça c'était évident. Elle avait fait l'épaule droite plus haute que la gauche, alors qu'en regardant bien le modèle, la pose donnait l'inverse. Comment avait-elle fait pour ne pas remarquer cela tout de suite ? C'était trop tard, de toute manière, pour vouloir changer quoi que ce soit. Elle se concentra sur les mains.

Le modèle les tenait croisées et l'entrelacement de ses doigts était loin d'être facile à rendre. Elle essayait de les reproduire un à un, phalange par phalange, et elle sentait qu'elle s'égarait. À cause de son erreur avec les épaules, un des bras était devenu bizarrement plus allongé que l'autre. Elle reconsidéra l'ensemble, en se demandant ce qu'il fallait faire, quand derrière une voix dit :

– Je peux ?

D'un signe de tête, Mr Cotmore suggérait qu'elle lui cède la place.

– Ne pars pas des détails pour aller à l'ensemble, conseilla-t-il en s'asseyant – et il commença un dessin dans un coin vierge de la feuille.

Au début, elle ne voyait pas du tout où il voulait en venir. Il tirait des traits rectilignes, qui semblaient fuir dans tous les sens, et s'agençaient en une espèce d'échafaudage irrégulier. Puis un volume se dégagea qui s'avéra être la tête ; peu à peu le reste du corps s'inscrivait dans l'échafaudage qui, Anna le voyait maintenant, avait servi dès le départ à marquer l'angle des épaules, le positionnement des hanches, et des mains par rapport aux bras. Le tout avait pris très peu de temps et ne donnait qu'une simple ébauche – sans boucles, sans phalanges et sans ongles – mais c'était bien plus ressemblant que ce qu'elle avait fait en une heure.

– Compris ? dit-il en s'éloignant.

Anna se retrouva seule à seule avec cette petite ébauche. Bon, bien sûr c'était plus facile de faire un dessin de ce format. Et tracer tous ces points de repère ? N'était-ce pas une forme de triche ? Elle se le demandait, mais n'empêche...

À côté, son dessin à elle ne supportait pas la comparaison. On avait le tournis rien qu'à le voir dégringoler du haut de la feuille, avec ses épaules de travers, son bras trop long, son bras trop court, ses chapelets de phalanges bouffies comme des saucisses d'apéritif ! Restait à en faire une bonne boule, et au panier. Ce qu'elle allait faire, si la crainte d'attirer les regards ne l'en avait dissuadée. À gauche, les yeux du jeune Gallois paraissaient rivés sur sa feuille.

– Pas mal du tout…

Elle entrevit aussitôt une lueur d'espoir. Peut-être que…

– Excellent même. Il a l'air en forme ce soir.

Le jeune Gallois sentit sa déception sans doute, et demanda :

– C'est ton premier ?

Et comme Anna hochait la tête :

» Oui, bon, enfin, qu'est-ce que tu veux… Ce n'est jamais facile au début.

*

Mutti attendait son retour, impatiente de connaître ses premières impressions.

– Je trouve cela plutôt bien, dit-elle, quand Anna lui montra le dessin. Ce n'est qu'une première tentative !

Vati fut plus intéressé par l'ébauche de Mr Cotmore.

– Ça me dit quelque chose. John Cotmore. J'ai dû lire un article sur lui, il n'y a pas très longtemps de ça. À propos d'une exposition... Très bonne critique.

– Tu en es sûr ? Il est bon alors, dit Mutti.

– Il y a des chances. En tout cas, il a l'air d'être assez en vue.

Ils étaient assis tous les trois dans la chambre qu'elles partageaient. Mutti réchauffait le dîner qu'Anna n'avait pu prendre avant sur un de ces petits réchauds à gaz dont Frau Gruber avait pourvu chacune des chambres de la maison. Dans une casserole de chez Woolworth, elle touillait du bout d'une cuillère un composé indescriptible de pommes de terre et de navets.

– Ça a un peu roussi, dit-elle. Pour une prochaine fois, je me demande si ce ne serait pas meilleur froid.

Anna ne fit pas de commentaire.

Il n'était pas loin de dix heures, et elle se sentait épuisée et consternée en contemplant son œuvre tombée sur le plancher. Une prochaine fois, une prochaine fois. Mais à quoi bon une prochaine fois ?

Pourtant, à mesure qu'approchait la date du cours suivant, un fort désir s'emparait d'elle de faire une nouvelle tentative. Elle devait sûrement pouvoir faire mieux.

Ce soir-là, ce fut le même modèle, mais Mr Cotmore avait pu obtenir d'elle qu'elle pose debout. Une fois sa robe de chambre ôtée, une main sur le dossier de la chaise pour bien tenir son équilibre, elle fixa le plancher d'un air morne.

Anna, qui se rappelait la leçon, attaqua en constituant un échafaudage de lignes. Elle évita de se laisser distraire par les petits détails, si bien que le haut de son dessin prit vite une bien meilleure tournure. Seulement, quand elle arriva au rendu des jambes et des pieds, elle fut obligée de constater que son tout nouveau savoir-faire était devenu inopérant.

Elle avait beau tout essayer, son dessin ne tenait pas debout. Les pieds étaient en bas de la feuille, mais le personnage avait l'air de léviter sur le papier. Elle passa une partie du cours à multiplier les coups de gomme et à corriger, corriger, mais cela n'aboutissait à rien. Ce ne fut qu'en fin de soirée, alors qu'il faisait son petit tour de salle, que Mr Cotmore vit son dessin. Il s'assit sans dire un mot et se mit à dessiner un pied dans un coin de la feuille. Le pied apparut peu à peu, de face comme celui du modèle, mais au lieu d'en tracer le contour comme Anna avait voulu le faire, lui l'articula peu à peu, en commençant par les orteils, raccourcis par la perspective, puis en évasant légèrement pour rendre la cambrure du pied, et trouver le talon derrière. De cette façon, les trois parties allaient se soudant l'une à l'autre. Un pied vigoureux apparut, d'aplomb sur un sol invisible.

– Compris ? dit-il.

– Oui, dit Anna – et il eut un léger sourire.

Il devait avoir quarante ans. Avec des yeux intelligents, et une curieuse bouche un peu large.

– Difficile, ça, les pieds, dit-il en poursuivant son tour des tables.

*

Par la suite, Anna se rendit à l'école tous les mardis soir. Apprendre à dessiner ! C'était son obsession. Si seulement je pouvais réussir un dessin, un seul, pensait-elle. Parvenir à ce que les traits, quand je les dispose sur ma feuille, ressemblent réellement à ce que je veux ! Mais dès qu'elle avait maîtrisé une nouvelle difficulté, il en naissait deux ou trois autres dont elle n'aurait pas eu idée. Parfois Mr Cotmore l'aidait, mais la plupart du temps, elle passait la soirée à se démener dans son coin.

– Il y a du progrès, tout de même, dit le Gallois. (Son nom était Ward, mais tout le monde l'appelait Welsh William[1].) Tu te rappelles ton premier dessin ? Oh là là, l'horreur que c'était !

– Toi aussi, au début ?

Il secoua la tête.

– Je n'ai pas eu ces difficultés – peut-être pas assez d'ailleurs. Cotmore dit que j'ai la main facile.

1. *Welsh William* : Guillaume le Gallois.

Anna soupira en voyant l'aisance de trait de son dessin. Aucune trace d'effort apparente.

– Ce n'est vraiment pas mon cas, dit-elle.

À certains endroits sa feuille devenait noire tant elle se chargeait de reprises ; à d'autres, le papier s'ajourait tant il subissait de coups de gomme.

Dans le métro à moitié vide, en regagnant Putney le soir, elle désespérait quelquefois de manquer à ce point de talent. Pourtant, la semaine suivante, elle était de retour, avec feuille blanche et crayon neuf, en se disant : cette fois peut-être…

Elle avait l'air tellement exténuée quand elle regagnait la maison que Mutti se faisait du souci.

– Ça ne peut pas vraiment te faire de bien de rester assise des heures dans le froid.

À cause des restrictions de charbon, la salle était rarement chauffée. Anna répondait, impatiente :

– Ça va… je garde mon manteau.

*

Il neigea beaucoup en février, et ça recommença en mars. Les gens n'avaient pas grand moral, d'une part parce que Singapour était aux mains des Japonais, de l'autre parce que l'armée allemande, loin d'avoir échoué face aux Russes, semblait près d'entrer dans Moscou. Mrs Hammond souffrit d'une grippe, et pendant ses trois semaines d'absence les vieilles dames ne surent plus quoi faire pour évacuer leur mélancolie. Miss Clinton-Brown avait cessé de rendre grâce à Dieu pour la manne des pyjamas à découper. Une nouvelle coalition la liguait avec Miss Potter, cette fois contre Mrs Riley, qui prenait un malin plaisir à leur donner des haut-le-cœur en leur infligeant le détail des atrocités japonaises.

Elle connaissait nombre d'histoires et les leur racontait toujours en dramatisant au possible. Se dressant, une main sur la table, elle prenait des airs observateurs par-dessus sa tasse de Bovril, les yeux plissés pour incarner un officier asiatique d'une indicible cruauté – puis les rouvrant normalement pour lancer les nobles répliques de ses prisonniers anglais, héroïques, voués à une mort certaine. Ces petits drames plongeaient toujours Miss Potter dans le désarroi ; une fois, elle avait même laissé en plan une veste de pyjama, pour leur lancer d'une voix émue qu'elle retournait à la maison voir si sa perruche n'avait rien.

Quand Mrs Hammond fut revenue, elle demanda très fréquemment à Mrs Riley de cesser ces rumeurs sur le sort des prisonniers de l'armée nipponne. La vieille dame bouda deux jours entiers, pendant lesquels Miss Clinton-Brown rendit grâce à Dieu qu'il y eût encore quelques personnes sensées qui osaient dire leur opinion. Tout cela aurait pu être drôle, si on ne s'était pas douté que beaucoup de ces rumeurs atroces colportées par Mrs Riley avaient leur fond de vérité.

Après, c'était un soulagement de gagner l'École des Beaux-Arts. S'étant rendu compte qu'il y avait un autre atelier le jeudi, auquel elle pouvait assister moyennant trois shillings six pence, elle y alla deux fois par semaine. À ce moment, la fréquentation des cours ne cessait de diminuer. Mr Cotmore avait plus de temps à consacrer à chaque élève, il corrigeait tous les dessins. Pendant la pause, il s'asseyait pour parler dans un coin de la salle avec quelques privilégiés. Anna les regardait de loin. Ils semblaient prendre du bon temps à discuter et plaisanter. Elle aurait trouvé cela formidable de faire partie du petit cercle. Mais elle était bien trop timide pour se permettre d'approcher, et après le cours, les élèves se dispersaient par petits groupes.

Un jour, à la fin d'une séance, le Gallois vint lui parler alors qu'elle remballait son matériel. Elle avait passé la soirée à s'acharner sur son travail avec la rage du désespoir. Au point qu'elle avait l'impression d'avoir enfin réalisé un dessin qui se rapprochait, ne serait-ce que modestement, de ce qu'elle avait dans la tête. Dans la mêlée, de la mine de plomb s'était déposée sur ses mains, et de là, sans qu'elle sût comment, sur son menton et sur ses joues.

Welsh William la regarda d'un air intéressé.

– Tu en as mis un peu sur le papier aussi ?

Elle tourna vers lui son dessin... Il parut impressionné.

– Puissant. On va peut-être finir par tirer quelque chose de toi. Quand tu te seras lavé la figure, ça te dit de venir boire un café ?

Après un sérieux récurage, ils gagnèrent un petit café situé à quelques maisons de là. En entrant, ils furent accueillis par des appels et des signes de bienvenue. Tournant la tête, clignant des yeux, elle aperçut Mr Cotmore entouré de son groupe d'élèves. Ils buvaient des cafés, assis à des tables juxtaposées, occupant à eux seuls une grande partie de la salle.

– C'est la petite qui se barbouille de crayon, s'écria l'un d'eux, un petit homme qui devait être à peu près du même âge que Mr Cotmore.

– Oui, mais pas pour rien, trancha bien vite Mr Cotmore avant qu'elle ait eu le temps de rougir. C'est bien Anna ton nom, c'est ça?

Anna hocha la tête, et les autres leur firent une place. Un café apparut devant ses yeux, elle fixa sa tasse, moitié plaisir et moitié crainte, de façon à ce qu'on ne lui pose pas de questions. Mais déjà la conversation reprenait son cours autour d'elle.

– Tu as tort, John, pour ce qui est de Cézanne, venait de dire le petit homme.

John Cotmore se tourna vers lui.

– Tu n'en penses pas un mot, Harry, tu veux nous monter le bourrichon !

Deux filles rirent à l'autre bout de la table, mais effectivement c'était cela, et Harry avait réussi, car l'instant d'après la tablée était entrée en désaccord : les impressionnistes français, les primitifs italiens, Giotto, Matisse, Samuel Palmer, Mark Gertler – qui étaient ces gens ? Anna se cantonnait à une sorte de neutralité silencieuse, craignant de montrer son ignorance. À droite, Harry faisait des gestes pour souligner ce qu'il voulait dire. À gauche, Welsh William griffonnait dans la marge de son journal. Un homme pâle, cravate assortie, pérorait d'un ton sentencieux sur le contenu et sur la forme. Une élève commanda des frites, son cornet fit un tour de table, et chacun reprit du café. John Cotmore, avec sa voix chaude, apportait son eau au moulin. Il ne prenait que rarement la parole et ça ne durait jamais longtemps, mais quand il parlait, tous les autres se taisaient et tendaient l'oreille.

Une fois, il s'adressa à elle directement.

– Toi, qu'est-ce que tu en penses ? Oui, oui, j'ai bien dit toi !

Ils venaient de parler des différences de styles. Certains élèves portaient aux nues la finesse de trait d'un artiste dont Anna ne connaissait pas le nom, d'autres en défendaient un second qu'elle ne connaissait pas non plus, mais dont l'approche semblait plus fruste.

Elle le regarda horrifiée et balbutia :

– Je ne sais pas bien. Quand je dessine une chose, j'ai envie qu'elle ressemble à ce que je vois. Déjà je trouve cela difficile.

Ça ne veut rien dire, pensa-t-elle. Mais il la regardait l'air sérieux.

– Ce n'est pas une mauvaise façon de faire, pour un début, commenta-t-il.

Il lui apparut que les autres la regardaient, cette fois, d'un autre œil, avec une forme de respect.

Plus tard, comme tout le monde parlait, elle réunit tout son courage et lui demanda son avis sur une question qu'elle se posait depuis des semaines et des semaines.

– Quand une personne doit se révéler un bon dessinateur un jour, elle ne doit tout de même pas trouver cela difficile au début ?

– Je ne pense pas que les deux choses soient forcément liées, lui dit-il après réflexion. Ça peut simplement vouloir dire que la personne à laquelle tu penses a placé la barre assez haut. Pour ce qui est de ton cas personnel, ajouta-t-il l'instant d'après avec un très léger sourire, j'aurais plutôt tendance à croire que les choses s'annoncent vraiment bien.

Elle se répéta cette phrase, tout en le voyant se replonger dans la discussion générale. Elle la tourna et la retourna dans sa tête, cette simple phrase, pour voir si elle ne cachait pas un double sens ou quoi que ce soit. Mais ça ne pouvait avoir qu'un sens : il devait réellement penser que les choses s'annonçaient bien pour elle. Incroyable ! Jusqu'à l'heure du retour, elle resta là, nez dans sa tasse, et ces mots résonnaient en elle au point qu'elle n'entendait plus rien.

Ils firent le compte des cafés bus et chacun paya ce qu'il devait. Puis ils se retrouvèrent dehors et se tinrent ensemble dans le froid.

– À jeudi, Anna, lui lança Welsh William, et plusieurs voix reprirent :

– À jeudi.

– À jeudi.

Elles résonnaient étrangement, ces voix, dans le noir de la rue, comme flottant sans bouches et sans corps : « Bonne nuit, Harry. Bonne nuit, Doreen. » Et avec elles claquaient des pas et s'estompaient des silhouettes avalées par la nuit.

Anna fermait le bouton de son col, décidée à affronter le froid, quand jaillit une voix plus profonde.

– Bonne nuit, Anna !

– Bonne nuit... John ! répondit-elle après un temps d'hésitation.

Et soudain une vague de bonheur la détacha du petit groupe et la poussa loin des regards vers l'invisible de la rue.

John Cotmore lui avait souhaité bonne nuit. Et avant cela, il avait dit que les choses s'annonçaient bien pour elle : « Vraiment ! » Ç'avait été son mot. Le trottoir sonna sous ses pas et le noir brilla autour d'elle, et cet éclat, ouvrant les mains, elle pouvait presque le toucher. Elle fut surprise de découvrir que la station de métro d'Holborn avait son aspect de toujours. Elle sentait, en en tremblant presque, que quelque chose d'extraordinaire venait d'arriver dans sa vie.

16

Alors qu'elle arrivait au bureau, quelques semaines plus tard le matin, elle s'aperçut que Mrs Hammond était déjà là pour une fois. C'était un peu embarrassant, parce que Anna depuis quelque temps était régulièrement en retard – à quoi bon se presser d'arriver, il y avait si peu de choses à faire. Heureusement Mrs Hammond n'y avait pas fait attention. Elle était en train d'inspecter les étagères et les placards dans la salle désaffectée quand elle vit Anna arriver.

– Nouveau genre de travail pour vous.

– Comment ?

Jamais Mrs Hammond, depuis la perte de Dickie, n'avait paru si décidée.

– Triste, comme travail. Mais bien utile. Des uniformes d'officiers.

Voyant Anna perplexe, elle dit à brûle-pourpoint :

– Attendre les souliers d'un mort, on dit cela – nous, on ne peut pas le dire, ça paraîtrait choquant, bien sûr. Et pourtant, ça revient au même, si on y ajoute l'uniforme. Faire passer les uniformes – toutes sortes de pièces d'uniforme – des gars qui se sont fait tuer à ceux qui sont toujours vivants, et qui eux en ont vraiment besoin.

Dans un des angles de la salle, Anna remarqua qu'il y avait, sur une étagère poussiéreuse, une pile de vêtements jamais vue. C'étaient des pantalons et des vestes de drap bleu, quelques chemises, quelques cravates et diverses pièces d'uniforme aux couleurs de l'armée de l'air. À côté, un sac de soldat sur lequel on avait tracé au pochoir de grosses lettres noires. Elle lut : *P/O Richard Hammond*[1]. Mrs Hammond suivit son regard.

– Idiot de s'accrocher à ces choses, quand d'autres seraient heureux de les avoir.

Elle se tut, puis elle ajouta :

» Après tout, il n'y avait pas que lui dans cet avion.

Une autre dame était associée au projet : Mrs James. Elle, c'était deux fils que la guerre lui avait pris, l'un dans l'armée de terre au milieu du désert africain, l'autre dans l'armée de l'air au-dessus de l'Allemagne, et elle n'avait pas d'autre enfant. Anna la rencontra au cours de la journée : c'était une femme assez âgée, l'air hagard, de grands yeux tragiques, et une voix presque inaudible.

---

1. *P/O* : « Pilote Officer ».

Elle avait amené avec elle un petit homme à face de bouledogue, débordant d'énergie, qui se mit immédiatement à aménager la salle vide en magasin pour les vêtements qu'elles s'attendaient à recevoir. Il nettoya, cloua, redisposa le tout, et en l'espace de quelques jours, la pièce fut prête, comprenant même un petit bureau pour Mrs James.

C'était vraiment rudimentaire, il n'y avait qu'une table et une chaise, placées entre deux paravents, et Mrs James, pour tout confort dans cette pièce vaste et glacée, disposait d'un petit radiateur dirigé du sol vers ses pieds. Mais elle semblait loin de s'en soucier. Elle restait là assise, les yeux perdus dans le vague, comme si pour elle ça ne changeait rien de se trouver ici ou ailleurs.

Mrs Hammond avait gardé son bureau voisin de l'atelier, mais elle passait pas mal de temps à s'activer d'une pièce à l'autre pour voir si les choses avançaient. C'est elle qui avait composé la petite annonce pour le *Times*, un appel aux épouses et parents des soldats qui étaient tombés au combat. Anna tapa l'annonce, et dès la semaine suivante, les vêtements commencèrent à arriver par la poste.

Cela allait des dons pathétiques de simples pièces de vêtement à des envois de malles entières. Chaque fois, il s'agissait d'accuser réception, de déballer, trier, ranger. Certaines malles étaient acheminées directement par les armées, et semblaient contenir à peu près tout ce que les soldats possédaient. On y découvrait au hasard des clubs de golf dépareillés, des livres de poche, des enveloppes et papier à lettres, dont personne ne savait que faire. Une fois, en sortant d'une valise une tunique de la RAF, Anna vit une balle de ping-pong glisser d'une poche et rebondir en résonnant dans la salle vide. Pour une raison qu'elle ignorait, elle se sentit plus bouleversée en voyant cela que par tout le reste.

Dans le même temps, les vieilles dames exigeaient les mêmes attentions – plus encore, elles devenaient jalouses en voyant que Mrs Hammond s'attelait à un nouveau projet – et il fallait toujours fournir les pelotes de laine aux tricoteuses. Anna s'aperçut qu'elle était submergée de travail. Le matin, elle était à l'heure. Le midi, elle avait à peine le temps de prendre son déjeuner. Parfois, à la fin de la journée, elle se demandait s'il lui restait assez de courage pour son cours. En fin de compte, elle y allait toujours.

Comme Mrs Hammond avait informé du projet tous les généraux, amiraux et autres de ses connaissances, moins de trois semaines après la rédaction de l'annonce, le premier jeune homme arriva pour recevoir son équipement. C'était un lieutenant de vaisseau qui avait perdu toutes ses affaires dans le torpillage de son navire. Mrs Hammond et Mrs James rivalisèrent de zèle et lui trouvèrent tout ce qu'il fallait.

Mrs Hammond s'était pleinement investie dans le nouveau projet. Quand on la voyait retourner des piles de vêtements à la recherche d'un pantalon ou d'une casquette, on n'était pas trop étonné. Mais c'était stupéfiant de voir le changement chez Mrs James. Pour la première fois, ses grands yeux avaient cessé d'errer dans le vague. Quand elle s'inquiétait gentiment de ce qu'il fallait au jeune homme, on aurait cru qu'elle recevait un brusque apport de vitamines dont elle aurait été privée. Elle parlait, elle souriait, elle s'autorisait même parfois une petite blague en passant. Mrs Hammond emmena le jeune homme pour qu'il se choisisse des chaussures. À cet instant, elle retomba dans son habituelle léthargie, un peu comme un jouet remonté dont le ressort arrive en fin de course.

Par la suite, il y eut un afflux régulier de jeunes soldats, ainsi qu'une arrivée tout aussi régulière d'uniformes envoyés par les proches de soldats tués au combat. Anna se demandait souvent comment on devait se sentir dans des habits de cette nature, mais les jeunes gens voyaient les choses sous un angle strictement pratique. Depuis les restrictions de l'été, il était devenu difficile de se procurer des vêtements autant civils que militaires, il ne s'agissait donc pas de faire la fine bouche.

Dans l'ensemble, ils étaient d'une gaieté étonnante. Parfois, un peu grisés de se voir rhabillés sans avoir déboursé un sou, certains proposaient à Anna de sortir avec eux dans Londres. Ils l'emmenaient au cinéma, au théâtre, ou même à dîner dans des restaurants du West End. C'était curieux de revêtir les plus jolis vêtements laissés par Judy et Jinny, pour gagner ces quartiers brillants, en se prenant pour la jolie petite Anglaise qu'ils croyaient accompagner. En fin de soirée, en général, ils avaient envie de l'embrasser, et cela aussi était troublant. Il faut bien que je sois attirante, si c'est cela, se disait-elle, mais aucune de ces rencontres ne la retenait plus que les autres, et elle ne sortait jamais les soirs où elle avait son cours de dessin.

– Pourquoi pas ? s'écria Mutti. Ce serait tout de même plus gai pour toi que tes sempiternels cours du soir !

Mais Anna secoua la tête.

– Ce serait une perte de temps, réellement, dit-elle sur le ton assuré qu'elle avait acquis récemment.

» Et crois-moi si tu veux, maman, mais je trouve qu'ils font tellement *jeune* !

*

– Il paraît que tu te laisses griser par le tourbillon londonien, lui dit Max quand il vint les voir. Tu as raison d'en profiter, la guerre a l'air de s'éterniser.

Il était à nouveau déprimé, car à la fin de son entraînement, malgré son grade de lieutenant, ses supérieurs lui avaient dit qu'il ne pouvait pas piloter de bombardier ou de chasseur.

– C'est encore le passé qui me poursuit. Ils craignent que, si j'étais abattu et en découvrant qui je suis, les Allemands ne me traitent pas en prisonnier de guerre. Alors je suis forcé d'être instructeur de vol.

– Important aussi, dit Vati – mais Max était trop contrarié pour être capable de l'admettre.

– Tu ne comprends pas. Tous les autres vont partir en opération. Pour moi, c'est toujours la même chose – à chaque fois il faut que je reste englué dans ma différence.

À ces mots, Mutti, qui pourtant se montrait d'habitude très compréhensive à ce sujet, commença à se mettre en rogne.

– Si je comprends bien, tu tiens vraiment à te faire tuer ! lança-t-elle, avant d'ajouter de façon plutôt saugrenue :

» Comme si on n'avait pas assez de soucis comme cela !

– Bon, calme-toi, dit Max, je n'ai pas le choix de toute façon.

En fait, Mutti, ces derniers temps, se montrait de plus en plus nerveuse. Un jour, Anna comprit pourquoi. Elle rentrait du travail, et comme elle venait de passer plusieurs soirs de suite en sorties, elle s'était réservé celui-là. Avec pour projet, d'abord, de passer sur ses souliers, qui se fendillaient par endroits, une couche de colorant brun acheté à l'heure du déjeuner ; de se faire, ensuite, un bon shampoing, à condition qu'il y ait de l'eau chaude, et enfin, après le dîner, de repriser ses chaussettes, car elle n'en avait plus à se mettre. En passant devant chez Vati, entendant leurs voix dans la chambre, elle entra. Vati tenait la main de Mutti, à demi assise, à demi allongée sur le lit. Elle avait les yeux pleins de larmes, l'air défait et les joues humides.

– Qu'est-ce qu'il y a ? s'écria Anna.

Vati la rassura d'un geste.

– Bah, ce n'est vraiment rien de terrible. Mutti a perdu son travail.

Mutti bondit immédiatement :

– Comment cela, vraiment rien de terrible ! Comment va-t-on faire pour survivre ?

– On va bien trouver un moyen.

Progressivement Anna comprit. On ne l'avait pas renvoyée, simplement la mise en ordre des papiers était arrivée à son terme.

– Bien sûr que je détestais ça, dit Mutti à travers ses larmes. Bien sûr que ce n'était que pour me changer les idées depuis la mort de Lord Parker.

Anna se rappela être allée voir Mutti sur son lieu de travail. Elle avait un petit bureau dans une jolie pièce peinte en blanc, avec des bûches dans la cheminée. Un domestique était entré avec le thé et les biscuits, puis ressorti et revenu avec une tasse pour Anna. Mutti ne lui avait pas paru débordée par les choses à faire. Elle répondait au téléphone et envoyait de temps en temps quelques cartons d'invitation. Le soir, elle et Anna s'étaient émerveillées du mode de vie de Lady Parker.

– Ses bas coûtent une guinée, lui expliquait Mutti. Et ils sont tissés tellement fins qu'elle ne peut les porter qu'une fois.

Depuis la mort de Lord Parker, elle travaillait dans un sous-sol débordant de paperasses en tout genre. Comme il y en avait des piles, il ne lui était pas apparu que la tâche toucherait à sa fin.

– Qu'est-ce que je vais faire ? Il faut que je trouve quelque chose d'autre ! Et rapidement.

– Tu vas sans doute trouver un job plus intéressant, dit Anna.

Le visage de Mutti s'éclaira tout à coup.

– Oui, je pense que je dois pouvoir, il y a tant d'appelés maintenant. Depuis que tu gagnes ta vie, j'ai économisé un peu, on peut tenir le coup un moment – je dois pouvoir me retourner et me donner le temps de choisir.

Mais aussitôt après elle reperdait courage :

» Oh mon Dieu ! J'en ai tellement marre d'avoir toujours à recommencer !

Elle regarda Vati qui lui tenait la main.

» Si seulement la BBC pouvait acquérir un de tes trucs pour le diffuser en Allemagne, ce serait tellement plus facile !

À ces mots, Vati se raidit. Il n'avait rien pu vendre depuis sa première pièce, et il avait beau s'installer chaque jour à sa table de travail, il ne gagnait quasiment rien.

– Je les rappellerai demain, dit-il – mais ils savaient bien tous les trois que ça n'aurait pas de résultat.

Le week-end qui suivit son dernier jour là-bas, Mutti se montra assez gaie. Il faisait un temps estival, tout le monde était dans le jardin. Woodpigeon, qui avait trouvé une vieille tondeuse dans une remise, s'était mis à tondre la pelouse. Les deux dames tchèques se cachaient le nez sous des triangles de carton, pour se garder des coups de soleil.

Mutti était dans une chaise longue avec une pile de journaux. Elle parcourait en les cochant les propositions d'emploi, ensuite elle rédigeait ses lettres. Chaque fois qu'elle en finissait une, elle la leur tendait en disant : « Vous croyez que ça ira comme ça ? » Vati et Anna regardaient et pendant ce temps elle ajoutait : « Sur celle-ci, je n'ai pas mentionné que je ne connais pas la sténo, je suis sûre que j'y arriverai quand ils m'auront donné le travail », ou encore :

« Je sais qu'ils précisent *secrétaire d'origine anglaise*, mais je me dis que quand ils m'auront vue… »

À la voir assise au soleil, son stylo pointé vers sa feuille, cillant pour protéger ses yeux bleus éblouis, elle semblait si déterminée qu'on l'imaginait fort capable de convaincre n'importe qui.

Reste que le jeudi suivant elle n'avait qu'une proposition. Elle se rendit dans la City pour rencontrer un petit homme qui lui annonça qu'il cherchait quelqu'un de beaucoup plus jeune qu'elle – une toute jeune fille à vrai dire. Après cela Mutti rentra profondément découragée.

Elle réécrivit une série de lettres et attendit. Rien n'arrivait. Comme le temps continuait d'être agréable et chaud, elle s'asseyait dans le jardin, écrivait encore quelques lettres, puis lisait des livres empruntés à la bibliothèque voisine. « Après tout, j'ai bien mérité de prendre quelques semaines de vacances… »

Quand le temps tourna à la pluie, elle fit le tri de sa garde-robe. Elle descendait avec Vati jusqu'à Putney High Street dépenser le shilling qu'ils s'allouaient pour le midi, et ils revenaient manger un petit bout dans sa chambre. Le soir, elle jouait au bridge avec les Poznanski, Woodpigeon, et à l'occasion Miss Thwaites, une nouvelle venue, qui n'était pas une grande bridgeuse, mais qui avait un rare mérite : elle n'était pas à demi anglaise, ni naturalisée anglaise, ni non plus anglaise par mariage – c'était une Anglaise authentique, ce qui faisait d'elle la compagnie la plus guignée de la maison. C'était une vieille fille à la peau sèche, aux cheveux gris taillés au bol, employée à la banque du coin, qui bien sûr prenait comme un dû le respect que lui accordaient les autres hôtes de la maison.

Au bout de quatre semaines d'attente, Mutti s'inquiéta sérieusement. Elle s'aperçut qu'elle n'avait reçu que quatre réponses, pour deux entrevues effectives. Parallèlement, elle voyait bien que ses finances diminuaient plus vite que prévu, comme toujours. Elle se mit à rôder autour du téléphone, ou à attendre dans le salon pour voir arriver le facteur. Quand Anna revenait le soir, elle lui disait d'un air pincé : « toujours rien », avant même qu'Anna ait eu le temps de desserrer les lèvres. La nuit, elle tournait dans son lit, sans pouvoir trouver le sommeil.

– Qu'est-ce qu'on va faire ? s'écria-t-elle un dimanche après le déjeuner.

Vati venait de leur lire dans sa chambre un poème composé la veille. Il l'avait dédié à sa sœur, qui vivait en ce moment dans une ville de Palestine. Dans ce poème, Vati évoquait des souvenirs de leur enfance commune, quand ils vivaient en Silésie. Il exprimait aussi la crainte qu'ils ne puissent jamais se revoir, si ce n'est au paradis, peut-être. Si un paradis existait, à quoi pouvait-il ressembler, se demandait alors

Vati, à quoi si ce n'est à ces bois et à ces prairies dans lesquels ils jouaient tous les deux, enfants. C'était un excellent poème.

Quand Mutti lui demanda ce qu'ils allaient devenir, il posa sur elle un regard plein d'affection et de confiance.

– Tu vas trouver une solution.

Mutti, qui venait d'agripper le journal d'une main crispée, le jeta nerveusement à terre.

– Mais je n'ai pas envie de trouver une solution ! Pourquoi toujours moi ? cria-t-elle. Tu ne peux pas en trouver une de solution, toi, pour changer ?

Son poème toujours à la main, Vati baissa la tête et parut s'absorber dans une profonde méditation. Anna crut un moment qu'il allait en sortir en tenant la clef du problème. Il posa sa main libre sur l'épaule de Mutti.

– Oui, mais tu es tellement meilleure que moi pour ça.

En entendant ces mots, Mutti fondit en larmes.

– Bon, moi chaque semaine je peux apporter cinq shillings sûrs, peut-être même jusqu'à sept shillings, dit Anna.

– Mais ça ne nous suffira jamais !

Finalement, Mutti se moucha, et dit :

– Bon, j'en parle à Louise.

– À Louise ?

Vati grimaça. Puis il vit la tête de Mutti :

» Très bien, alors, va pour Louise.

*

Tante Louise donna volontiers quinze livres à Mutti pour l'aider, et lui permettre de voir venir.

– Ça m'ennuie que ce ne soit pas plus, mais en ce moment je préfère éviter de demander à Sam.

Depuis que sa sœur était revenue en compagnie de ses deux garçons, le professeur ne se sentait pas vraiment tranquille sur ce plan. Il passait ses heures de repas à voir les membres infortunés et nombreux de sa maisonnée engloutir des mets dispendieux.

– Et il s'inquiète, dit tante Louise, de ce que nous allons tous devenir.

Anna tint à contribuer avec cinq shillings par semaine, Max préleva dix livres sur sa solde qu'il leur envoya par la poste. Ils étaient à l'abri pour quelque temps au moins. Mais l'anxiété de Mutti ne s'atténua pas pour autant. Il était difficile d'être en sa compagnie. Quand Anna la voyait assise sur le lit, les mains serrées sur les genoux et les yeux perdus dans le vague, une tension régnait dans la pièce qu'elle ne pouvait pas éluder.

« Tu crois vraiment ? » disait Mutti, quand Anna lui laissait entendre que telle ou telle candidature avait de bonnes chances d'aboutir. L'instant d'après elle se taisait, pour reprendre cinq minutes plus tard : « Tu crois vraiment qu'ils me le donneront ? »

La seule chose qui était capable de la sortir de ses soucis, c'était de jouer au bridge le soir. Quand elle était en train de jouer, sa concentration farouche ne portait plus que sur les cartes. Lorsqu'elle débattait au sujet de Culbertson, de levées de mieux, et de grands chelems ratés, l'anxiété qu'elle éprouvait pour son travail l'abandonnait.

À l'occasion, Anna se laissait entraîner dans l'une ou l'autre de ces parties – Vati, quant à lui, ne savait pas distinguer un trèfle d'un pique – mais c'était uniquement quand il manquait quelqu'un, car les cartes l'ennuyaient tellement qu'elle en gâchait le plaisir des autres. Elle accumulait les erreurs en couvrant le bloc de dessins, et quittait la table soulagée aussitôt que la partie était finie, sans se soucier du décompte des points. Elle était navrée pour Mutti et elle aurait voulu l'aider, mais elle ressentait sa tension à force de partager sa chambre. Dès qu'une occasion se présentait de passer la soirée dehors, elle sortait avec soulagement, même si elle se sentait coupable.

Un matin, au moment précis où Anna franchissait la porte pour se rendre au travail, Mutti lui lança :

– Miss Thwaites voudrait jouer ce soir. Woodpigeon est libre également, il nous faudrait un quatrième.

– Je ne peux pas. J'ai dessin ce soir.

Mutti n'avait pas bien dormi, et encore une fois il n'y avait pas de lettre au courrier du matin.

– Allez, dit-elle, qu'est-ce que ça peut faire de manquer ton cours pour une fois ?

– Mais je n'ai pas envie de le manquer. Les Poznanski ne peuvent pas jouer ?

Mutti dit que non ; Anna sentit la tension monter entre elles. C'était comme l'eau d'une bouilloire quand elle vient à ébullition.

– Désolée, maman, je ne tiens pas à manquer le dessin ce soir. Tu vas trouver un quatrième.

Non sans éprouver une pointe d'anxiété, elle se faufila hors de la chambre, mais trop tard, c'était l'explosion.

– Je ne te demande tout de même pas la lune ! Pour une fois, tu pourrais faire ce petit sacrifice pour moi. Ton cours ne ferait pas le poids longtemps, si c'était un de tes petits amis qui te demandait de sortir ce soir.

– Ce n'est pas vrai ! cria Anna.

Elle avait toujours refusé de sortir les soirs de dessin. Mais Mutti était bien lancée.

– C'est mon seul plaisir, tu comprends. La seule chose qui me sorte un peu de tout le mauvais sang que je me fais. Si seulement je n'étais pas la seule à me soucier dans cette famille de la façon dont on va vivre. Mais non. Toi, tu t'en vas le matin pour ton tranquille petit boulot, et Vati écrit ses poèmes. Et pendant ce temps, c'est moi qui trinque !

– Maman... lança Anna, mais Mutti coupa court.

– Non, non ! Dis-moi ! Qui est-ce qui est allée demander de l'argent à Louise ? C'est toi ? C'est Vati ? Ou c'est moi ? C'est à moi qu'on laisse ces choses-là. Tu t'imagines que ça m'amuse ? Et qui est-ce qui s'est débrouillée pour que tu apprennes le secrétariat ? Et qui est-ce qui a trouvé le moyen de payer tes frais d'inscription ? Et qui est-ce qui a sorti Max de ce fichu camp d'internement ? C'était Vati, peut-être ? C'était toi ? Si tu penses à cela, ma fille, tu ne crois pas que tu peux sacrifier une petite soirée pour ta mère – ne serait-ce qu'une petite soirée – pour lui rendre la vie plus facile ?

Anna regarda le visage rouge de désespoir de Mutti. Soudain paniquée, sans comprendre, elle eut l'étrange impression qu'elle allait se faire aspirer. Blême, elle fit un pas en arrière.

– Pardonne-moi, maman ! Il faut que j'aille à mon cours.

Mutti lui jeta un regard lourd.

– Après tout, s'écria Anna, ce n'est jamais qu'une partie de bridge !

– Et toi, hurla Mutti, tu vas faire un chef-d'œuvre !

Anna gagna vivement la porte.

– S'il m'arrivait d'en faire un, s'entendit-elle hurler en retour, tu ne t'en rendrais même pas compte !

Puis elle s'échappa, toute tremblante, le long du couloir, et dehors.

*

Elle se fit un sang d'encre toute la journée pour cela. Au travail, elle songea à lui téléphoner, mais il semblait y avoir toujours quelqu'un pas loin du téléphone. De toute façon elle n'aurait pas su quoi lui dire. À six heures, elle hésitait entre rentrer directement, ou aller à son cours. Elle choisit de s'en remettre au hasard. Si un tramway passait devant elle avant qu'elle soit à Victoria, elle retournerait à la maison – sinon elle rejoindrait son cours. Le tramway arriva presque immédiatement, elle l'ignora, prit l'autobus et parvint à l'École des Beaux-Arts juste à l'heure.

Après tout, qu'est-ce qui m'en empêche ? Ces derniers temps, elle n'avait pas exagéré sur les sorties. Deux des garçons qui l'invitaient avaient été mutés loin de Londres, elle n'avait presque pas de loisirs. J'ai bien fait, se répétait-elle, mais ça ne l'aidait pas vraiment. Elle ne réussit pas du tout à se concentrer sur son dessin. Pour finir, elle en fit une boule et le jeta à la corbeille. Après le cours, elle gagna le métro sans même passer par le café. Si je rentre vite, j'aurai peut-être le temps de faire une partie ou deux…

Dans le métro, elle revoyait Mutti en larmes sur le lit après la perte de son travail. Comment ai-je pu ? Plus elle y pensait, plus elle se sentait coupable, et plus la pitié la gagnait. En sortant du métro, alors qu'elle se hâtait, elle se rappela Mutti à Paris, Mutti l'aidant à acheter sa première paire de pantalons, Mutti l'emmenant au cinéma le jour de son anniversaire.

– Maman ! Maman ! s'écria-t-elle, en se précipitant dans le salon.

Mutti était assise à la table de bridge, avec Miss Thwaites et Woodpigeon. Le quatrième joueur : Mrs Poznanski.

– Tu rentres en avance, dit Mutti.

– Mrs Poznanski n'a pas eu à partir, expliqua Miss Thwaites.

– Mais, maman... protesta Anna.

Elle sentit la rage l'envahir, tourna les talons et sortit.

*

– Je ne pouvais pas faire autrement, dit-elle par la suite à Vati. J'ai un droit sur ma propre vie. Je ne peux pas tout laisser tomber à cause d'une simple partie de bridge pour laquelle Mutti a besoin de moi.

– Non, bien sûr que non, dit Vati.

Il semblait las. Anna se dit qu'il n'avait certainement pas eu une journée facile lui non plus.

– Mutti passe par de durs moments. Je regrette

qu'on vive comme cela. Je regrette, je ne peux pas faire mieux.

Il y avait une pile de feuilles pleines de son écriture serrée, posée près de lui sur son bureau.

– Qu'est-ce que tu es en train d'écrire ?

– C'est sur nous – un genre de journal. Il y a longtemps que j'y travaille. (Il secoua la tête aussitôt qu'il perçut l'expression d'Anna.) Non, je ne pense pas que des gens l'achèteraient.

Il lui restait un peu de pain de leur déjeuner, et comme Anna ne tenait pas à affronter son dîner froid, il lui prépara quelques toasts. Il accrocha sa tranche de pain à l'extrémité d'un trombone, puis Anna le vit la suspendre au-dessus des flammes du réchaud à gaz au moyen d'une petite branche ramassée dans le jardin.

– C'est tellement difficile de partager une chambre !

Le front de Vati se rida.

– J'aimerais pouvoir...

– Non, dit Anna. Je sais que tu as besoin d'écrire.

En bas, une porte claqua. Des voix, des pas dans l'escalier. La partie devait être finie. Vati dit rapidement :

– Sois gentille avec elle. Sois très, très gentille avec elle. C'est ta mère, et c'est vrai ce qu'elle dit – la vie n'est pas facile pour elle.

– Je suis gentille, dit Anna. Je l'ai toujours été.

Elle se leva. Il dit encore :

» Essaie d'oublier complètement ce qui s'est passé aujourd'hui.

Mais elle ne pouvait pas oublier complètement, et elle savait bien que Mutti ne le pouvait pas, elle non plus. Il y avait entre elles une défiance qui n'existait pas avant cela. Une part d'elle-même s'en attristait. Une autre part, dont elle n'avait jamais soupçonné l'existence, une part secrète et inflexible, accueillait cette prise de distance. Elle lui permettait de préserver un peu de son intimité. Tout cela pour un cours de dessin ! Comme la vie devenait compliquée quand il y avait quelque chose à quoi l'on tenait réellement !

La semaine suivante, au café, elle demanda à John Cotmore :

– Est-ce que l'art, quand on le prend réellement au sérieux, nuit aux relations personnelles ?

Elle n'avait jamais employé tant de grands mots en une seule phrase. Elle se contracta un peu en voyant la tête qu'il faisait.

– Bon, fit-il au bout d'un moment. À mon sens, oui effectivement, ça ne facilite pas les choses.

Elle hocha la tête et rougit, très embarrassée tout à coup. Elle venait de se rappeler qu'on lui avait confié un jour que les choses n'allaient plus du tout entre John Cotmore et sa femme.

17

Dans le courant de l'automne, la National Gallery présenta une exposition des impressionnistes français. C'était un grand événement, parce que toutes les toiles de valeur restaient cachées dans des réserves depuis le commencement de la guerre. Mais il y avait peu de raids sur Londres depuis déjà un certain temps, la Luftwaffe[1] était sans doute trop occupée sur le front russe. Et donc, on jugea que cela valait la peine de les présenter à nouveau au public.

Anna ne les avait jamais vues. Il y avait à leur sujet un livre à la bibliothèque, mais les reproductions n'étant qu'en noir et blanc, on ne pouvait pas vraiment se faire une idée. Le premier dimanche qui suivit l'ouverture de l'exposition, Anna se mit donc en chemin dans l'intention d'aller la voir.

C'était un jour brillant et froid, et elle se sentait heureuse d'abord parce que c'était le week-end,

---

1. La Luftwaffe était le nom de l'armée de l'air allemande, de 1935 à 1945.

ensuite parce qu'elle avait fait deux bons dessins dans la semaine, et surtout parce que Mutti avait retrouvé du travail – peut-être pas un très bon travail, mais après toutes les tensions éprouvées ces derniers mois, c'était un soulagement pour elle, et c'était toujours mieux que rien.

Elle traversa Trafalgar Square, les lions de pierre projetaient leurs ombres sur les dalles de la place, et une foule de gens plus dense qu'à l'ordinaire prenait le frais autour de la colonne Nelson. Les fontaines ne coulaient plus depuis le début de la guerre, mais Anna, en les contournant, assista devant ses pieds à un bruyant envol de pigeons : un éclaboussement d'ailes, devenues noires sur le ciel brillant. Elle sentit une joie monter en elle, tandis qu'elle les suivait des yeux. Il va se produire quelque chose de merveilleux, pressentit-elle, mais quoi ? Impossible de le dire.

Il y avait foule dans le musée, Anna dut jouer un peu des coudes pour parvenir en haut des marches, à l'entrée d'une des grandes salles. Cette dernière était noire de monde aussi. Au début Anna ne put qu'entrapercevoir les toiles parmi les têtes qui se penchaient. Elle sentit tout de suite qu'elle aimait ces peintures. Elles lui faisaient penser à la place qu'elle traversait l'instant d'avant : soudain éclatante de lumière et comme chargée d'une promesse de bonheur.

Elles étaient accrochées sans ordre défini ; à mesure qu'Anna progressait et passait d'une salle à l'autre, leur nombre lui semblait effarant. Elle ne savait par où commencer tant tout était nouveau pour elle. Elle contempla les paysages, les portraits, les scènes d'intérieur, au gré des mouvements du public. Quand elle eut fait le tour des salles, elle revint à son point de départ et amorça un deuxième tour. Cette fois-là, certaines peintures prirent un vrai relief à ses yeux : une masse de lys verts sur une mare verte aussi, une femme debout dans un jardin, une danseuse renouant sa ballerine dessinée avec brio.

Quand elle fit le tour une troisième fois, elle s'intéressa à d'autres toiles. Les lys qui l'éblouissaient tant ne lui semblaient plus si remarquables. Cette fois, ce qui la fascinait, c'était un groupe de baigneurs, entièrement peint par petites touches de teintes brillantes en pointillés. Elle regardait et regardait. Pour finir, les yeux fatigués, elle se fraya courageusement un chemin jusqu'à une petite pièce à proximité de l'entrée pour y acheter des cartes postales qu'elle pourrait regarder chez elle. Mais le musée allait fermer et il n'en restait plus à vendre. Cela faisait bien trois heures qu'elle admirait ces toiles, constata-t-elle tout étonnée.

En arrivant sur le perron qui surplombait Trafalgar Square, le soleil rougeoyant attira son regard et elle s'arrêta quelques instants pour le contempler. Tout à coup, l'envie lui manquait de prendre le bus et le métro pour se retrouver à Putney assise à table pour le dîner. Elle restait là à regarder la pénombre gagner la place. Elle se sentait flotter un peu.

– Salut, fit une voix derrière elle.

John Cotmore était là dans son vieux duffle-coat.

– Alors, dit-il en la rejoignant à côté de la rampe du perron. Que penses-tu des impressionnistes ?

– J'ai adoré.

Il lui sourit.

– Première fois ?

Elle hocha la tête.

» Je les ai vus pour la première fois il y a vingt ans à Paris. J'étais un jeune garçon passionné à l'époque !

Elle ne savait que lui répondre.

– J'ai vécu à Paris dans le temps… J'allais même à l'école là-bas.

– Quel genre d'école, demanda-t-il, pour les jeunes filles de bonne famille ?

– Non, l'école communale, dit-elle en riant.

Le musée venait de fermer, le flux des derniers visiteurs se déversant vers la sortie les entoura sur le perron.

– Je suis une réfugiée allemande, dit-elle, et instantanément elle se demanda pourquoi diable elle était en train de lui dire cela…

Mais il paraissait attentif, et pas excessivement surpris. Elle reprit et parla de Max, et de Mutti, et de Vati, de la vie qu'ils avaient vécue tous les quatre depuis Berlin.

– D'habitude je n'en parle pas !

– Et pourquoi non ?

– Eh bien... Les gens trouvent cela un peu bizarre.

Il eut l'air de se rembrunir.

– Moi je ne trouve pas cela bizarre du tout.

Ce ne l'était peut-être pas au fond, se dit-elle tandis que la pénombre gagnait l'endroit progressivement et que les derniers visiteurs se perdaient à travers la place. Il faisait froid, mais il n'avait pas l'air pressé de rentrer chez lui.

– Tu ne vas pas vivre constamment en te faisant passer pour quelqu'un que tu n'es pas vraiment. Le lieu d'où tu proviens fait partie de toi, comme ton talent pour le dessin.

Elle sourit, en ne relevant que le mot « talent » dans sa phrase.

– Alors, fini de faire semblant ! (Il lui prit le bras.) Allez viens, je t'accompagne jusqu'au métro.

Ils suivirent les étroits trottoirs et en atteignant l'Embankment[1], elle fut de nouveau envahie par cette bouffée de joie qui l'avait saisie l'après-midi. Mais cette fois, au lieu d'être informe, l'impression

1. *Embankment* : un des quais le long de la Tamise.

semblait englober les toiles regardées au musée, le fait de marcher dans le soir en compagnie de John Cotmore, ainsi qu'un mystérieux, un immense sentiment d'attente. Si grand qu'elle sourit pour elle-même.

– Qu'est-ce qu'il y a de si drôle ? fit-il l'air dérouté.

Il venait de dire diverses choses, mais qu'en avait-elle entendu ? Des choses sur le fait de vivre seul, de préparer ses repas soi-même. Sa femme ne vivait donc plus chez lui ?

– Pardon, dit-elle, il n'y a rien de drôle, c'est seulement... (Elle hésita tant ça semblait idiot de dire cela...) C'est seulement que je me suis sentie tellement heureuse toute la journée !

– Ah, je comprends ! Il hocha la tête. Oui, je comprends bien, à ton âge... Combien, au fait ?

– Dix-huit, dit-elle.

– Dix-huit ?

Anna fut déroutée.

– Tu fais beaucoup plus jeune en fait.

Ils étaient arrivés à la station de métro. Ils se tinrent là un petit moment avant qu'elle n'achète un billet. Comme elle entrait dans l'ascenseur, il lui cria :

– On se voit mardi !

– On se voit mardi ! répondit-elle, et ce fut la même joie, le même sentiment de bonheur jusqu'à la maison de Putney.

Le temps froid et ensoleillé se prolongea. Elle avait

une conscience presque douloureuse de tous les sons, toutes les formes, toutes les couleurs qui l'entouraient. L'envie la prenait de dessiner tout ce qui lui tombait sous les yeux. Elle dessinait dans le métro, et pendant l'heure du déjeuner, et quand elle rentrait le soir. Elle remplissait carnet sur carnet de croquis de gens qu'elle voyait dans le métro s'agripper d'une main aux lanières, s'asseoir, ou manger, ou parler. Et quand elle ne dessinait rien, c'était parce qu'elle en était à penser au dessin suivant.

Elle aimait tout. Il lui semblait s'éveiller après des années. Le matin, prenant l'autobus qui descendait de Putney Hill, elle se tenait sur la plate-forme pour ne rien manquer du spectacle quand elle traversait la rivière aux premières lueurs du jour. John Cotmore lui avait prêté un livre sur les impressionnistes. Elle passait des heures entières à regarder les illustrations. Certaines d'entre elles la ravissaient, elle avait presque l'impression de les toucher avec les yeux. Quand il y avait de la musique à la radio dans le salon, elle la supportait avec peine tant elle sentait que c'était beau. Au travail, quand elle regardait les vêtements des soldats morts, la tristesse qu'elle ressentait lui était presque insupportable, mais en même temps, curieusement, il y avait dans cette tristesse quelque chose de presque agréable. Elle se fit préposée à la défense passive. Chaque fois qu'on annonçait un raid, elle faisait des rondes dans la nuit pour repérer les incendies. De cette manière, postée dans le noir, elle admirait les formes vagues des paysages de la banlieue à la lumière des étoiles.

Une nuit, elle était de service avec Mr Cuddeford, le chef de sa brigade. Il y avait eu quelques bombes, mais aucune à proximité, quelques rafales de DCA tirées par les batteries de Putney Heath, mais aucune bombe incendiaire, celles qu'Anna et Mr Cuddeford étaient chargés de surveiller. Il faisait extrêmement froid et le signal de fin d'alerte leur paraissait bien long à venir. Mr Cuddeford commença à lui raconter ses souvenirs de la Première Guerre mondiale.

La vie dans les tranchées était très difficile, Mr Cuddeford avait surtout eu des problèmes avec ses jambes. Certains avaient été blessés, d'autres avaient eu les pieds gelés ; lui, ç'avait été les varices. Pour le cas où Anna n'eût pas su ce que c'était, il en fit la description, expliqua le mal que ça faisait et ce que le docteur avait dit.

Les varices de Mr Cuddeford eurent un vif effet sur Anna. Ces dernières semaines, sa sensibilité était exacerbée. À mesure qu'il lui en parlait, elle sentait monter un malaise. Elle avait beau se raisonner, elle ne pouvait plus s'y soustraire. Quand Mr Cuddeford lui dit : « Alors le docteur a pensé qu'il valait mieux me les enlever », elle fut prise de nausée. Elle marmonna : « Excusez-moi, je ne me sens pas bien », quand soudain elle eut l'impression que le ciel venait de basculer et que le sol se dérobait. Elle se retrouva étendue sur un coussin de feuilles humides. Mr Cuddeford, penché sur elle, donnait de violents coups de sifflet.

– Ça va, dit-elle, mais il voulut qu'elle reste étendue sans bouger.

Presque immédiatement les chaussures d'un autre veilleur apparurent.

– Dans les pommes, dit Mr Cuddeford, qui semblait assez fier de lui. Ça m'a tout l'air d'être un coup de froid.

– Ce n'est pas cela... protesta Anna, mais ils la soulevaient déjà et l'installaient sur une civière.

« Ho hisse ! » lança Mr Cuddeford, et la civière se mit à naviguer dans le noir. Elle vit les arbres et les nuages faire des embardées au-dessus d'elle, avec grand plaisir au début, mais en approchant de la maison, elle réalisa l'effet qu'elle ferait en arrivant comme cela.

– Franchement je peux marcher maintenant.

C'était sans compter sur le fait que ses sauveteurs ne se servaient plus de leur civière depuis des mois. Plus moyen de les arrêter ! Ils la firent entrer dans le jardin, et Mutti qui à ce moment-là devait regarder par la fenêtre descendit en trombe en hurlant si fort que des portes s'ouvrirent, et que Woodpigeon apparut, suivi par les dames tchèques et le couple Poznanski.

– Où est-elle blessurée ? demanda Woodpigeon.

– Oui, où, où ? demanda Mutti.

Mr Poznanski, qui portait un surprenant filet à cheveux, cria du haut de l'escalier :

– Je vais appeler chez un docteur.

– Non, inutile ! cria Anna, et Mr Cuddeford la laissant enfin descendre de la civière, elle put prouver qu'elle allait bien.

– Ce n'étaient que les varices de Mr Cuddeford, dit-elle quand il fut reparti, et elle trouva cela absurde.

Une fois revenue de sa frayeur, Mutti trouva cet incident plutôt drôle en définitive, mais elle fit remarquer à Anna :

– Tu ne t'es jamais sentie mal aussi facilement jusqu'ici.

Effectivement, pensa Anna, en s'étonnant du changement qui était survenu en elle.

*

Tout dans sa vie tournait autour des cours du soir. Elle y allait trois fois par semaine, et John Cotmore ne l'aidait pas pour ses seuls dessins d'atelier, il s'intéressait également à ses croquis faits au dehors.

– C'est très bon ça, dit-il une fois, au vu d'une série d'ouvriers dégageant un site bombardé...

Elle se sentit pousser des ailes.

C'était à la fois excitant et inquiétant d'avoir un univers à elle, à propos duquel Mutti et Vati ne savaient que très peu de choses. Ils n'avaient jamais éprouvé la moindre envie de dessiner. Une fois, rien qu'en écoutant John Cotmore parler au café, Anna entrevit tout à coup ce que signifiait la peinture abstraite. Personne n'avait jamais pris cela très au sérieux dans la famille, si bien que lorsqu'elle exulta à l'idée d'avoir compris, elle éprouva en même temps un petit serrement au cœur qui ressemblait à du regret.

Comme je m'éloigne d'eux, pensait-elle. Mutti devait le sentir aussi, parce qu'elle admirait sans doute les dessins que faisait Anna, mais elle se montrait de plus en plus irritée par les cours du soir.

– Tes éternels cours de dessin. Tu n'y vas pas *encore ce soir* !

Et elle demandait à Anna de lui parler un peu des gens qu'elle côtoyait à l'atelier, et de ce qu'ils pouvaient bien trouver à se raconter pendant tout ce temps.

Anna essayait bien d'expliquer quelquefois. Alors Mutti prêtait l'oreille. Elle prenait son air concentré et ses yeux bleus cillaient un peu.

– Ah oui, je comprends, c'est tout simple, disait-elle au bout d'un moment, et elle réexpliquait le tout pour prouver qu'elle avait compris.

Mais Anna avait chaque fois l'impression que certains ingrédients lui avaient échappé en route, que ce n'était pas tout à fait cela, que ses idées s'étaient restreintes et lui revenaient moins complexes, aussi moins consistantes qu'avant.

Parler peinture avec Vati était bien plus satisfaisant. Au départ, il y avait sans doute une barrière due à la langue. Elle n'avait pas les mots allemands pour lui exprimer ce qu'elle voulait, et Vati pas les mots anglais. Il fallait user des deux langues, en saupoudrant d'un peu de français, pour que le sens qu'elle recherchait commence à transparaître un peu par une sorte de télépathie. Alors Vati comprenait parfaitement ce qu'elle voulait dire.

– C'est très intéressant pour moi de te voir penser une chose pareille, disait-il, puis il évoquait certains aspects de l'écriture comparables de son point de vue, ou bien il lui demandait ce qu'elle pensait d'un peintre qu'elle avait omis de mentionner.

Ils étaient curieux tous les deux de John Cotmore et des élèves. Vati avait tendance à dire :

– De quelle sorte de gens s'agit-il ?

Mutti avait tendance à dire :

– De quel genre de familles viennent-ils ?

– De toutes sortes de familles, je pense. Il y en a qui ont des accents cockney[1]. Harry est noble, je crois. Je les aime parce qu'ils dessinent tous.

---

1. *Cockney :* dialecte des habitants de l'East End, la partie la plus pauvre de Londres.

– Et ce John Cotmore, dit Mutti. Quel âge tu lui donnes à peu près ?

(Pourquoi donc avait-il fallu qu'elle ait dit cela : *ce* John Cotmore ?)

– Je ne sais pas. Assez vieux – dans les quarante ans, peut-être.

Et elle ajouta, hypocrite :

» C'est dommage, j'aimerais bien vous les présenter tous.

Il y avait peu de chances, en effet, pour que cela se produise.

Pourtant, lorsque Max vint en permission, il manifesta le désir de passer la voir au café après son cours. C'est Mutti qui le lui a soufflé à tous les coups, pensa Anna, mais ça ne la dérangea pas, parce qu'elle désirait qu'il vienne.

Au début, ce ne fut pas commode. Max se tenait là, attablé au milieu des tasses à café ébréchées, avec son grand sourire et son bel uniforme. On se serait presque cru en face d'une réclame pour la RAF. Le jeune homme pâle et Harry parlaient du cubisme, tandis que les filles regardaient Max avec des airs admiratifs qu'Anna trouvait un peu bêtes. Et puis Barbara arriva. Il y avait assez peu de temps qu'elle s'était jointe à leur groupe – une grande blonde d'un peu moins de trente ans au visage joli et serein. Elle s'assit à côté de Max et posa sur la

RAF tant de questions intelligentes qu'il en fut tout à fait ravi. Puis elle dit :

– Vous n'ignorez pas que nous fondons de très grands espoirs sur l'avenir artistique d'Anna ?

C'était exagéré sans doute, mais Anna en rougit de plaisir.

– N'est-ce pas, John ? dit Barbara, en précisant encore pour Max : John trouve qu'elle a beaucoup de talent.

John Cotmore en convint. Assise entre son professeur et son frère, Anna était heureuse mais se sentait toute bête aussi, exactement, se rappelait-elle, comme quand Mutti était venue parler à son institutrice à la fin de son premier trimestre à l'école primaire à Paris.

Max devait éprouver un malaise analogue. Il prenait des airs de grand frère tandis que John Cotmore et lui échangeaient d'un ton responsable des mots tels que « cours à plein temps » ou « bourse du London Council ». En fait, il ne redevint lui-même que quand le jeune homme au teint pâle lui demanda quel genre de risques il courait dans son avion, tandis que Barbara lui présentait des frites.

– J'aime tes amis, dit-il plus tard. Et surtout cette fille, Barbara. John Cotmore semble dire que tu sais dessiner.

Ils se tenaient sur l'escalator qui descendait dans

le métro et Anna se sentait radieuse en repensant à la soirée.

– Est-ce qu'ils connaissent tous ton passé ?

Harry avait effectivement fait une allusion à l'Allemagne.

– Oui. En fait, je l'ai dit d'abord à John Cotmore, s'empressa-t-elle de lui confier. Il pense que ce serait une erreur de vouloir se montrer aux autres différent de ce qu'on est vraiment. Il dit que les gens qui comptent m'accepteront de toute façon.

– Ça a l'air d'être quelqu'un, ce type-là !

– Oh oui, t'as vu, hein ! dit Anna.

Max sourit.

– Si je comprends bien, tu veux que je rassure Mutti sur lui. Ne t'inquiète pas, je lui dirai tout ce qu'elle a envie d'entendre.

À la sortie de l'escalator, ils descendirent les quelques marches qui restaient pour gagner le quai. Anna le saisit par le bras.

– Tu l'as réellement bien aimé ?

– Oui, dit Max. Oui, absolument. Il est divorcé, non ? Ou quelque chose comme ça…

18

Il y eut de nouveaux raids aériens au printemps. On les appelait les *scalded cats*, ce qui veut dire « chats échaudés ». Les avions arrivaient très bas, lâchaient toutes leurs bombes en une fois, et s'enfuyaient à toute allure. Ce n'étaient pas des raids trop destructeurs, mais ça agaçait à la longue. Anna devait sortir faire ses rondes chaque fois qu'il y avait une alerte. Après les engelures de l'hiver, c'était une torture d'introduire dans ses souliers des pieds encore enflés par la chaleur du lit.

Mais ce fut au cours d'une de ces veilles que Mr Cuddeford lui dit : « J'ai appris que vous étiez artiste. »

Anna en convint volontiers, ce qui ravit Mr Cuddeford, qui enchaîna en lui disant que sa tante venait de mourir. Le lien, à première vue, n'avait rien d'évident, mais Anna finit par comprendre : la tante aussi était artiste – une artiste très douée d'ailleurs, ajouta Mr Cuddeford – elle laissait tout son matériel, lequel ne servait à personne.

– Venez voir. Si des choses vous tentent, c'est bon à prendre, conclut-il.

Anna profita du week-end pour aller voir le matériel. L'ensemble, à quelques objets près, datait de l'époque victorienne. Il y avait deux chevalets, plusieurs palettes et un fatras de toiles peintes à lourds châssis. Anna se sentit quasiment prise de vertige en les voyant. Depuis quelque temps, John Cotmore l'incitait à essayer l'huile. Voilà qu'elle avait sous les yeux presque tout ce qu'il lui fallait pour s'y mettre.

– Je crois que tout peut me servir, dit-elle. Si ça ne risque pas de vous manquer.

Mr Cuddeford fut trop content de pouvoir s'en débarrasser. Il lui prêta même sa brouette.

Le problème se posa alors de trouver l'endroit où les mettre. Dans la chambre occupée par Mutti et Anna ? Il ne fallait pas y songer.

– Peut-être que je pourrais tout ranger dans le garage.

Le garage était en effet un lieu séparé dans le jardin. On l'utilisait comme remise pour la vieille tondeuse à gazon et pour un tas d'objets divers.

– Mais tu ne vas pas transbahuter ce chevalet qui pèse des tonnes chaque fois que tu auras envie de peindre, dit Mutti. Tu l'installerais où ? Tu te vois peindre à l'huile dans le salon ?

Frau Gruber eut une idée. Il y avait au-dessus du garage une petite chambre qui avait dû être habitée par le chauffeur à l'époque du maharadjah. C'était très poussiéreux, et pas chauffé, mais vide. Il y avait même un lavabo avec l'eau courante dans un coin. « On ne l'utilise jamais, dit-elle. Ça pourrait te servir d'atelier. »

Anna était aux anges. Elle transporta son matériel à l'intérieur de la petite chambre, nettoya mais sans trop forcer, la poussière ne la gênant pas, puis elle examina la pièce. Tout ce qu'il lui fallait désormais, c'était un chauffage qui fonctionne, quelques tubes et quelques pinceaux. Le problème du chauffage fut tout de suite résolu par l'achat d'un poêle d'occasion. Mais après une pareille dépense, il ne lui restait plus un sou. Depuis un certain temps, il devenait difficile de faire la moindre économie, tous les prix avaient augmenté, mais le salaire ne suivait pas. Une visite de Max vint à point.

– Est-ce que tu peux me prêter huit shillings et neuf pence ?

Aussitôt que Max sut pourquoi, il prit dix shillings dans sa poche.

– Un cadeau, dit-il, pas un prêt.

Et comme Anna le remerciait, il ajouta dans un soupir :

» J'avais toujours rêvé de devenir mécène.

Attendant l'arrivée du train qui devait le ramener à la base, ils étaient assis au buffet de la gare de Paddington. Ces temps-ci, Max faisait beaucoup de petits déplacements à Londres, mais il ne restait à Putney que de courts moments d'ordinaire et son esprit semblait ailleurs. Elle le regardait émietter une espèce de brioche rassie, enrobée d'une fine couche jaune, qualifiée de pain au lait.

– Tu vas bien ? lui demanda-t-elle. Pourquoi obtiens-tu constamment des permissions pour venir à Londres ? Tu ne nous prépares pas quelque chose ?

– Non, non, se hâta-t-il de dire. Je viens à Londres pour vous voir, et puis aussi, tu sais ce que c'est : Sally, Peggy, Clarissa, Irma...

Max avait à n'en pas douter une nuée de petites amies à Londres, mais pour Anna ce n'était pas cela.

– Bon, écoute, dit-il finalement, mais ne parle de cela à personne. J'essaie d'être muté en opés.

– Tu veux dire en opérations ?

– Jusqu'à présent, j'ai eu au moins une demi-douzaine d'entretiens mais ça n'a abouti à rien, il n'y a donc pas lieu d'en parler.

– Ce serait prendre un risque terrible.

– Pas plus grand qu'en ce moment, en fait.

– Mais enfin, Max !

Ça semblait fou...

– Tu sais, je suis instructeur depuis pas mal de temps. Ça m'ennuie, et quand ça m'ennuie, je ne fais plus assez attention. L'autre nuit...

– Eh bien, l'autre nuit ?

– L'autre nuit, j'ai failli me tuer. Et pas seul, avec

mon élève. (Il regarda son petit pain au lait et le reposa sur l'assiette avec une grimace de dégoût.) Tout cela pour une erreur stupide – une question de navigation. Je croyais approcher de Manchester… Tu parles, pour un peu, je m'écrasais sur une montagne du pays de Galles.

– Qu'est-ce que tu as fait ?

Il grimaça.

– Viré à gauche. À toute vitesse. Non, ne t'inquiète pas, ajouta-t-il en voyant le regard d'Anna, depuis, je suis devenu prudent. Et ne parle pas de cela à Mutti.

*

Anna acheta les pinceaux et les tubes le lendemain midi. Le soir, à l'École des Beaux-Arts, elle demanda à John Cotmore quelques petits conseils de base. Il lui dit comment il fallait placer les différentes couleurs sur le pourtour de la palette, comment les diluer au besoin, comment nettoyer les pinceaux. Quand vint le week-end, elle se sentait parée pour commencer à peindre.

Supposant que sa première peinture ne serait peut-être pas excellente (le contraire n'étant pas exclu), elle s'était dit qu'elle n'allait pas utiliser sa seule toile vierge. John Cotmore lui avait appris qu'il était possible de peindre sur une toile ayant servi, elle en choisit une assez petite. Sans doute un des derniers efforts de la tante de Mr Cuddeford, car la toile était inachevée. On y voyait une tête de cerf pointer deux yeux inquiets et mornes à travers un trou de verdure. La tante de Mr Cuddeford devait avoir eu d'autres intentions, on devinait plusieurs autres cerfs en train de bondir à l'arrière-plan, mais elle s'était découragée, ou le grand âge l'avait saisie, car leurs formes n'étaient qu'esquissées.

Anna prit un bâton de fusain, ignora le regard de reproche que lui jetait le cervidé, et mit en place les principaux éléments de sa composition. Son projet consistait à peindre un groupe de personnes en attente dans un abri antiaérien. Depuis le récent retour des raids, beaucoup de gens regagnaient le métro avec balluchon et couchage. Elle voulait les peindre et aussi montrer ce qu'ils éprouvaient. Quelque chose d'émouvant et sombre. Elle esquissa rapidement les silhouettes de trois femmes, deux d'entre elles assises sur un banc, l'autre étendue sur une couche, le groupe couvrant la toile entière. Puis elle plaça quelques couleurs sur le pourtour de sa palette et s'arrêta pour réfléchir.

Avec quel produit devait-elle diluer les couleurs, au fait ? Térébenthine ou huile de lin ? Elle était pratiquement certaine qu'il avait dit « térébenthine », mais il lui sembla tout à coup que ce serait bon de lui parler avant de s'y mettre vraiment.

Elle fila jusqu'à la cabine, chercha Cotmore dans l'annuaire, composa, et fut à deux doigts de suffoquer en attendant...

– Allô ? fit-il.

Il semblait être plongé dans un demi-sommeil.

– C'est Anna, dit-elle.

Il parut retrouver vivement ses esprits.

– Ah ! Comment vas-tu ? Je peux t'être utile ?

– J'allais juste me mettre à peindre... Le souffle risquant de lui manquer, elle se contenta d'ajouter aussi brièvement que possible : « Pour diluer, qu'est-ce que je dois prendre, térébenthine ou huile de lin ? »

– Térébenthine. À l'huile de lin ça rendrait ta pâte trop collante.

Il y eut un instant de silence...

» C'est tout ce que tu voulais savoir ?

– Oui, dit-elle – et elle ajouta pour faire durer un peu le plaisir :

» Je me disais bien térébenthine, mais je n'étais pas tout à fait sûre.

– Si. Térébenthine. Garanti !

Il y eut un autre instant de silence au bout duquel il ajouta :

» Bon, eh bien ça me fait grand plaisir d'entendre ta voix au téléphone.

– Moi aussi, répondit-elle avec une audace infinie.

– Ah ! Vraiment ? (Il rit rapidement.) Eh bien, bonne chance pour ta peinture !

Elle ne trouva rien d'autre à dire, elle ne pu que raccrocher…

Alors, elle revint sur ses pas et retraversa le jardin. Il lui fallut beaucoup de temps avant de trouver assez de calme pour pouvoir se mettre au travail.

*

Elle passa tout l'après-midi à tenter de recouvrir le cerf. Tant que ses gros yeux ressortaient au beau milieu de la toile, elle ne voyait pas ce qu'elle faisait. Dans sa hâte de le faire disparaître, elle couvrit les principales masses de son sujet du mieux qu'elle put. Toute la matinée du lendemain, elle s'appliqua sur ces mêmes masses afin de les améliorer. Dans la soirée, elle commença à concevoir de sérieux doutes. Tout était couvert de couleur, à l'exception de la couche qu'elle trouvait ennuyeuse à faire, mais ça ne donnait pas ce qu'elle voulait. Bon, je la laisse pour le moment. Je verrai bien le week-end prochain en revenant avec des yeux neufs.

– Alors, cette toile, qu'est-ce qu'elle devient ? lui demanda John Cotmore dans le courant de la semaine.

C'était bien la toute première fois qu'il la cherchait hors de l'École et qu'il lui parlait seul à seule.

– Je ne sais pas très bien, dit Anna.

Le samedi suivant, elle alla revoir sa toile, et éprouva

une surprise désagréable. Comme l'huile avait séché, les couleurs semblaient ternes, et le motif paraissait plat. Qui plus est, le regard du cerf réaffleurait au beau milieu à cause d'une réaction chimique, tel un reflet surimprimé sur le visage d'une des trois femmes.

Bon, je sais au moins ce qui ne va pas. Il n'y a pas de lumière dans ce tableau. Elle recouvrit les yeux du cerf d'une bonne couche pour qu'ils disparaissent et passa le reste du week-end à modifier ses couleurs et à rajouter de la lumière par petites touches disséminées. Peu à peu, elle se rendit compte que ce n'était pas chose facile, parce qu'elle ne savait pas très bien où la lumière portait vraiment. Pour finir, la peinture prit un tout autre aspect, mais pas forcément préférable : toutes ses taches de lumière faisaient surajoutées. Elle se sentit découragée.

– Ma toile me pose beaucoup de problèmes, annonça-t-elle à John Cotmore. Je pourrais te la montrer un jour ?

– Naturellement, répondit-il. Ici ce n'est pas l'idéal pour trouver le temps de parler vraiment. Si tu venais me la montrer chez moi ? Samedi, pour le thé par exemple.

Ces mots emplirent Anna d'une étrange confusion.

Cela se faisait donc, pour une fille, de se rendre seule chez un homme ? Non. À moins que... si ? Elle ne savait plus... En même temps, pourquoi ne pas y aller ? Il était perché, insouciant, sur un tabouret de l'atelier, et il paraissait proposer une chose parfaitement ordinaire.

– D'accord, dit-elle en ressentant une sorte de trouble un peu bizarre, tandis qu'il notait son adresse sur un petit bout de papier.

Il ajouta son téléphone, *si jamais elle changeait d'avis...*

Si jamais elle changeait d'avis ? N'était-ce pas une façon de lui dire que ce n'était pas aussi banal qu'elle avait pu le croire finalement ? Oh, pensa-t-elle, si seulement j'avais grandi dans le même pays, Mutti m'aurait certainement dit ce qui s'y fait et ce qui ne s'y fait pas, et je saurais à quoi m'en tenir.

Elle se fit du souci pour cela pendant tout le restant de la semaine. Elle envisagea plusieurs fois de demander conseil à Mutti, ou encore de téléphoner au dernier moment pour dire non – mais c'était inutile en fait, car elle savait pertinemment, et avec une appréhension qui grandissait de jour en jour, qu'elle irait de toute manière, et sans lui en toucher un mot. Aussi, tandis qu'une part d'elle-même tentait encore de formuler les phrases pour se décommander, l'autre part avait décidé ce qu'elle porterait ce jour-là, et comme elle l'avait toujours su, le samedi, avant de sortir, elle dit à Mutti qu'elle allait rejoindre une amie des Beaux-Arts.

John Cotmore habitait une rue tranquille d'Hampstead. C'était le premier jour un peu chaud de l'année. Tandis qu'elle parcourait lentement les rues en sortant du métro, elle longea des arbres en fleurs, des gens jardinant devant chez eux et partout des fenêtres ouvertes. En avance, elle eut le temps de faire plusieurs petits tours dans le quartier, puis elle se trouva devant sa porte. Elle vit un petit écriteau avec une flèche vers la sonnette où elle lut « ne marche pas ». Après une brève hésitation, elle se servit donc du heurtoir. Rien n'arrivant, elle s'affola à l'idée qu'il avait peut-être oublié qu'elle devait venir et qu'il était sorti de chez lui – mais cet affolement n'était rien auprès de celui qu'elle éprouva quand elle vit la porte s'ouvrir.

– Bonjour.

Il portait un pull bleu qu'elle ne lui avait jamais vu et tenait une cuillère à la main.

– Le thé est presque prêt, dit-il.

Comme s'il s'agissait d'un passeport, elle brandit sa petite toile emballée dans une feuille de kraft, avant de le suivre à l'intérieur. C'était un endroit lumineux, quasiment vide. Des grains de poussière tourbillonnaient dans la clarté d'une vaste salle de séjour où régnait un certain désordre.

– Assieds-toi, dit-il.

Elle s'assit, posant sa toile au pied de sa chaise. Par la porte, au bout de la pièce, elle entrevit son atelier et des piles de dessins partout.

– Je suis en train de travailler pour une exposition, dit-il. Pour la plupart ce sont des choses que j'ai faites il n'y a pas longtemps.

– Ah ! fit-elle, et elle se leva immédiatement pour aller voir.

C'étaient surtout des personnages, et aussi quelques paysages faits à la plume et au lavis, tous dessinés avec la même acuité de perception. C'était gênant de les parcourir alors que lui-même regardait, mais elle les admirait vraiment. Elle trouva beaucoup de choses à lui dire : une en particulier, à propos d'un lavis, dont les arbres paraissaient s'ouvrir sur une vaste plage de ciel, et donnaient une sensation si réelle de printemps humide qu'elle oublia ses phrases prudentes, et s'écria :

– C'est magnifique !

Il regarda d'un œil critique la feuille par-dessus son épaule.

– Alors, tu penses que je dois le mettre ?

– Oh oui, bien sûr ! C'est vraiment beau !

Il était extrêmement près d'elle et, pendant un petit instant, elle sentit sa main sur son bras.

– Tu es charmante, dit-il. Puis il se détourna. Allez, je vais faire chauffer l'eau.

Il s'éloigna, la laissant seule, agréablement étourdie.

Elle l'entendait entrechoquer des ustensiles dans la cuisine – il ne devait pas être simplement en train de remplir la bouilloire. Au bout d'un moment, elle se mit à parcourir une autre pile de dessins posée sur le divan. C'était une série de croquis inachevés apparemment, ou simplement abandonnés, mais il y avait dans la pile un dessin différent des autres. On y voyait un homme en train de travailler sur une machine. L'homme semblait extrêmement robuste et toutes les pièces de la machine, jusqu'au moindre petit boulon, étaient dessinées très nettement et très soigneusement ombrées. Elle regardait cela avec étonnement quand elle l'entendit derrière elle.

– Ce n'est pas moi qui ai fait celui-là. Il s'agit d'un dessin de ma femme.

Sa voix paraissait contrariée. Elle lâcha la feuille aussitôt, comme si elle venait de s'y brûler.

– J'étais en train de me dire aussi, ça paraît tellement différent, expliqua-t-elle rapidement.

À ces mots, elle fut soulagée de le voir retrouver le sourire.

– C'est étonnant, n'est-ce pas, ces vis et ces boulons. Il remit le dessin en place et en jeta d'autres par-dessus. Beaucoup de précision là-dedans. Elle tient beaucoup à faire sentir la signification sociale, mais pour ce qui est de moi…

D'un geste vague, il lui désignait ses dessins.

Anna hocha doucement la tête pour signifier qu'elle comprenait. Ce devait être une chose terrible : être aussi sensible que lui, et se trouver lié à une femme friande d'écrous et de boulons.

– C'est plus facile depuis que nous vivons séparés. Chacun suit son chemin comme il veut – on s'est facilement mis d'accord.

Elle n'avait rien à ajouter.

– Tu ne connais pas cela à ton âge, mais il arrive que les gens se trompent et alors les mariages se brisent. Il n'y a lieu d'en blâmer personne.

Elle hocha la tête à nouveau, touchée par sa largesse d'esprit.

– Bon, on prend un peu de thé alors ?

Le désordre de la cuisine surpassait celui de la salle de séjour, mais il avait fait assez de place au milieu du capharnaüm pour poser un plateau. Elle l'apporta pour lui dans la salle de séjour, moins lumineuse à cet instant, car le soleil avait glissé derrière l'angle du bâtiment. Il alluma le chauffage, et rapprocha deux chaises. Elle le regarda verser le thé dans deux tasses de formes différentes et ils s'assirent tous deux dans la lueur du feu.

– J'ai énormément travaillé ces derniers temps, commença-t-il.

Après quoi il se mit à parler de son travail, de son artisan encadreur, des difficultés qu'il avait pour trouver le genre de papier qu'il souhaitait en temps de guerre.

La pièce se réchauffait doucement. Elle remarqua les plissements de son pull au niveau des coudes, ses doigts épais qui s'ajustaient contre le pourtour de sa tasse. Un grand sentiment de bien-être l'envahit progressivement. Sa voix continuait de ronronner doucement, et elle avait depuis longtemps arrêté d'en saisir les mots lorsqu'il s'interrompit soudain.

– Comment ? fit-elle.

À l'évidence, il venait de poser une question.

– Je disais : et toi, ta peinture ?

– Ma peinture ! (Elle se leva d'un bond, l'air coupable pour prendre sa toile. Elle la trouva pire que jamais quand elle la tira du papier et il suffisait de voir son air au moment où il l'aperçut.) C'est horrible, je sais que c'est horrible. Mais j'ai pensé que tu pourrais peut-être m'aider à comprendre pourquoi.

Il l'examina en silence. Puis il désigna une forme un peu floue affleurant vaguement au centre de la composition.

– Qu'est-ce que c'est que ça ?

– Un cerf...

– Un cerf !

Soudain, elle sentit un mélange de rage et de honte l'envahir d'avoir gâché l'après-midi avec sa toile abominable.

– Oui c'est cela, un cerf ! cria-t-elle. Un satané grand cerf qui se trouvait en-dessous et qui n'arrête pas de me narguer en remontant à la surface ! Et je ne vois pas ce qu'on peut faire en peignant sur des croûtes pareilles ! Et je me dis que je ferais mieux de laisser tout tomber !

Elle le regardait d'un air furieux, comme si elle le défiait de rire... Il lui mit un bras sur l'épaule.

– Allons, dit-il, allons. Ce n'est pas si mal que ça. Il n'y a rien de mauvais dans l'intention, en fait. C'est juste qu'il te reste encore beaucoup de choses à apprendre.

Elle se tut. Il posa la toile sur une chaise à proximité, en gardant le bras sur ses épaules.

– Le fait est qu'on m'a proposé de prendre en charge un autre cours. Je me disais qu'on pourrait en faire un cours de peinture, qu'en dis-tu ?

L'idée lui vint dans un éclair que si ce cours était prévu, elle aurait tout aussi bien pu lui montrer sa toile à l'école au lieu de la lui apporter, mais elle écarta cette pensée.

– Ce serait magnifique, dit-elle faiblement.

Il avait le visage extrêmement proche du sien.

– Je tenais simplement à savoir, murmura-t-il, ce que tu en penses.

Et alors, comme elle le pressentait depuis toujours, il l'enlaça de son autre bras et l'embrassa avec douceur, lentement, tendrement, sur les lèvres.

Moi, un homme m'embrasse ! pensa-t-elle. Et elle se surprit, horrifiée, jetant par-dessus son épaule un regard vers un miroir posé sur la cheminée, pour voir à quoi cela ressemblait. Elle avait les mains sur sa nuque, elle les dénoua aussitôt et les posa sur ses épaules. Une émotion qu'elle n'avait jamais ressentie s'éveillait au fond d'elle-même, et le bonheur qu'elle éprouvait depuis si longtemps atteignait son paroxysme. C'était donc cela, pensa-t-elle, c'était vers cela que tout tendait. C'était cela la chose merveilleuse dont elle savait depuis toujours qu'elle viendrait à se produire.

Après un long moment, son étreinte se relâcha.

– Pardon, dit-il, je ne voulais pas.

Bientôt elle se retrouva assise sans savoir comment ni pourquoi.

– Ça va, dit-elle. (Elle eut aussi l'idée d'ajouter : « Ça ne fait rien. » Mais ce n'était pas le mot qui convenait.)

Il vint s'asseoir sur l'autre chaise auprès d'elle et pendant longtemps il n'y eut rien d'autre que cette pièce, ce feu, et ce bonheur qui paraissait envelopper tout.

– Il faut que je te parle sérieusement, finit-il par lui annoncer.

Elle le regarda.

– Non, je suis sérieux. Tu es très jeune.

– Dix-huit, dit-elle – Dieu sait pourquoi, elle ne pouvait aucunement arrêter de sourire.

– Dix-huit, oui. Il hocha la tête. Tu te sens heureuse en ce moment. C'est bien cela ?

– Oui, dit-elle. Bien sûr...

– Voyons... Comment je pourrais dire cela... Je m'en voudrais de te déranger.

Pourquoi se sentait-il obligé de parler ? Pourquoi ne pas se contenter de rester assis en silence ? Elle ne lui demandait rien de plus. Et qu'est-ce qu'il avait voulu dire : je m'en voudrais de te déranger ? Si j'étais anglaise, pensa-t-elle, je devinerais tout cela tout de suite.

– Me déranger ? répéta-t-elle.

– Si je faisais l'amour avec toi, maintenant... Il attendit un temps... Ça te dérangerait ? Tu ne crois pas ?

Mais ça ne l'aurait pas dérangée s'il l'avait embrassée encore, ou s'il lui avait repris la main. Qu'est-ce qu'il voulait dire, faire l'amour ?

Pour qu'il n'aperçoive pas son trouble, elle lui dit sans trop réfléchir :

– Pas forcément.

– Pas forcément ? Ça ne te dérangerait pas alors, si je faisais l'amour avec toi ?

Il semblait extrêmement surpris.

Une Anglaise saurait, pensait-elle, une Anglaise saurait ce qu'elle doit dire. Pourquoi n'avait-elle pu grandir dans un seul pays, comme tout le monde ?

Il attendait qu'elle lui réponde, alors elle haussa les épaules.

– Eh bien, dit-elle en prenant une voix aussi informée que possible, jusqu'ici tu ne m'as pas dérangée...

Il se laissa retomber d'un coup au fond de son siège.

– Tu reprends un peu de thé ? dit-il.

– Non.

Lui-même s'en versa une tasse et la but à petites gorgées. Puis il se leva et prit sa main.

– Viens, fit-il. Je te renvoie chez toi.

– Maintenant ?

– Maintenant.

Avant qu'elle ait pu revenir de sa surprise, il lui rapporta son manteau et le lui ferma entièrement comme on ferait pour un enfant. Puis il lui tendit sa peinture, glissée dans la feuille de kraft.

– Voilà, dit-il. Tu seras rentrée juste avant l'heure du couvre-feu.

– Mais je m'en fiche... protesta-t-elle, tandis qu'il la poussait doucement... le couvre-feu... avant, après...

Près de la porte, la fin de sa phrase lui sortit complètement de l'esprit, car il l'embrassa à nouveau.

– Comprends-moi bien, murmura-t-il. Il n'y a qu'une raison à cela : je m'en voudrais de te déranger.

Elle hocha la tête, émue par la chaleur de sa voix. Il semblait attendre qu'elle parle. Alors elle répondit : « Merci. »

*

Sur tout le chemin du retour en métro, elle ne cessait de s'étonner qu'il puisse être aussi merveilleux. Car ce dont il voulait parler, sans doute était-ce… Oui, mais pour cela, il avait trop d'amour pour elle, il avait trop de respect aussi. Pour abuser de moi ! pensa-t-elle, et cette phrase lui semblait délicieusement drôle. Son esprit revivait lentement l'après-midi, chacun des regards, chacun des gestes, chacun des mots. Il m'aime ! se dit-elle, incrédule. John Cotmore m'aime ! Il lui semblait que ça devait se voir sur elle, qu'elle devait avoir l'air d'une autre. Elle vit son reflet dans la vitre courir sur le noir des tunnels, étonnée de se retrouver telle qu'elle avait toujours été. Il m'aime, pensa-t-elle à nouveau. Il m'aime moi, assise dans cette rame qui m'emporte vers Bakerloo.

Puis elle pensa : il ne faudra jamais oublier ce moment. Car même si plus rien de bon ne m'arrive, j'aurai toujours bien fait de vivre. Ne serait-ce que pour me sentir telle que je suis à cet instant.

19

Ce fut un bien piètre été, mais Anna le remarqua à peine. Elle ne pensait qu'à John Cotmore. Et elle voulait apprendre à peindre. Le cours, placé le vendredi, lui donnait une quatrième occasion de le voir chaque semaine. À l'école, ou même au café, il se comportait avec elle comme avec ses autres élèves – cela se comprend, se disait-elle. Mais quand ils se retrouvaient au détour d'un couloir, ou sur le chemin du métro, il l'embrassait de la même manière que chez lui dans son atelier, et cela dissipait les doutes qu'elle avait eus en attendant. Ensuite, il s'en voulait toujours de succomber à ces faiblesses, ce qui le rendait aux yeux d'Anna plus précieux et plus admirable. Du lundi jusqu'au vendredi, elle vivait dans un ravissement, avec une baisse le mercredi, son unique jour sans cours du soir. Après quoi, elle devait franchir le désert aride du week-end, pour voir un nouveau lundi soir se profiler à l'horizon.

Je suis amoureuse, pensait-elle. Elle s'était souvent demandé si ça lui arriverait un jour. Cette fois elle était rassurée. Tandis qu'elle empaquetait sa laine ou dressait des listes de vêtements ou d'accessoires pour uniformes, elle regrettait un peu d'être la seule à le savoir. Si je disais aux gens brusquement : « J'aime mon professeur de dessin ! » Puis elle pensait : ça fait vieux jeu – du temps de la reine Victoria, toutes les filles tombaient amoureuses de leur professeur de dessin. Mais comme c'était brillant de sa part de se rendre compte que ça faisait vieux jeu ! En même temps, comme c'était étrange de constater que le savoir n'y changeait absolument rien ! Alors elle les gardait pour elle, tous ces sentiments compliqués, et tout en expédiant de la laine aux couleurs de la Navy aux vieilles tricoteuses qui avaient bien stipulé « bleu RAF », elle s'avouait audacieusement son amour pour un homme marié.

Par bonheur, toutes ces émotions n'avaient pas d'effets négatifs sur ce qu'elle faisait en dessin. Au contraire, cela aiguisait encore sa sensibilité. Chaque semaine elle faisait des progrès appréciables, tant dans sa technique du dessin que dans son récent savoir-faire dans le domaine de la peinture.

– Je te trouve dans une période faste, lui dit un jour Welsh William, je te sens peindre avec bonheur.

Et elle sourit intérieurement de la justesse de la remarque.

Même la situation au front s'améliorait. Les Britanniques avaient fini par vaincre sur le front nord-africain, et en août les Russes commençaient à repousser les Allemands vers leurs frontières. De l'avis de beaucoup de gens, il se pouvait que tout soit fini après encore une année de guerre.

Il n'y avait qu'à la maison que les choses n'allaient pas dans ce sens. Frau Gruber avait toujours fait ce qu'elle avait pu pour loger ses hôtes à des prix très modestes, mais elle avait dû finalement augmenter ses demi-pensions de cinq shillings hebdomadaires. Pour Anna, ça devenait juste. Pour Mutti et Vati, ça devenait impossible.

Mutti, en désespoir de cause, demanda à son nouveau patron une augmentation de salaire. C'était un réfugié aussi. Il tenait un petit atelier de confection de vêtements dans le quartier d'Oxford Circus. Son anglais était défaillant et Mutti ne se bornait pas à taper ses lettres, elle les corrigeait également. Mais il tirait peu de bénéfices de son affaire ; quand elle parla d'augmentation, il leva les bras au ciel et dit :

– Mon pauvre amie, si j'aurais plus, même alors je ne pourrais pas mieux !

Au début, elles se consolèrent, elle et Anna, en riant de cette étrange formulation, mais elles savaient très bien toutes deux que c'était une catastrophe. Cela signifiait qu'une fois de plus, un simple tube de dentifrice ou une note de cordonnier pouvaient causer une crise majeure. Quelles que soient les sommes grappillées, elles ne leur permettraient même pas de régler les notes de fin de semaine.

– Tu ne crois pas que Max pourrait peut-être… ?

Mais Mutti fut catégorique. Max était enfin parvenu à obtenir sa mutation, il allait partir en mission. Mutti se faisait un sang d'encre. Il avait pu persuader le Commandement des zones côtières du fait que, si le règlement pouvait s'opposer à ce qu'il vole au-dessus du territoire ennemi, il ne pouvait pas s'opposer à ce qu'il survole les zones de mer. Pour l'heure, il s'entraînait encore, mais bientôt il allait risquer sa vie plusieurs fois par semaine.

– Je ne demande pas d'argent à Max !

Finalement, comme d'habitude, tante Louise vint à la rescousse. Elle donna vingt livres à Mutti, et comme le manque n'excédait pas une dizaine de shillings par semaine, cette aide pouvait durer des mois.

– C'est une véritable amie, dit Mutti, qui trouvait touchant que tante Louise ait demandé d'une voix timide si ça ne ferait rien à Vati de jeter un coup d'œil sur un écrit du professeur. Ça voudrait dire tant de choses pour lui, les critiques d'un grand écrivain…

Quand Mutti lui transmit le message, Vati dit, avec un soupir, qu'il ne voyait pas le professeur en train d'écrire quoi que ce soit, sinon des livres de médecine. « Prions le bon Dieu que ce ne soit pas de la poésie ! » ajouta-t-il.

Mutti dit un peu irritée : « Poésie ou pas poésie, il faudra que tu te montres indulgent ! »

Il s'avéra que le professeur n'écrivait pas plus de poèmes que d'articles de médecine. Non, il rédigeait ses Mémoires pour passer le temps, à la campagne. Il les dictait à sa secrétaire et ils avaient pondu ensemble déjà deux chapitres montrables.

– Ça ressemble à quoi ? demanda Anna.

Vati toussa discrètement.

– Il ne sait pas écrire, dit-il. Mais disons qu'il y a certaines choses qui ne sont pas inintéressantes. Je ne savais pas, par exemple, que le ministre de la Justice sous la République de Weimar souffrait d'ulcère de l'estomac.

Même cela ne semblait pas vraiment très intéressant à Anna.

– Bon, dit-elle, qu'est-ce que tu vas faire ?

– Je vais lui en parler, je suppose…

Le petit commentaire prudent que Vati fit au professeur le convainquit immédiatement de l'importance de son travail.

Il n'écouta que distraitement les conseils d'ordre plus technique : s'en tenir à des phrases très courtes et au moins d'adjectifs possible.

– Attends seulement d'avoir lu les deux chapitres qui vont suivre, lança-t-il. Sur ma vie mondaine !

À Berlin, beaucoup de ses patients comptaient parmi les gens célèbres et il était de toutes les soirées.

– Je redoute sérieusement la suite, expliqua Vati en rentrant. Billevesées et calembredaines !

– Mais puisque tu ne feras que les regarder, dit Mutti, où est le mal ?

Les chapitres suivants durent demander pas mal d'efforts et de travail au professeur, car pendant plusieurs semaines, il n'arriva plus de feuillets dactylographiés pour Vati.

Anna se rendait au bureau et ensuite à ses cours du soir, et elle rêvait à John Cotmore. Elle avait de plus en plus de peine à s'intéresser au travail. Une fois, elle provoqua une crise dans la salle des machines à coudre en déposant distraitement le tissu pour les pyjamas sur la table de Miss Potter, alors qu'elle aurait dû le poser sur la table de Miss Clinton-Brown. Avant qu'on ait pu l'arrêter, Miss Potter avait découpé dans une pièce de tissu prévue pour faire trois paires de pantalons six jambes de droite ; malheureusement, il n'y en avait pas une de gauche. Quand Mrs Riley souligna son incapacité patente, Miss Potter rentra en pleurant se consoler avec sa perruche. Miss Clinton-Brown implora Dieu de lui accorder la patience d'endurer une pareille offense, mais sans succès apparemment.

Il n'y avait plus beaucoup de travail, côté recyclage des uniformes. Peu de navires avaient été coulés durant cette période, les marins en manque d'équipement se faisaient donc de plus en plus rares. En fait, il n'y eut bientôt plus assez de visites pour occuper Mrs Hammond et Mrs James en même temps. Afin d'éviter d'accabler les jeunes gens de trop d'attentions, les deux dames s'étaient mises d'accord pour les aider à tour de rôle ; elles avaient donc plus de temps devant elles. Mrs Hammond occupait le sien à dicter des lettres en retard ou à bavarder plus souvent dans la salle des machines à coudre. Mrs James, en revanche, paraissait se recroqueviller sur elle-même. Elle restait assise dans son coin, posant des yeux immenses et vides sur les piles de vêtements d'hommes morts. C'est à peine si elle voyait Anna quand elle entrait lui apporter un message ou une tasse de thé.

– Elle m'inquiète, disait quelquefois Mrs Hammond à son sujet.

Mais dès qu'un soldat arrivait, Mrs James reprenait vie.

Un jour, tandis qu'Anna tapait une lettre, Mrs James ouvrit la porte du bureau. Mrs Hammond venait d'équiper un capitaine de l'armée de l'air, qui avait perdu tous ses biens au cours d'un raid aérien. Il s'était montré très touché, et Mrs Hammond proposait de fournir à son commandant une aide analogue pour tout homme qui pouvait en avoir besoin.) Mrs James se tenait là, plus lugubre que jamais. Ignorant la présence d'Anna, elle regarda Mrs Hammond droit dans les yeux avant de dire :

– Je ne voudrais pas faire d'histoires, mais c'était à mon tour de m'occuper de ce capitaine.

– Mais vous ne vous êtes pas occupée du sous-lieutenant que j'ai vu ce matin ? dit Mrs Hammond stupéfaite.

Mrs James restait à la porte en la fixant de ses grands yeux. Sur un signe de Mrs Hammond, Anna se leva et sortit. Tandis qu'elle refermait la porte, elle entendit Mrs James dire : « Le sous-lieutenant n'avait besoin que d'une casquette, ça ne comptait pas. »

En voyant Mrs James entrer, les vieilles dames avaient cessé d'actionner leurs machines à coudre.

– Saugrenu ! fit Miss Clinton Brown.

– Un air tout ce qu'il y a de malheureux ! commenta la petite Miss Potter.

– C'est frappant, dit Mrs Riley, je levais la tête d'un pyjama et j'ai cru voir Lady Macbeth !

Elles tendirent l'oreille vers les sons qui pouvaient provenir du bureau, mais il n'y avait rien à entendre. Anna venait de décider de mettre la bouilloire à chauffer quand une voix haussa nettement le ton.

– Ce n'est pas juste ! Je ne peux pas travailler avec quelqu'un qui n'est pas juste ! (La porte s'ouvrit brusquement. Mrs James sortit et se rua en direction de la remise, Mrs Hammond sur ses talons.) D'autant que c'est moi qui ai eu l'idée la première ! cria-t-elle encore.

Mrs Hammond essaya bien de fermer la porte sur elles, elle n'y réussit qu'à moitié. Anna vit Mrs James s'arrêter d'un coup à la vue des piles d'uniformes et commencer à les manier du bout des doigts dans la pénombre.

– Il faut que je vous explique, dit-elle, d'une voix d'autant plus alarmante que le ton semblait raisonnable. Il y a beaucoup plus de jeunes gens morts qu'il n'y en a d'encore vivants. Sinon pourquoi resterions-nous avec ces vêtements sur les bras ?

Mrs Hammond dit quelque chose comme : « Mais voyons, ça n'a pas de sens ! » Mais Mrs James n'en tint pas compte.

– Comme il reste si peu de vivants, dit-elle de la même voix étrange, il faut être équitable dans la répartition. La seule façon d'être équitable, c'est que je m'en occupe deux fois plus.

Mrs Hammond avait parlé jusqu'alors d'une voix apaisante, mais cette phrase l'étonna tellement qu'elle cria :

– Grand Dieu ! Pourquoi donc ? Mrs James se tourna alors et Anna aperçut son regard, il avait quelque chose de fou.

– Enfin, c'est évident, dit-elle. J'ai perdu deux fils, vous un seul !

Comme Mrs Hammond la regardait en ouvrant des yeux ébahis, elle parut revenir sur terre et dit :

» Je savais bien que vous ne pouviez pas comprendre. Il ne sert à rien de continuer.

Un peu plus tard, Mrs Hammond dit que ce n'était qu'une crise de nerfs, qu'elle comptait arranger les choses dès que Mrs James serait calmée. Mais jamais Mrs James ne revint au bureau. Dans les jours qui suivirent, l'homme à tête de bouledogue apporta une lettre expliquant qu'elle poursuivait seule ce travail et dans des locaux différents.

Comme c'était elle effectivement qui avait conçu ce projet, il n'y avait rien à redire. L'homme chargea dans sa camionnette tout ce que la remise contenait d'uniformes, de chaussures, de mouchoirs, de chemises, et autres romans bon marché, clubs de golf et papier à lettres dont personne ne savait que faire. Puis il partit, Mrs Hammond restant seule dans la salle déserte.

Plusieurs semaines passèrent encore, puis elle apprit que Mrs James se trouvant trop mal pour poursuivre, le projet avait été repris par une fondation charitable.

– Comment se fait-il, après tout ce temps, qu'elle ait pu s'effondrer comme cela ? demanda Anna d'une voix songeuse.

– Avoir vécu quatre années de guerre, lui répondit Mrs Hammond. Et les nouvelles qui sont meilleures.

Anna la regarda sans comprendre.

Alors Mrs Hammond ajouta d'une voix impatiente :

– Oui, penser que la paix approche – quand pour soi la vie n'a plus de sens.

*

Avec l'interruption de cette activité, l'endroit redevint très tranquille. Mrs Hammond continua à venir chaque jour quelque temps, comme si elle voulait démontrer que tout cela n'avait pas d'importance, mais il y avait peu de choses à faire. Petit à petit, elle s'abstint de venir deux, trois, puis quatre fois par semaine. Les jours redevinrent longs et mornes et pénibles à vivre pour Anna.

Il n'est que neuf heures, pensait-elle, quand elle arrivait le matin. Comment rompre la monotonie de cette file interminable d'heures qui s'étiraient devant elle dans l'attente des cours de dessin ? Son heure de déjeuner était le seul moment un peu lumineux de la journée. Elle attendait péniblement que les vieilles dames rangent leurs ouvrages et s'en aillent, pour sortir elle-même.

Quand le temps était à la pluie, elle restait attablée au Lyons, dessinant les gens à mesure qu'ils se présentaient devant elle. Mais quand il faisait beau, elle mangeait rapidement et s'aventurait dans les rues. Derrière un de ces grands magasins appelés

Army and Navy, elle découvrit des écuries où étaient parqués les mulets qui tiraient, au cours de la guerre, les charrettes de livraison. Elle passa plusieurs semaines à essayer de dessiner leurs têtes à l'air mélancolique et aux proportions étranges. Une fois, elle aperçut des femmes de l'armée de l'air en train de haler un ballon de barrage[1] sur Vincent Square ; elle les dessina elles aussi. Quelquefois Anna ne trouvait rien ou bien ses dessins ne donnaient pas réellement ce qu'elle escomptait. Ces fois-là, quand elle retournait devant sa machine à écrire, elle se sentait coupable de n'avoir rien su faire, et son après-midi semblait plus long encore.

Le pire, c'étaient les mercredis ; ces jours-là, elle n'avait même pas la perspective de son cours pour se donner du courage ; alors, pour se mettre du baume au cœur, elle faisait de petits achats – un crayon enrobé d'une couche de peinture jaune, comme on en voyait avant-guerre, trouvé au fond de la réserve d'un papetier sur Victoria Street, une once de poudre de sorbet non rationnée à déguster en cachette dans l'après-midi, un paquet de saccharine pour John qui buvait son thé très sucré et avait peine à en trouver. Avec cela en poche, elle se

1. Les ballons de barrage sont des ballons à gaz reliés au sol par des câbles en acier, qui servaient à se protéger des vols rasants d'avions ennemis.

sentait déjà mieux, car pour elle cela voulait dire qu'elle allait le revoir bientôt.

Un mercredi soir, en rentrant, elle trouva tante Louise sur le pas de la porte. Elle disait au revoir à Mutti et Vati et paraissait toute joyeuse.

– Je suis certaine que nous serons tous très heureux de cet arrangement, lança tante Louise. Elle aperçut Anna alors dans son vieux manteau de l'école, passé par-dessus sa vieille jupe et son vieux pull du mercredi. Vieux vêtements pour un jour horrible.

» Tiens, te voilà ! fit-elle en soulevant les sourcils, puis elle ajouta pour Mutti :

» Ça peut aider Anna aussi.

– Quel arrangement ? demanda Anna quand tante Louise fut remontée à bord de sa grosse voiture bleue.

– Louise m'a demandé de réviser les Mémoires de Sam, dit Vati.

– Ils ont l'intention de nous donner vingt livres de plus, dit Mutti.

Le regard d'Anna se porta successivement sur l'un et l'autre.

– Tu vas le faire ? demanda-t-elle.

– Pour l'instant, répondit Vati, j'ai dit que j'allais jeter un coup d'œil.

*

Ce soir-là, au cours du repas, Vati resta très silencieux. Entre le plat, constitué d'une tarte aux navets, et le dessert, Mutti tentait pour passer le temps de faire les mots croisés du *Times*. Miss Thwaites l'avait initiée, et Mutti se révélait être une excellente cruciverbiste. En outre, elle se sentait vraiment anglaise en cherchant les définitions. Elle les lisait à haute voix, annonçait d'une voix triomphante ses mots sitôt qu'elle les trouvait, et quand elle séchait trop longtemps elle demandait des avis autour d'elle. Anna en donna quelques-uns, puis elle remarqua à quel point tout cela isolait Vati.

– Et les Mémoires du professeur ? lui demanda-t-elle en français.

Il leva les yeux au plafond.

– Incroyable !

Mutti aussitôt sortit le nez de ses mots croisés.

– Tu vas les réviser, tout de même !

À ce moment-là, la serveuse arriva avec le dessert.

– Nous discuterons de cela là-haut.

Quand ils eurent gagné sa chambre, il parcourut quelques feuillets qui lui restaient encore à lire.

– C'est incroyablement mauvais. Écoute cela : « Il avait des yeux pénétrants au sein d'un visage encadré par une barbe grise. » Il parle d'Hauptmann, le dramaturge.

– Ma foi, ce n'est pas si mauvais que ça.

– Attends ! Marlene Dietrich maintenant. Il tourna un feuillet et lut : « Elle me jeta un regard pénétrant au sein d'un visage encadré d'une chevelure plus blonde que le blé. » Non, non, je n'ai pas fini, écoute – d'un geste il signifia à Mutti de se taire – « Je fus surpris de voir son regard pénétrant au milieu d'une face encadrée par une petite moustache. » Cette fois-ci, il s'agit d'Einstein. Que Sam soit surpris, je le conçois. Mais Einstein ne le sera pas moins, il va se dire que c'est la phrase de Sam qui mériterait d'être encadrée !

– C'est sûr, il n'a pas l'habitude... dit Mutti.

– Pourquoi le professeur veut-il que tu révises un truc pareil ? intervint Anna. Il doit tout de même se rendre compte que personne ne va le publier !

– Tu ne connais rien à la question, dit Mutti d'une voix irritée. Un de ses patients est éditeur et Louise dit que ça l'intéresse. Il propose même un traducteur.

– Des échos mondains, dit Vati. Il y a un marché pour cela.

Tout à coup, Anna se souvint du texte qu'avait lu Vati, il y avait longtemps de cela, devant les écrivains allemands. Chaque mot en était exactement pesé, elle en avait été émue, et tout le monde avait applaudi.

– Tu n'as rien à voir avec cela, s'écria-t-elle. C'est dégoûtant – quelqu'un qui peut écrire comme toi, et ces… ces… ces médiocrités ! Tu devrais refuser, un point c'est tout !

– Allons bon ! s'écria Mutti. Et qu'est-ce que je dis à Louise ? Que nous sommes très reconnaissants pour son aide passée et à venir, mais que Vati refuse de faire la seule petite chose qu'elle nous ait jamais demandée en retour ?

– Non, ce n'est pas cela, dit Anna. Il doit bien y avoir un moyen !

– Je serais ravie que tu me dises lequel.

Anna essaya de réfléchir…

– Je ne sais pas, mais tu dois trouver. Il y a sûrement une chose à faire. Et elle ajouta – ce qui eut le don de mettre Mutti hors d'elle-même :

» C'est simplement une question de tact.

À ces mots, Mutti explosa et Vati ne put que tenter de juguler sa crise de rage, en disant que la question n'était vraiment pas du ressort d'Anna, et que tout irait mieux si Mutti et lui-même en parlaient entre eux.

Anna sortit rapidement et s'enferma dans la salle de bains. Pour une fois, il y avait de l'eau chaude, elle en remplit une pleine baignoire, en jetant un regard de défi sur la ligne des dix centimètres marquant le niveau maximum autorisé en temps de guerre. Je m'en fiche de leur niveau d'eau ! Mais ça ne la calma pas vraiment.

Plus tard, quand elles furent dans leur chambre,

Mutti dit d'une voix circonspecte qu'elle et Vati avaient fini par convenir d'un compromis. Il ne corrigerait que les défauts les plus voyants du professeur, toutes les autres modifications seraient laissées à l'éditeur, dans le cas où il publierait vraiment les Mémoires en anglais.

– Je comprends, dit Anna de la même voix prudente, et elle fit semblant de s'endormir.

Mais plus tard, dans le noir de leur petite chambre, elle entendit Mutti sangloter en sourdine.

– Maman... murmura-t-elle d'une voix oppressée.

Mais Mutti ne parut pas entendre et Anna se sentit soudain un désir tout aussi pressant de ne pas écouter les sons qui provenaient du lit voisin, de ne pas être mêlée à cela, de tourner son esprit ailleurs.

Elle pensa à John Cotmore. La veille, il lui avait demandé ses derniers carnets de cróquis pour les montrer à Barbara. « Douée, ma petite élève, pas vrai ? » avait-il dit. Et plus tard, en gagnant le métro, il l'avait embrassée derrière un pilier. Si seulement elle avait pu être avec lui juste à ce moment, être constamment avec lui.

Si je m'abandonnais à lui... ? pensait-elle, et une part d'elle-même était pleine d'amour et d'audace, tandis que l'autre part riait de dérision en songeant qu'on trouvait des mots de ce genre dans tous les romans à l'eau de rose. Mais comment en venait-on à cela ? Elle s'imaginait en train de dire quelque chose comme : « Je t'appartiens. » Mais après ? Si lui paraissait embarrassé, ou sans désir ? Et même si les mots qu'il disait étaient juste ceux qu'il fallait, comme « Ma chérie », ou « Je t'aime », comment en venait-on jamais à faire le reste ? Et alors, dans quel lieu le faire ? pensa-t-elle soudain alarmée. Elle n'avait jamais vu sa chambre, si jamais elle était aussi désordonnée que sa cuisine…

Elle n'entendait plus Mutti. Elle devait dormir à présent.

Demain matin, je vais tenter de me réconcilier avec elle, se dit-elle. Et avant de glisser elle-même dans le sommeil, elle souhaita que Vati gagne une forte somme, qu'ils n'aient pas à manifester leur gratitude aux Rosenberg, que rien ne soit plus jamais comme cela.

20

– Il est temps que tu fasses quelque chose, à mon avis, dit John Cotmore. Je veux dire quelque chose de plus que dessiner d'après nature ou remplir des carnets de croquis.

C'était un peu plus tard, à l'École des Beaux-Arts. Il se tenait assis sur le rebord du fauteuil qui servait aux poses du modèle. Welsh William était là aussi, et Barbara, et tous les deux hochèrent la tête à ces paroles pour montrer leur assentiment.

– Quel genre de chose ?

Il se borna à esquisser un geste vague.

– Comme tu le sens. Illustrer un livre, peindre un mur, quelque chose comme cela... Il n'y a que toi qui puisses savoir.

Un mur ! – c'était ce qu'il lui fallait. Mais où, comment en trouver un ?

– Moi, une fois, dit Barbara, j'ai fait une fresque dans une école. J'ai adoré. Tout ce qu'il te faut, c'est une détrempe pour peindre à l'huile, et un choix de pinceaux assez larges.

– Plus tellement de murs debout, faut dire, fit observer Welsh William.

L'année 1944 commençait sous la menace des raids aériens les plus durs des dernières années.

John Cotmore rejeta l'objection.

– Alors, raison de plus pour les peindre !

L'idée du mur s'ancra si bien dans l'esprit d'Anna qu'après cela elle inspectait toutes les surfaces verticales d'une certaine largeur se présentant sur son chemin. Elle pensa un court instant à l'ancienne salle aux uniformes dans l'hôpital désaffecté, mais elle écarta l'hypothèse. C'était sombre et personne ne viendrait jusque-là.

Il n'y avait rien non plus dans la maison de Putney. En fait, ce ne fut que plus tard qu'Anna trouva exactement l'endroit dont elle avait besoin. Ce jour-là, il pleuvait à verse, et pour éviter d'être trempée, au lieu d'aller jusqu'au Lyons, elle décida de s'arrêter dans une brasserie de Victoria Street. Les clients se serraient aux tables, cheveux et vêtements humides. Anna prit un steak à la russe, le nouveau nom patriotique du steak viennois d'avant-guerre, avec l'agréable impression de s'offrir un repas de luxe.

Elle jetait des coups d'œil à la ronde en attendant d'être servie, quand soudain elle se rendit compte que ce décor correspondait exactement à ce qu'elle cherchait. Il s'agissait à l'origine d'une série de plusieurs pièces, dont on avait dû faire tomber les cloisons il y avait longtemps, pour former une seule grande salle. Il en résultait un espace de géométrie irrégulière, avec un grand nombre de murs placés dans des angles divers. Tous ces murs étaient couleur crème et, quelques miroirs mis à part, absolument libres. Elle les compta discrètement : neuf murs ! Neuf murs semblant crier un urgent besoin d'être peints ! Par-dessus son steak à la russe, puis par-dessus le diplomate sans œufs ni sucre qui suivit, elle dévora ces murs des yeux pendant tout le repas en se disant : c'est tout à fait le genre d'espace dont je pourrais faire quelque chose.

Le lendemain, elle retourna y déjeuner encore une fois, et en ressortit ruinée pour le restant de la semaine. Les quelques jours suivants, elle s'arma de courage. Puis, un soir, après le travail, elle passa devant deux fois de suite en regardant par la devanture, et se décida à entrer.

– C'est fermé, dit un homme râblé qui cheminait de table en table en répartissant des couverts comme un semeur, à la volée.

– Oh, je ne venais pas pour dîner.

– Pour quoi alors ?

D'une seule traite, elle débita le petit discours qu'elle se répétait depuis trois jours.

– Je suis peintre, je me spécialise dans la décoration murale. Je me demandais si ça vous plairait que je décore votre restaurant.

Avant que le petit râblé ait trouvé le temps de répondre, une voix retentit à la cave.

– Albert, à qui que tu causes ?

– Une brunette. Em dit qu'elle veut peind'.

– Peind' comment ?

– C'est vrai, peind' comment ?

– La décoration d'intérieurs, dit Anna en se donnant l'air le plus important qu'elle pouvait. Je peins des scènes diverses en couleurs, sur les murs.

– C'est pour des scènes d'hiver sans couleurs sur les murs ! cria Albert, tandis qu'une tête émergeait de l'escalier de la cave.

– Crie pas comme ça, j'ai entendu !

C'était une grosse femme au teint pâle, avec de petits yeux noirs comme ceux des hérissons. Elle tenait un plateau de verres qu'elle déposa sur une table. Ses petits yeux regardèrent Anna, puis les murs, puis Anna encore.

– C'est quoi que vous voulez mettre dessus ?

Anna avait une phrase toute prête.

– Comme votre restaurant s'appelle Le Victoria, j'ai pensé que ce serait bien d'y peindre quelques scènes d'époque victorienne. Des messieurs avec des hauts-de-forme, des enfants qui jouent au cerceau – tout un décor dans le même style.

– Trop chic ça, tu crois pas ? dit Albert.

– Faut voir, qu'est-ce qu'on en sait nous autres ? Ça pourrait peut-être égayer le tout. Faudrait que ce soit fait joliment, c'est ça surtout ! fit la grosse femme, tout en dévisageant Anna. Vous n'avez pas l'air bien âgée.

Anna attendait cette remarque, elle sut éluder habilement.

– Il va sans dire que je ne ferais rien sans avoir montré mes esquisses. Je ferais tout sur papier d'abord, pour que vous puissiez vous rendre compte.

– Oui, des exquisses ce serait déjà mieux. Tu ne crois pas que ce serait bien, Albert ?

Albert prit un air hésitant et Anna eut envie de le mordre. Elle le voyait se creuser la tête à la recherche d'une objection.

– Mes miroirs, aussi. Mes miroirs. Je ne descends pas un de mes miroirs.

– Ben, la jeune dame peindra autour. Hein, ça n'empêche pas de peindre autour ? dit la grosse femme d'un air confiant.

Anna n'avait pas du tout eu cette intention-là au départ.

– Albert ne pourrait pas les enlever. Ça lui a coûté, c't histoire-là ! Il ne supporterait pas le gaspillage.

Neuf murs à peindre, pensa Anna. Après tout, pour quelques miroirs...

– D'accord, dit-elle en ajoutant pour conserver sa dignité :

» Je peux toujours les incorporer en réalisant la maquette.

– C'est déjà mieux comme ça. Hein, Albert ?

Puis ils restèrent là tous les trois à se regarder en silence... Est-ce que c'était convenu, alors ? Elle décida de faire comme si.

– Bon, dit-elle d'un air dégagé. Je repasse mesurer les murs demain soir, juste à la même heure.

Personne ne lui fit d'objection.

– Au revoir, dit-elle – et tant bien que mal, elle parvint à gagner la porte sans rien renverser au passage, et sans que rien d'autre ne se produise.

– Je vais décorer un restaurant ! lança-t-elle d'une voix triomphante aussitôt qu'elle vit John Cotmore. Il lui donna une série interminable de conseils, qui s'acheva par un baiser derrière le placard aux produits.

Ce ne fut qu'en arrivant à la maison de Putney qu'elle se rendit compte qu'elle avait complètement omis d'évoquer avec eux combien ils étaient prêts à la payer.

*

Elle passa les trois semaines suivantes à accumuler les esquisses. Elle avait emprunté un livre qui la documentait très bien sur les vêtements portés à Londres pendant la période victorienne. Elle travailla tous les week-ends et souvent le soir en rentrant, quitte à manquer un certain nombre de ses séances d'atelier pour venir à bout de la maquette.

Les miroirs furent loin de la gêner autant qu'elle l'avait supposé. Ils étaient tous de formes et de tailles différentes. Elle pouvait très bien s'en servir. Il suffisait de les faire passer pour divers objets en relation avec tels ou tels personnages dont elle les entourait ensuite. Ainsi un miroir vertical servit à évoquer la forme d'un théâtre de marionnettes, avec Punch et Judy[1] en couleur au sommet, et des enfants de chaque côté, le regard tourné vers la scène. Un autre miroir, long et mince, suggéra l'étendue d'un lac au moyen de quelques roseaux qu'elle plaçait de-ci de-là. Dès qu'elle finissait une maquette, elle la punaisait sur un mur, dans sa pièce au-dessus du garage, et Mutti et Vati venaient pour l'admirer.

Pour finir, elle roula l'ensemble afin de le soumettre à ses clients. Elle étala toutes ses maquettes sur la moitié des tables de la brasserie. Ils regardèrent, plongés dans un profond silence. Finalement, la grosse femme dit :

– Drôlement beaux ! Tu ne trouves pas, Albert ?

Albert regardait d'un air sombre : d'un côté les

---

1. *Punch et Judy* est un célèbre spectacle de marionnettes produit au Royaume-Uni.

dessins, ses murs crème de l'autre. Pour finir, il pointa le doigt sur le théâtre de marionnettes.

– C'est quoi ça ?

– C'est votre miroir. Je ne ferai que peindre ces choses autour.

Albert vérifia sur le mur.

– Hé ouais, ma foi ça correspond.

– C'est votre miroir qui est le centre de toute la maquette, dit Anna.

– Ouais, ouais, je vois, dit-il satisfait. Elle l'a mis dedans, hein, t'as vu ça ?

– On ne saurait pas dire comme c'est beau ! dit la femme d'une voix attendrie.

Albert prit sa décision.

– Bon. Eh bien pour moi, c'est d'accord. Vous n'avez qu'à rhabiller le tout.

Anna se demandait comment faire pour ramener la question de l'argent. Ce fut Albert qui prit les devants.

– Combien que vous aviez pensé, vous ?

Plus moyen de reculer cette fois... Paniquée, elle sentit un chiffre prendre figure dans son esprit.

– Quinze livres.

Elle se maudit d'avoir tout gâché en demandant trop. Mais Albert garda son sang-froid.

– Quinze livres vous dites ? Ouais. C'est d'accord.

*

Après cela, le rythme de travail d'Anna fut quasi frénétique. La brasserie fermait le week-end après le déjeuner du samedi. Dès quatorze heures, elle était là à attendre que partent les clients. Albert lui fournit l'escabeau. Elle passa deux week-ends entiers à reporter toutes ses études tour à tour, d'abord à la craie. On ne mettait plus le chauffage, mais le printemps tardait à venir ; elle portait deux paires de chaussettes et plusieurs pulls qui peu à peu s'imprégnaient de poussière de craie. Elle montait sur son escabeau, dessinait, puis redescendait pour voir en prenant du recul.

C'était une impression étrange, au cours de ces heures solitaires, de voir ses idées personnelles se matérialiser peu à peu devant ses yeux ! À la fin du deuxième dimanche, elle les sentait tourbillonner vertigineusement dans sa tête.

Elle avait dessiné la dernière silhouette et le rendu lui semblait bon. Elle s'assit épuisée au milieu de la pièce. Partout les tracés de craie blanche marquaient la place des personnages : de petites grappes d'enfants autour du théâtre de marionnettes, des promeneurs regardant les canards sur le lac, ou faisant le tour de la pièce, procession de dames à ombrelles, de gentlemen sur des bicycles, d'enfants qui poussaient des cerceaux, ou faisaient tourner des toupies. Certains des personnages apparaissaient deux fois, les miroirs en doublaient l'image, d'où une impression d'étrangeté, proche de celle qu'on éprouve en rêve.

Ça va ressembler exactement à ce que j'ai voulu, pensait-elle, en sentant la joie l'envahir. Mais elle la refrénait très vite pour examiner chaque mur l'un après l'autre d'un œil critique, pour voir encore si une erreur ne lui aurait pas échappé dans la composition ou dans les proportions.

Elle était tellement absorbée qu'elle n'entendit pas qu'on frappait. Quand les sons se firent insistants, elle eut un sursaut tout à coup. Il y avait quelqu'un à la porte.

Tant que ce n'est pas Albert qui a changé d'avis, se dit-elle en allant ouvrir...

Heureusement, ce n'était pas Albert, mais Max, le sourire rayonnant, dans son uniforme de pilote.

– Ah ça alors ! s'exclama-t-il. C'est toi, tout cela, c'est ton aura.

– Qu'est-ce que c'est, mon « aura » ? On ne dit cela qu'à Cambridge.

– Peut-être, dit Max en souriant. Mais toi tu l'as trouvée à Londres.

Elle lui fit faire le tour des lieux. Il regarda chacun des murs et puis chacune de ses esquisses, en lui faisant des commentaires enthousiastes et pertinents. Pourtant les aspects de son travail qu'il admirait à première vue n'étaient pas toujours les meilleurs, et elle fut rassurée de voir que, dans ce domaine-là au moins, elle était meilleur juge que lui.

– Je ne savais pas que tu venais. Tu es passé à la maison ?

– Oui, j'ai cinq jours de permission. Fini ma période d'entraînement.

Cela voulait dire qu'il allait rejoindre son escadrille de combat.

– Déjà, dit-elle à demi-mot.

– Mutti et Vati, figure-toi, ont dit « déjà » de la même manière, l'air d'allumer un cierge, même type d'intonation. Je fais ce que font des milliers d'autres depuis plusieurs années, rien de plus.

– Oui, je sais, je sais, dit Anna.

– Je vais vivre ma vie dans ce pays. Je prends les mêmes risques que les autres.

– Ils ne font pas tous cela, tout de même.

Max ne fut pas touché par l'argument d'Anna.

– Si, tous les gens comme moi le font.

Elle se mit à ranger la pièce, à replacer les tables et les chaises, à rouler ensemble ses dessins.

– Comment tu les trouves ? demanda-t-elle en parlant de Mutti et Vati.

Il mit un temps avant de répondre.

– Ils ne vont pas trop bien, n'est-ce pas ?

– Je les vois tous les jours, il y a l'habitude qui joue.

Max tira une chaise et s'assit.

– Ce qui m'inquiète vraiment, dit-il, c'est que je ne parviens pas à voir une seule chose qui puisse les aider, même si on avait les moyens. De l'argent, ça aiderait, bien sûr. Mais même avec de l'argent, je ne vois pas comment ils vont vivre le reste de leur vie ici.

– Moi, je n'ai jamais pu penser au-delà de l'argent, dit Anna. Il y avait une trace de craie qui n'allait pas sur un des angles du théâtre de marionnettes, elle l'effaça du bout de sa manche. Peut-être qu'après la guerre… dit-elle sans trop y croire.

– Tu sais, après la guerre, s'il reste en Allemagne assez de machines pour faire des livres, et s'il reste des gens pour les lire, ils republieront certainement l'œuvre de Vati un jour ou l'autre. Mais même si ça se faisait à temps, il ne retournerait pas là-bas.

– Non, ce serait impossible, après ce qui s'est passé.

Une vision passa devant ses yeux : Mutti et Vati suspendus, sans ciel et sans terre, dans les limbes.

» C'est drôle, dit-elle, quand j'étais petite, j'éprouvais un tel sentiment de sécurité auprès d'eux. Je me disais que tant qu'ils seraient là, je ne serais jamais réfugiée. Tu te rappelles Mutti à Paris ? Elle était extraordinaire.

– Oui… Et elle l'est restée d'ailleurs. Rien ne pourrait tourner sans elle – seulement le poids des soucis fait qu'elle est difficile à vivre. Il jeta un regard à la ronde sur le cortège des personnages qui défilait le long des murs. Je suis tellement content de voir cela ! Et de la tournure prise par tes cours.

C'est ta vie maintenant d'être ici, et pour moi aussi c'est ma vie. Mais tu sais, Mutti et Vati...

Elle vit son visage se crisper, moitié sourire, moitié tristesse, comme chaque fois qu'il se retrouvait face à une vraie difficulté ; et tout à coup elle se rappela le nombre incalculable de fois où ils avaient parlé comme cela. Toutes ces fois, proches et lointaines, où ils partageaient les soucis de leur enfance déracinée, dans quatre pays différents.

– Oh, Max ! s'écria-t-elle, ouvrant les bras vers lui. Fais attention, je t'en supplie !

– Allons, allons, dit-il. Il ne m'arrivera rien. Et tout en lui donnant des petits tapes dans le dos, pas trop fortes à cause des grains de craie qui s'élevaient du pull en nuages, il ajouta :

» De toute façon, s'il m'arrivait quelque chose, Mutti ne me le pardonnerait jamais !

*

Il lui fallut cinq autres week-ends avant d'être à même de porter la dernière touche à son œuvre. Sur le conseil de Barbara, elle se servait d'une détrempe blanche qu'elle mêlait de peinture en poudre pour produire les tons qu'elle voulait. Elle disposait pour cela d'une série de vieux pots et boîtes en fer-blanc, qui n'en finissait pas de croître. Le travail était épuisant et il fallait l'effectuer dans une espèce de moiteur froide, mais malgré cela, elle l'adorait. Les peintures prenaient bien l'aspect qu'elle recherchait, et à mesure qu'elle progressait, qu'elle voyageait d'un mur à l'autre, qu'elle reculait pour regarder, à mesure que son pull-over se couvrait de taches de peinture, une grande joie l'envahissait, la même que celle qu'elle avait éprouvée quand elle avait terminé ses dessins. Quelquefois, quand elle repensait à son travail, à la maison, il arrivait qu'elle imagine tel ou tel défaut effrayant qu'elle aurait pu laisser passer. Dès le lendemain, elle se trouvait à la devanture de la brasserie, vérifiant pour se rassurer. En fait, c'était toujours parfait, et les clients semblaient contents, Albert et sa femme aussi.

Max obtint son affectation. Un peu plus tard, il écrivit qu'il avait fait plusieurs sorties, sans jamais courir de danger. « Qui plus est, il y a toujours des œufs au bacon au retour, concluait-il, vous voyez bien, tout s'améliore à vitesse grand V. »

Personne n'était sûr de pouvoir se fier réellement à ses dires, mais de toute façon, comme Mutti n'aurait pas supporté l'idée qu'il pût en aller autrement, elle soutint qu'il disait vrai.

Finalement, Anna termina sa fresque murale au mois de mai. Albert lui paya les quinze livres, et comme elle se voyait plus riche qu'elle ne l'avait jamais été, elle décida en premier lieu d'inviter Mutti et Vati, et ensuite ses amis de l'École, à venir manger à la brasserie. Mutti et Vati ne firent rien pour cacher leur admiration. Pendant le repas, Anna, dans un beau pull-over tout neuf, assise tout heureuse entre l'un et l'autre, s'extasiait les yeux mi-clos, en se demandant à l'occasion, mais sans exagération, si elle n'aurait pas pu mieux rendre des petits détails à droite à gauche, ou ce que tel ou tel personnage, qu'elle avait placé sur un mur, aurait pu donner sur un autre.

« Mais c'est tellement professionnel ! » s'écria Mutti étonnée. Et Vati dit : « C'est ravissant. »

Voir tant d'étonnement dans leurs yeux, c'était un choc, et quel plaisir au moment de payer l'addition !

Mais ce qui comptait le plus en fait, c'était la soirée de l'École. Tant qu'elle travaillait sur ses murs, Anna avait à peine eu le temps de fréquenter les cours du soir. Elle brûlait désormais de revoir John Cotmore. Je lui aurai manqué, pensait-elle. Soudain, il lui apparaissait que son motif le plus profond, quand elle décorait la brasserie, était de le lui montrer à lui.

Oui, une fois qu'il aurait vu son travail, une fois qu'il aurait passé cette soirée entière avec elle, quelque chose changerait certainement, une chose extraordinaire, une chose toute nouvelle, ne manquerait pas de se produire. Il verra que je suis adulte, que je suis devenue son égale, et alors... Elle n'était pas sûre, à dire vrai, de ce qu'il ferait alors. Mais il y aurait un signe, un mot, ou quelque chose, une façon de s'engager, de montrer qu'à partir de là ce ne serait plus jamais pareil.

Elle se sentait un peu fébrile mais le cœur empli d'espérance en attendant son arrivée. Cachée derrière une carte dans un recoin de la pièce, elle le regarda s'arrêter un instant sur le pas de la porte. Elle vit l'expression concentrée que prit tout à coup son regard lorsqu'il aperçut les peintures. Il examina chaque mur, fit lentement un tour entier, et revint deux fois sur ses pas. À ce moment-là, il vit Anna et vint s'asseoir à côté d'elle.

– Eh bien, décidément, dit-il, te voilà devenue adulte !

Si elle avait eu à choisir les paroles qu'elle voulait entendre, elle n'en aurait pas trouvé d'autres.

– J'espérais que tu aimerais, dit-elle.

Puis elle l'écouta, heureusement troublée, émettre des critiques élogieuses, sur la composition, le rendu du dessin, la subtilité des couleurs.

– Je m'attendais à voir de bonnes choses, dit-il, mais là c'est une surprise.

Elle ne pouvait rien faire de plus que lui sourire et le regarder une nouvelle fois parcourir des yeux l'ensemble de son travail.

– Alors voilà ce que tu faisais au lieu d'assister à mes cours !

Tout se passait exactement comme elle l'espérait intimement. Elle hocha la tête en souriant et quand ses yeux quittèrent les murs et revinrent se poser sur elle, ce qu'ils exprimaient lui parut à la fois nouveau et plus grave. À ce moment les autres étaient là.

– C'est magique ! fit la voix de Harry à la porte. Hein, John, c'est le mot, tu ne trouves pas ?

Puis vint le tour de Welsh William, qui s'installa à côté d'elle.

– J'avais peur que ce soient des femmes portant des robes à crinolines. Sans pieds, tu sais, flottant dans l'air comme sur les boîtes de chocolat. Comment je vais faire pour bouffer devant un mur de robes bouffantes sans risquer une indigestion, que je me disais ! Mais là d'accord – d'un geste déférent, il désignait les fresques – c'est un vrai régal pour les yeux !

– C'est la grâce d'un Winterhalter nuancée par Berthe Morisot, lança Barbara convaincue.

Anna en rougit de plaisir.

Tous les ingrédients étaient là, apparemment, pour que ce soit la plus belle soirée de sa vie. La nourriture elle-même, omelette aux œufs en poudre, Spam frites[1] et tarte aux légumes, lui paraissait délicieuse. Enveloppée de louanges, sous le regard

---

1. Le Spam est un morceau de jambon enveloppé d'une pâte frite. Il est généralement servi avec des frites.

de ses amis, elle rayonnait en écoutant chacun donner de ses nouvelles : Barbara leur annonça qu'elle avait un nouveau travail ; Welsh William qu'il avait vendu un de ses dessins récemment, mais que sa date d'incorporation approchait. Elle commanda plats et boissons, et tout en dégustant, lançait de petits coups d'œil sur les murs, sur le visage de John Cotmore. À mesure que le temps passait, elle sentait son trouble grandir, car elle savait que la soirée lui réservait plus que cela. Que le meilleur restait à venir.

Pour finir, après le dessert, chacun ayant pris un café, Albert lui tendit l'addition et elle s'en acquitta gaiement d'un geste théâtral. Ils se retrouvèrent dehors, sur le trottoir, dans la lumière printanière du soir qui tombait.

– Fort bien... dit John Cotmore.

Anna tendit l'oreille.

– Merci pour cette charmante soirée. Et bravo pour avoir réussi une aussi belle décoration.

Il prit sa main et tout à coup dit en se tournant vers Harry :

» On a bien le droit d'embrasser son élève favorite, pas vrai ?

Et avant qu'elle ait le temps de penser, il l'avait déjà embrassée, à la régulière, sur la joue.

» Mes félicitations, dit-il, puisses-tu peindre encore beaucoup de murs aussi remarquables que ceux-ci.

Puis il se détourna soudain, et lança deux mots qui pouvaient ou bien avoir été « bonne nuit » ou bien avoir été « au revoir », en s'éloignant, avec Harry et Barbara sur ses talons, en direction de Westminster.

Elle n'arrivait pas à y croire. Elle était là sur le trottoir, sentant une esquisse de sourire flotter encore sur son visage, sentant sa main encore brûlante de l'envie de lui prendre le bras, voyant le vent qui déplaçait de petits flux de poussière rasante à ses pieds sur Victoria Street.

– Un peu brusque, tout de même, comme départ, tu ne trouves pas ? dit Welsh William, en regardant les trois silhouettes disparaître vers le bout de la rue.

– Allez, tu viens ? dit-il encore.

Elle sortit de sa torpeur et se mit à marcher, médusée, à côté de lui en direction du métro. Il parla tout le long du chemin, mais elle n'entendit pas un mot. Elle ne pensait qu'à John Cotmore. Qu'est-ce qui avait bien pu lui prendre de l'embrasser de cette façon-là avant de s'enfuir en courant ? Était-ce « bonne nuit » ou « au revoir » qu'il avait crié en partant ?

21

Au cours des semaines qui suivirent, le cœur d'Anna fut partagé entre des moments de bonheur et de découragement extrême. Et la guerre, dans la même période, semblait se mettre au diapason.

En juin, le deuxième Front devint une réalité. Ce fut l'heure du débarquement britannique et américain sur les plages de la côte normande – le pas vers la libération des pays tombés sous la coupe des nazis depuis quatre années. Pour Anna, qui se rappelait le terrifiant été 1940, c'était beaucoup plus émouvant que n'importe quelle autre victoire sur les fronts africain ou russe. Quand les positions des Alliés parurent fermement établies en France, elle commença à se dire, ébahie, mais avec prudence, qu'il se pouvait effectivement que la fin de la guerre soit en vue.

Parallèlement, l'espoir à Londres n'avait pas eu le temps de prendre forme qu'il était déjà mis à mal par l'arrivée des « bombes volantes ». C'était l'arme secrète d'Hitler. De petits avions sans pilote qu'on lançait, bourrés d'explosifs, de l'autre côté de la Manche. Au moment où l'avion tombait à court de carburant, on le voyait s'écraser au sol et faire tout sauter alentour. Ces vols étaient pour la plupart programmés pour atteindre Londres.

Quand ils virent pour la première fois passer dans le ciel une bombe volante, ni Anna ni Mr Cuddeford ne comprirent très bien ce que c'était. Une espèce de « put-put-put-put » retentit au-dessus de leurs têtes, le bruit d'un moteur pris de soubresauts. Levant les yeux, ils virent passer à faible allure un objet sombre, au fuselage plutôt arrondi, dont la queue projetait des flammèches. Soudain l'objet sortit de leur champ de vision. Le bruit cessa. L'instant d'après, ils entendaient une explosion retentissante.

– Un avion en panne, dit Anna.

– Je n'en ai jamais vu de ce genre, répliqua Mr Cuddeford.

Après une nuit entière d'alerte, l'explication figurait dans tous les journaux du matin.

Au commencement, les missiles V1 survolaient Londres sporadiquement. Les gens riaient et se gaussaient de leur apparence ridicule. On inventait des noms : « bombes volantes » ou « fourmilions ». Mais peu après, les projectiles tombèrent très nombreux, jour et nuit. Soudain on n'en menait pas large. Sur le chemin du travail, on comptait les soubresauts d'un moteur qui pouvait stopper au-dessus de soi à tout moment. On priait pour que la « bombe volante » continue de voler un peu – mais sans fierté, car on savait qu'elle tomberait sur quelqu'un d'autre. Et l'idée que la fin de la guerre n'était plus très longue à venir emplissait chacun d'un désir éperdu de rester vivant.

De nouveau, des gens quittèrent Londres et l'on revit les files d'enfants munis d'étiquettes près des gares. Chaque jour apportait son nouveau bilan de victimes et de ruines. Les abris ne servaient plus à rien, les bombes venaient n'importe quand. À Londres, la seule solution était de plonger sous un porche, ou sous la table la plus proche, au bruit d'un moteur qui calait.

Au travail, Anna n'en revenait pas de voir l'agilité dont les vieilles dames étaient capables. Elle les voyait penchées sur leurs machines à coudre en pleine action, et d'un seul coup elle les retrouvait sous les tables. C'est à peine si l'on pouvait distinguer le popotin de Miss Potter bien serré dans son tablier déborder d'un côté de sa table, ou les semelles de Miss Clinton-Brown, qui chaussait du 41, dépasser de l'autre côté. Mrs Riley était la seule à disparaître entièrement, sans doute grâce à ce qu'il lui restait d'un entraînement d'acrobate qu'elle avait suivi étant jeune.

Pour ce qui était d'Anna elle-même, elle était beaucoup moins craintive qu'autrefois, à l'époque du Blitz. Il lui arrivait d'accueillir ce genre de drame comme un moyen de se sortir de ses soucis. John Cotmore était devenu inexplicablement distant depuis le soir au restaurant. La vie d'Anna semblait avoir été privée de nourriture du jour au lendemain. Plus que tout, elle pensait à Max et aux vols qu'il accomplissait. Combien de fois risquait-il sa vie chaque semaine ? Pour une raison qu'elle ne s'expliquait pas, le fait de courir elle-même des risques lui semblait une façon de les détourner de lui.

Ceci n'était rien à côté des superstitions de Mutti. Elle devenait pointilleuse en tout, comme s'il lui fallait satisfaire d'abord quelque entremise céleste pouvant la surveiller d'en haut. Bien qu'elle eût passé des années à ne payer dans l'autobus que quand c'était exigé d'elle, Anna la surprit un beau jour quasiment en train de contraindre la conductrice de prendre la somme qu'elle voulait lui remettre. Quand elle s'aperçut qu'Anna l'avait remarquée, Mutti dit : « Pourquoi tenter le diable ? » Ajoutant d'un air de défiance : « Avec Max qui vole en ce moment ! »

Et pourtant, en même temps Mutti était incapable d'admettre que Max courût le moindre risque. Lorsque Vati prétendait que si, ça la mettait dans une rage folle.

– Enfin ! Ils tirent tout de même sur lui ! disait Vati.

Mais Mutti s'écriait alors :

– Pas nécessairement sur lui ! Et de toutes les manières, ils n'auront jamais Max !

Les cours du soir se poursuivaient en dépit de ces bombes volantes. Anna vivait toujours en fonction de ses cours, mais ils la laissaient déprimée, désorientée. Rien n'y était plus comme avant. John Cotmore ne lui parlait plus que de façon professionnelle. Après les cours, à cause des bombes, chacun se hâtait de rentrer. Ils n'eurent qu'une seule fois l'occasion de se retrouver au café : le jour où Welsh William devait être incorporé. Il était venu en uniforme, histoire de crâner un petit peu. Chacun l'entoura de paroles et de cafés comme autrefois, mais il avait l'air malheureux et il semblait beaucoup trop jeune pour devoir partir à la guerre – chacun se sentit soulagé quand la soirée fut terminée.

Qu'est-ce qui leur était arrivé ? Tout s'annonçait si bien un mois plus tôt – la guerre qui tirait à sa fin, le dessin, la peinture d'Anna... Oui, tout cela, se disait-elle, en se refusant à mettre des mots sur ce qu'elle avait attendu, et attendait, de John Cotmore. Et voilà que c'était comme si on revenait à l'époque du Blitz. Comme si l'existence se vidait une nouvelle fois de son sens. Quand l'École des Beaux-Arts, à la fin juillet, ferma pour les vacances d'été, elle sentit qu'une page de sa vie se tournait définitivement.

*

Mrs Hammond lui octroya toute une semaine de congé. Elle la passa à la campagne, dans la maison des Rosenberg.

Les Mémoires avaient avorté à la fin du sixième chapitre (beaucoup d'émotions pour rien, se dit Anna en l'apprenant). Le professeur se passionnait pour la culture des légumes et passait son temps au jardin. Tante Louise menait sa guéguerre habituelle aux gens de maison. Anna passa beaucoup de temps sur un portrait de Fraulein Pimke assise dans un coin de sa cuisine. Quand elle n'était pas en train de peindre, elle allait aider à jardiner. À force d'arpenter le potager, elle vit sa peau brunir un peu, et sentit revenir ses forces.

Le soir, n'ayant plus rien à faire, elle repensait à John Cotmore. Elle revivait mentalement la visite chez lui à Hampstead, chacune de ses étreintes, chacun de ses baisers. Elle se rappelait ses mots tendres. Elle compta même le nombre de fois où il l'avait embrassée. Onze. La bise trop formelle adressée à la sortie du restaurant ne figurait pas dans la liste. On n'embrassait certainement pas onze fois de suite de cette façon-là sans que cela signifie quelque chose, se disait-elle avec espoir. Mais que dire de son attitude au cours des dernières semaines ? Sa conscience, se disait-elle, parce qu'il pense encore à sa femme...

En s'endormant, elle concevait toutes sortes de situations, plus inouïes les unes que les autres, grâce auxquelles il serait amené à lui déclarer son amour. Quelquefois c'était à la vue d'un dessin extraordinaire qu'elle avait fait à l'atelier. D'autres fois, il la retrouvait bloquée sous un tas de décombres, après la chute d'une bombe volante, apeurée, mais si courageuse ! Et bien sûr sans une ecchymose. D'autres fois, c'était elle qui lui sauvait la vie, grâce à sa force de caractère, à son moral à toute épreuve, malgré l'écroulement de l'École où ils étaient pris tous les deux. Elle s'en voulait réellement de divaguer à ce point-là, mais d'un autre côté ça l'aidait.

À son retour à Londres, elle trouva un message – Barbara proposait de la voir. C'était au moins une occasion de parler de lui un moment. Elles déjeunèrent toutes deux au Lyons, Anna ne cessant de pérorer sur le talent et les qualités de John Cotmore. Barbara, sourire bon enfant, acquiesçait en hochant la tête. Cela fit du bien à Anna, et elles se revirent deux autres fois pour un film et pour un concert. Ensuite, Barbara fut davantage accaparée par son travail, et en l'absence d'autres rencontres, Anna fut plus seule que jamais.

Un matin, elle s'ennuyait ferme devant sa machine à écrire ; Harry appela au téléphone. Il était en possession d'un lot de tickets pour un concert – « Beethoven et Mozart, c'est un peu du rebattu », mais peut-être voulait-elle venir...

– Amène un ami, si tu veux. J'en ai parlé à tout le monde, il me reste encore des billets.

« Tout le monde », avait dit Harry... Alors, John Cotmore serait là. Anna sentit sa léthargie se dissiper en un clin d'œil.

– Je serais enchantée de venir ! s'écria-t-elle laissant Harry étonné d'un tel enthousiasme.

Elle songeait déjà à ce qu'elle allait se mettre ce soir-là, l'attitude qu'elle adopterait, et les mots qu'elle pourrait lui dire.

*

– Demain soir, je ne serai pas là, annonça-t-elle pendant le dîner. Je vais écouter un concert.

– Avec qui ? demanda Mutti.

Anna se rembrunit un peu.

– Personne en particulier. Seulement quelques amis de l'École. L'un d'entre eux a un lot de tickets, mais c'est du Beethoven surtout. Comme beaucoup trouvent cela démodé, il n'y aura pas grand monde.

Frau Gruber approcha de la table et débarrassa les assiettes. « Pas beaucoup d'appétit ce soir ? » dit-elle à Vati qui laissait presque toute sa tarte aux légumes. Vati lui sourit gentiment.

– Beethoven, dit-il. Qu'est-ce qu'ils jouent ?

C'était vrai qu'il avait le teint pâle... Elle lui dit que c'était la « Septième Symphonie » et qu'il y avait quelque chose d'autre dont elle ne se souvenait pas bien. Vati hocha doucement la tête.

Mutti à ce moment-là voulut dire quelque chose à propos de la nourriture, mais Vati reprit la parole.

– J'aimerais y aller avec toi.

– Au concert ? s'écria Anna. Ça lui paraissait impossible. Ce ne sont pas de bonnes places, dit-elle, rapidement. Pas du tout les mêmes qu'à Berlin. C'est tout en haut des secondes galeries, il n'y aura que des étudiants, il faut s'asseoir sur les gradins.

– Je comprends bien. Mais ça ne fait rien. J'aimerais beaucoup y aller.

Elle ouvrit des yeux horrifiés.

– Tu y tiens vraiment ? dit Mutti. Ça a l'air d'être un peu spartiate.

Anna attendit pleine d'espoir.

– Les sièges n'ont aucune importance. J'aimerais entendre la musique.

Il n'y avait rien à redire à cela.

Après avoir vainement cherché une objection à formuler, Anna marmonna quelque chose qui ressemblait à un accord. Elle passa le reste du repas dans une profonde mélancolie. Pour la première fois depuis des semaines, une chance se présentait enfin à elle de revoir John Cotmore. Et voilà qu'elle allait se retrouver coincée avec Vati ! Au bureau, pendant la journée, elle avait à demi rêvé, à demi combiné un plan, dans lequel elle parvenait à rester seule avec John Cotmore. Peut-être qu'elle aurait osé lui demander ce qui n'allait pas. Peut-être qu'il se serait expliqué, peut-être même qu'il lui aurait dit…

Avec Vati, il ne fallait plus y compter.

Elle tenta de s'imaginer qu'il pourrait s'être ravisé – contre toute vraisemblance d'ailleurs, sachant sa détermination – mais quand elle parvint au théâtre, le lendemain, en début de soirée, Vati se trouvait déjà là. Il était dans le hall à côté d'une affiche, et il détonnait complètement avec son vieux manteau râpé. Une tristesse émanait de lui, qui emplit Anna d'un mélange d'amour et d'irritation.

« Bonsoir », dit-elle, et en même temps son cœur bondit dans sa poitrine. John Cotmore venait de passer, il avançait d'un pas alerte vers l'entrée du dernier balcon. Il était bel et bien venu !

Elle s'empressa tant bien que mal de mener Vati jusqu'à Harry qui leur délivra leurs tickets. Elle eut toutes les peines du monde à contenir son impatience lorsque Harry dit son plaisir de rencontrer le père d'Anna. Vati s'efforça de chercher une suite de mots appropriés dans un anglais plus qu'hésitant. À ce rythme, le temps qu'ils atteignent l'entrée du dernier balcon, John Cotmore aurait disparu à l'intérieur depuis longtemps. Vati s'engagea avec résolution dans la longue ascension des marches, mais sa progression était lente, et plusieurs élèves de l'École les dépassèrent en chemin. Ils vont s'asseoir autour de John, pensa Anna, car aucune place n'était numérotée là-haut, on s'asseyait où on voulait.

Comme prévu, quand elle et Vati, arrivés en haut de l'escalier, atteignirent le sol incliné au-dessous du toit du théâtre, John Cotmore était entouré. Un homme, portant barbe et moustache, en qui Anna crut reconnaître un autre professeur de dessin, était assis près de lui. De l'autre côté, Anna reconnut Barbara. Derrière et devant, des élèves avaient formé un petit groupe. Elle resta figée un instant et les regarda d'un air sombre, puis elle s'aperçut que Vati inspirait l'air profondément.

– Merveilleuse odeur de théâtre ! Il y a des années que je n'y étais pas venu, mais ces choses-là ne changent jamais.

Il fonça tout droit, décidé.

– On s'assoit là ? proposa-t-il en indiquant un espace libre à proximité de l'allée. Ou peut-être préférerais-tu être assise avec tes amis ?

Anna jeta un regard amer en direction du petit groupe pressé autour de John Cotmore.

– Ici, ce sera parfait, dit-elle.

Elle avait beau être présente, elle n'entendit qu'une petite partie du concert.

Cela débuta avec une des premières œuvres de Mozart, une musique trop symétrique, qui la laissa libre de songer à autre chose. Peut-être que je pourrai lui parler à l'entracte, ne cessait-elle de se dire. Mais quand les lumières s'allumèrent, John Cotmore resta à sa place et le groupe d'élèves fit de même. Seule Barbara vint jusqu'à eux. Elle salua Anna, qui la présenta à Vati. Ils eurent une longue conversation, et Anna se sentit bien mieux quand Barbara, avec sa tendresse coutumière, lui dit : « Anna, j'adore ton père. J'espère vraiment que tu me permettras de le rencontrer à nouveau. »

Elle allait peut-être parler de sa rencontre à John Cotmore, et peut-être que lui aussi souhaiterait rencontrer Vati – quand le concert serait terminé…

– Charmante, dit Vati en suivant des yeux Barbara qui repartait… Tout à fait charmante, ton amie.

En voyant son air obligeant, si ouvert à tout ce qui se passait, Anna se sentit prise de honte de n'avoir su penser à lui qu'en termes d'opportunité. Elle se rapprocha de son père, assis comme elle sur le gradin.

Oui, tout compte fait, pourquoi ne pas le présenter à John Cotmore ? Il y avait mille raisons de le faire, et Vati serait ravi sans doute. Elle pouvait tenter de le trouver après le concert, dans le hall…

L'orchestre en était à lancer les premières mesures de la « Septième Symphonie » de Beethoven. La magnificence de ces sons empoigna Anna aussitôt. Une merveille ! pensa-t-elle tandis que les grondements se fondaient dans un lent mouvement d'où naissait la marche funèbre. Au cours du mouvement suivant, qui lui résistait davantage, elle sentit son attention céder le pas progressivement.

Essayer de l'intercepter avant qu'il ne quitte la galerie. C'était plus sûr, parce qu'autrement, le temps que Vati descende les marches, il pouvait être déjà parti. Elle dirait : « John, mon père est là, j'aimerais bien que tu le rencontres. » Simplement, il faudrait faire vite pour pouvoir le rejoindre avant qu'il ne soit trop haut dans l'allée. D'instinct, elle pivota un peu sur la banquette, si bien que son regard embrassa la silhouette de Vati.

Il était assis immobile, le menton un peu haut, tendu, les mains croisées sur son manteau. Il écoutait, les yeux mi-clos, mais ses yeux – elle le vit alors –, ses yeux étaient remplis de larmes, et d'autres larmes, plus nombreuses, roulaient en silence sur ses joues.

– Papa ! dit-elle l'esprit vidé, ses pensées envolées.

Il voulut parler, mais ne le put. Il remua la tête simplement, pour tenter de la rassurer. Puis il murmura :

– La musique…

Inquiète, elle posa sa main sur la sienne et se serra contre lui tandis que grondait la musique, de plus en plus fort, jusqu'à ce qu'elle s'achève.

Les applaudissements crépitèrent.

– Ça va ?

Il dit oui de la tête.

– Dans un instant…

Ils restèrent là, sur le gradin l'un contre l'autre… Autour la galerie se vidait.

» Désolé. Je t'ai alarmée. C'est seulement… (Ses doigts, un à un, se désenlacèrent.) C'est seulement que je n'avais pas entendu cela depuis des années.

Il se leva, et ils sortirent, lentement, parmi les derniers.

Revigoré par l'air frais, il parut revenir aux choses et au monde. Il faisait presque noir déjà. Comme ils avançaient prudemment en contournant les groupes de gens, il se retourna vers la façade du théâtre sombre sur la nuit, et il murmura : « Merveilleux ! » D'un regard en coin, Anna lorgnait John Cotmore au milieu d'un groupe, avec Harry et Barbara. Elle se demanda un instant si elle pouvait… Mais non en fait, ce n'était vraiment pas le moment. Elle prit donc le bras de Vati et ils marchèrent vers le métro. Ils allaient acheter les billets, quand il s'arrêta tout à coup.

– Avec ces émotions, dit-il, tandis qu'Anna éclatait de rire, v'là-ti-pas que j'oublie mon chapeau !

– Je vais te le chercher ! cria-t-elle.

Elle courut dans le crépuscule jusqu'au théâtre et aussitôt un espoir sauvage la saisit de pouvoir encore voir John Cotmore et lui parler, et que la soirée prenne un tour différent, au moment ultime.

La porte de la galerie était fermée déjà. Elle fit donc le tour du foyer et tout à coup elle l'aperçut. Elle aperçut à quelques mètres sa silhouette mal éclairée dans l'embrasure d'une porte. Elle ne le voyait que de dos. Il y avait quelqu'un derrière lui, quelqu'un de tellement proche de lui qu'elle ne pouvait discerner qui.

Les deux silhouettes s'étreignirent.

Avant même d'entendre la voix, Anna savait qui ce devait être...

– Qu'est-ce qu'on fait ? dit John Cotmore.

Et dans la pénombre du hall, une voix, celle de Barbara, répondit :

– Rentrons à la maison.

22

Anna ne sut jamais très bien de quelle manière elle était rentrée à Putney. Elle avait dépassé, d'une façon ou d'une autre, les deux silhouettes dans le hall. Elle avait retrouvé le chapeau de Vati. Puis elle était rentrée en métro avec lui. Sentir que son père avait besoin d'aide lui fut précieux dans ces instants. Voir que l'expression de son visage n'avait pas retrouvé son ironie habituelle étouffa au moins en partie le tumulte de ses sentiments.

Oui, mais Barbara ! pensait-elle. Sa femme, elle aurait pu comprendre. Mais Barbara... Et depuis quand ? Les vacances ? Le trimestre passé ? Barbara savait-elle ce qu'il s'était passé entre eux ? John Cotmore et Barbara avaient-ils parlé d'Anna, en riant tous les deux peut-être de son adoration pour lui ? Tous les dessins qu'elle lui montrait ! La saccharine qu'elle lui achetait pendant son heure de déjeuner ! Ces pensées faisaient boule de neige, chacune aggravait sa douleur, au point qu'elle n'avait qu'un désir : fondre en larmes, confier à Vati tout ce qu'elle avait sur le cœur. Mais elle savait bien qu'elle n'oserait jamais lui parler de ces choses-là.

– Ça va ? lui dit Vati. Je te trouve tellement pâle !

– Et toi ?

Assis à côté d'elle, il se frictionnait les mains en les passant l'une contre l'autre.

– Des fourmis, dit-il, ça me picote !

C'était un tel retour à la réalité qu'elle ne put s'empêcher de rire ; des larmes rejaillirent en même temps entre ses paupières, et qu'elle se pressa contre lui.

– Oh papa ! Mon pauvre papa.

– Allons allons, ma petite fille ! (Il mit un bras sur ses épaules.) Je m'en veux de t'avoir alarmée.

– Ce n'est pas cela.

Un court instant, elle eut peur qu'il pose une question, mais il ne fit que dire avec une grande tendresse :

– Alors je ne vois pas bien ce que c'est, mais de toute façon ça passera...

Le lendemain fut épouvantable. Peu de travail à faire au bureau. Mrs Hammond n'arrivait pas. Miss Clinton-Brown et Miss Potter brillaient toutes deux par leur absence – elles avaient pris quelque congé. Anna passa la matinée à feindre de se concentrer sur ses fiches, mais ses pensées à chaque instant la ramenaient à John Cotmore.

Je n'ai plus aucune envie maintenant. Plus

aucune envie de faire quoi que ce soit, plus aucune envie de voir qui que ce soit ! Elle se répétait cela en boucle. Elle cherchait dans les mots un peu de réconfort. On m'a laissée tomber, c'est cela ? Abandonnée, c'est cela qu'on dit ? Je suis malheureuse en amour. Ils semblaient bien usés ces mots, mais ils étaient loin de la faire rire. Elle ne pouvait pas écarter les souvenirs qui l'humiliaient. Parce qu'elle lui avait souri, s'était suspendue à ses lèvres, parce que le soir du restaurant elle s'était vraiment sentie prête à passer son bras sous le sien. Or, tout ce temps, lui et Barbara... Tout ce temps, lui et Barbara...

Au début de l'après-midi, Mrs Riley vint jusqu'à elle avec un grand album ouvert. « Ma vie sur les planches, lui dit-elle. Ce n'est pas souvent que je la montre. »

Comme il n'y avait rien de mieux à faire, Anna passa l'après-midi en compagnie de Mrs Riley, les yeux rivés sur les images et le nez un peu de côté. Elle voyait Mrs Riley vêtue d'une robe à paillettes en 1891, Mrs Riley tenant une houlette de bergère, un mouton en peluche à ses pieds, Mrs Riley vêtue d'un costume de baigneuse. Et tout ce temps, sa pensée appelait John Cotmore, se défendait que cette soirée de concert ait jamais eu lieu, réclamait avec violence que tout redevienne comme avant.

Elle revint tard, ne se sentant pas plus de désir de rentrer que d'errer nulle part ailleurs. Son esprit était à mille lieues d'appréhender le désespoir avec lequel elle vit Mutti sortir en hâte à sa rencontre.

– Anna ! cria Mutti en se tordant les mains. Oh, Anna !

Elle était en larmes.

– Mon Dieu !

Elle songea aussitôt : C'est Max ?

Mais ce n'était pas Max... C'était Vati.

Elles se retrouvèrent à l'intérieur de la maison, Mutti l'étreignant dans l'entrée.

– En rentrant je l'ai trouvé sur le plancher de sa chambre. Il y était depuis des heures. Il parle de façon bizarre. Une de ses mains est engourdie.

Elles se regardèrent.

– Sam est en route ; on a de la chance, il est à Londres. Mutti lâcha la main d'Anna. Lui au moins saura ce qu'il faut faire.

– Est-ce que je peux le voir ?

Elles montèrent toutes deux dans sa chambre.

Vati se trouvait sur le lit – Frau Gruber avait aidé Mutti à le poser dessus. Son visage semblait alourdi, comme envahi par le sommeil, mais aussitôt qu'il vit Anna, il étira un peu les lèvres, comme s'il essayait de sourire.

– Papa !

Ses lèvres remuèrent. « Je m'ex-cuse... »

Sa voix était lourde et les mots qu'il cherchait ne semblaient pas venir. Une de ses mains lui fit un signe d'impuissance, tandis que l'autre restait sans force sur le lit.

– Papa, dit à nouveau Anna.

Elle s'assit sur le bord du lit, posa doucement la paume sur sa main immobile, en souriant, mais sans rien dire, pour lui épargner des efforts.

– Sam sera là bientôt, dit Mutti.

Vati hocha la tête et ferma les paupières. Peu après, Mutti faisait signe à Anna qu'elle quittait la chambre.

Anna resta sur le bord du lit et le regarda. Est-ce qu'il dormait ? Les yeux clos, il paraissait calme. Ses cheveux gris bouclés aux tempes (d'aussi loin qu'Anna s'en souvenait, elle ne lui avait jamais vu le moindre frisottis sur le haut du crâne) retombaient un peu en désordre, de chaque côté, sur l'oreiller. Elle se rappela soudain comment, petite fille, à Berlin, lorsqu'elle et Max jouaient au jeu des sept familles, elle perdait la plupart du temps, parce qu'elle sacrifiait tout pour entrer en possession d'une carte particulière – le boulanger, reconnaissable à une tête mince et allongée, et avec le haut du crâne dégarni. « Je le trouve tellement beau, expliquait-elle à Max, on dirait tout à fait Vati. »

À présent Vati était là, allongé, col de chemise ouvert, et il respirait lentement. Bien sûr, il était assez vieux. Soixante et onze ans. Ou soixante-douze. Anna en avait bien conscience, mais ça ne voulait rien dire. Il n'avait jamais eu l'air vieux. Il était différent en cela des autres pères, ce n'était pas une question d'âge, la différence tenait en fait au genre de personne qu'il était.

Tout à coup, sans bouger la tête, il ouvrit les yeux vers les siens.

– An-na, dit-il très doucement.

Elle serra sa main un peu plus et répondit :

– Ne parle pas.

Mais il voulait dire quelque chose.

– An-na, dit-il encore avec effort. Le concert...

Elle hocha la tête et lui sourit en le sentant surmonter de terribles obstacles – ses lèvres s'amincirent, pour rendre le sourire.

» C'était...

Le mot se dissipa, mais son esprit suivit sa trace et parvint à lui rendre forme.

» Su-per-be ! dit-il, triomphant.

*

Le diagnostic du professeur confirma l'hypothèse de Mutti et Anna. Vati avait été frappé d'apoplexie.

– À quoi faut-il s'attendre ? lui demanda Mutti.

– Je ne peux rien dire pour l'instant. On en saura plus dans quelques jours.

Vati ne pouvait rester seul, Mutti dormit donc dans sa chambre, sur un petit lit improvisé. Anna prenait la relève quelques heures, le soir en rentrant du travail. Il avait parfaitement conscience de ce qui lui était arrivé, mais ne semblait pas avoir peur. Le troisième jour, quand il lui fut devenu plus facile de parler, il dit soudain :

– Étrange.

– Quoi ?

D'un geste, il se montra lui-même, puis le lit, et la pauvre chambre.

– Ceci, dit-il, en ajoutant, d'une voix presque admirative : C'est surprenant comme expérience !

Le professeur, quand il revint, parut satisfait du progrès.

– Nous avons eu de la chance cette fois. Il devrait se rétablir assez vite.

– Complètement ?

Il hocha la tête.

– Grâce à Dieu, soupira Mutti.

– Mais qu'est-ce qui lui a pris ? tonna le professeur. Un homme dans son état, monter au dernier étage d'un théâtre !

Mutti souriait de soulagement.

– Tu sais comment il est. Il ne pouvait pas se douter.

Une idée parut la frapper.

– Est-ce qu'il t'aurait... ?

Le professeur ne l'avait pas quittée des yeux, son regard montrait de la tristesse.

– Oui, dit-il, il y a trois semaines. Il est venu me consulter, il présentait tous les symptômes. Maux de tête, fourmis dans les membres, hypertension. Je lui ai dit de se surveiller, de ne commettre aucune imprudence. Et à peine sorti, qu'est-ce qu'il fait ? Il s'impose de grimper je ne sais combien de marches pour entendre du Beethoven.

– Alors, il savait, dit Mutti.

Anna se rappela Vati pendant la « Septième Symphonie ».

– Ce devait être pour cela, dit-elle.

Ils étaient assis dans le jardin par une chaude soirée pour une fois. Woodpigeon tondait la pelouse, les Poznanski étaient en train de discuter en polonais, Frau Gruber écossait des petits pois dans un bol.

– Tout à l'heure, tu as dit que nous avions eu de la chance, et tu as ajouté « cette fois ». Qu'est-ce que tu voulais dire par là ?

– Ni plus ni moins que ce que j'ai dit.

– Oui, mais… « cette fois » ?

Le professeur poussa un soupir irrité.

– Ma chère, ton mari vient de nous faire une attaque d'apoplexie qui aurait pu lui être fatale. Je pense qu'il va se rétablir. Il faut s'estimer reconnaissant.

– Et je le suis, dit Mutti, mais qu'as-tu voulu dire ?

– Bonté divine, tu dois savoir – gêné, il jeta un coup d'œil rapide en direction d'Anna – que ce n'est pas rien ces choses-là. À partir du moment où survient une attaque, il peut en survenir une autre. Il peut s'écouler des années avant cela, mais on ne peut pas dire que ton mari soit un jeune homme. Et la prochaine fois – il se tut, avant d'ajouter d'une voix triste – la prochaine fois, il se pourrait que nous n'ayons pas autant de chance.

*

Vati se rétablit assez rapidement. Au bout d'une semaine, il avait retrouvé son élocution. Sa main le gênait encore un peu, mais quand Max arriva en permission, il était déjà sur pied. Max fut étonné de le voir si peu marqué physiquement.

– Il paraît un peu fatigué, mais sans plus, leur dit-il ensuite.

Reste que chacun avait conscience que Vati était en sursis.

Anna trouvait une chose pareille presque impossible à concevoir.

– Pas d'inquiétude, lui dit Vati, en levant rapidement les yeux en direction du plafond. Le vieux rabbin est de mon côté.

Anna le regardait attablé à l'heure du petit déjeuner, avec ses yeux qui parcouraient minutieusement le journal, ses mains (l'une encore malhabile) qui serraient couteau et fourchette au-dessus d'une assiette ébréchée. Elle essayait de se figurer qu'un jour il ne serait plus là. Et ça lui semblait impossible.

Elle passait avec lui autant de temps qu'elle le pouvait, sans cesse hantée par la pensée qu'un jour il n'existerait plus. Quand elle voyait son écriture hérissée de pointes minuscules, fournie et dense sur son bureau dans sa chambre, comme depuis toujours à quelque endroit qu'ils aient vécu, elle pensait qu'un jour, soudainement, il n'y aurait plus de ligne suivante. Elle eut même un temps l'envie folle de lui dire d'écrire quelque chose d'épais, de très volumineux, une grande quantité de feuilles, afin que tout ne soit pas perdu le jour où il s'arrêterait.

Elle essaya de faire son portrait. Il posa patiemment pour elle dans la pièce au-dessus du garage, mais cela ne donnait pas de résultat. Elle voulait mettre tant de choses dedans. Chaque fois qu'elle croyait y parvenir, elle n'était pas totalement satisfaite et préférait tout reprendre du début.

Et pendant ce temps, les nouvelles de la guerre étaient excellentes. C'était comme à l'arrière-plan le déroulement d'une bande filmée, qui dans ces instants paraissait insolite, et presque insolente. Paris fut d'abord libéré, puis la plus grande partie de la France. Des lettres apportèrent des nouvelles d'amis français qui avaient pu, par miracle dans l'esprit d'Anna, survivre sous l'Occupation.

Faites que Vati n'ait pas une autre attaque, que Max ne se fasse pas tuer, faites qu'aucune bombe volante ne vienne à tomber sur l'un d'eux...

Un jour, Vati fit observer :

– Pourquoi ne te rends-tu plus à l'École des Beaux-Arts ?

– Oh, fit Anna, surprise. (Ça semblait si lointain.) Je suis en mauvais termes avec mon professeur.

– C'est tout ?

– Non, non, pas réellement. (Ils étaient assis dans sa chambre, Mutti jouait au bridge en bas.) Je ne sais pas, mais souvent je me dis que dans tout ce que je faisais là-bas, il n'y avait peut-être que lui qui m'intéressait réellement. Je n'ai pas l'impression que je puisse encore dessiner quelque chose. Je n'en ai même pas envie.

– Une période comme cela, dit Vati.

Elle secoua la tête.

» Le trimestre est commencé ?

Elle sourit de son manque de repères temporels.

– Ça fait six bonnes semaines maintenant.

– Si c'est cela, tu dois y retourner. Tu ne peux pas abandonner ton travail sur une prise de bec.

« Ce n'était pas qu'une prise de bec ! » allait-elle crier avec force, lorsqu'elle aperçut sa main levée.

– S'il te plaît. J'aimerais que tu y retournes. S'il te plaît. Retournes-y demain.

*

Elle trouva l'École très changée. Le nombre d'élèves avait augmenté, et l'homme barbu qui se trouvait près de John Cotmore au concert partageait le cours avec lui. John et Barbara faisaient montre de leur attachement au grand jour, et tout le monde parmi les élèves savait qu'après avoir passé trois jours de labeur intensif à remettre sa cuisine en ordre, elle s'était installée chez lui.

– Où étais-tu passée ? demanda-t-il à Anna.

Elle répondit, très circonspecte :

– Mon père a été malade.

Il y avait des semaines qu'elle n'avait quasiment plus rien dessiné. Elle attendait, regard tendu, le commencement de la séance. Avec le modèle sous les yeux, il se pouvait peut-être qu'elle revive quelque chose. Le modèle était bien en chair et se cala au fond de la chaise, une main posée sur le genou. Ce n'était pas une mauvaise pose, mais lorsqu'Anna essaya de focaliser son regard sur lui, elle s'aperçut qu'elle n'avait pas de raison de le dessiner. Elle se sentait comme morte. Qu'est-ce que je fiche ici ? pensa-t-elle. Comment tenir toute la soirée ?

Finalement, pour ne pas rester assise à se tourner les pouces, elle traça une série de traits présentant une vague ressemblance avec ce qu'elle avait sous les yeux, mais cela ne la menait à rien, et les voir l'ennuyait. Quand John Cotmore passa au niveau de sa table, elle tourna sa planche à dessin pour la soustraire à son regard, mais il ne parut pas le remarquer.

– Je suis content que tu sois revenue, dit-il. Il y avait une chose dont je tenais à te parler.

La vie reflua tout à coup. Il allait tout lui expliquer. Barbara était sa petite sœur... ou sa cousine... ou même sa tante...

– Dans quelle mesure ça te conviendrait d'obtenir une bourse des Beaux-Arts ?

– Une bourse des Beaux-Arts ! dit-elle.

Elle était en pleine confusion.

– Oui, trois ans à plein temps à l'École. Aucun frais de scolarité, et une subvention suffisante pour vivre de façon convenable.

Elle le regarda.

– Comment ? Quand ?

– En présentant ce que tu as fait au jury qui les attribue. Tu as la recommandation de ton professeur de dessin. Avec un peu de chance, tu l'obtiendrais en septembre prochain.

Sa confusion l'empêchait de prononcer le moindre mot.

– La question ne se posera vraiment qu'au début

du printemps, dit-il. Mais la fin de la guerre n'est pas loin, les gens commencent déjà à penser à la paix. Il n'y aura qu'un petit nombre de bourses, et j'aimerais te recommander.

Elle avait du mal à saisir, quelque chose faisait obstruction.

– Je ne suis pas capable de dessiner, dit-elle.

– Comment cela ? Qu'est-ce que tu veux dire ?

Son manque d'enthousiasme commençait à l'irriter sérieusement.

– Que je n'ai pas fait un dessin acceptable depuis des mois.

– Allons bon ! (Il rit rapidement.) Une période sans. Ça arrive.

– Je ne crois pas que ce soit cela pour moi.

– Mais bon Dieu ! Il y a des années que tu ne penses à rien d'autre qu'à cela – où est le problème ?

Elle regarda autour d'elle comme si l'atelier pouvait venir à son secours – le modèle, les élèves penchés, Barbara, les sourcils froncés, en train de jauger un bout de fusain. Tandis qu'Anna la regardait, Barbara leva le nez et posa les yeux sur elle. Sa concentration s'effaça pour laisser place à un sourire. Anna répondit, hésitante, d'un petit sourire mitigé. Puis Barbara hocha la tête, lança un long regard en coin semblant désigner John Cotmore, regarda Anna à nouveau et lui fit signe, pouce levé. Qu'est-ce qu'elle voulait dire, pouce levé ? Savait-elle de quoi ils parlaient ? Soudain, ça devint lumineux. Mais bien sûr, Barbara et John avaient parlé de cela entre eux. Ils avaient même prévu un prix de consolation. Cette pauvre petite Anna, elle va être bouleversée, elle mériterait un petit coup de pouce.

Elle se tourna vers John Cotmore.

– Je n'en veux pas.

– Tu n'en veux pas ? Comment cela ? D'une bourse d'études !

– Oh écoute, laisse-moi ! Laisse-moi tranquille ! Tu vois bien que je ne sais pas ce que je veux !

*

Elle continua malgré tout à se rendre aux cours de dessin, notamment parce qu'elle savait que ça faisait plaisir à Vati. Mais il n'en sortait pas grand-chose. Sans doute certains de ses dessins semblaient-ils meilleurs que les autres, mais tout ce qu'elle faisait avait un petit côté besogneux qui la déprimait complètement.

Elle craignait les retours en métro. Ne pouvant jamais qu'y ressasser ses échecs de la soirée, elle emportait toujours un livre. Dès qu'elle se mettait à le lire, elle n'avait plus besoin de penser. Ce qu'elle lisait importait peu, Tolstoï, Jack London ou Agatha Christie, pourvu que ce soit imprimé. Quand elle avait fini son livre, ou quand elle l'avait oublié, elle se sentait si vulnérable qu'elle s'achetait vite un journal. Elle portait toujours les vêtements les plus vieux de sa garde-robe, oubliait fréquemment de se laver les cheveux. Rien n'avait plus grande importance ; il n'y avait plus de raison bien particulière d'exister.

À ce moment-là, qui plus est, Mutti souffrit d'une forte grippe. Anna la trouva alitée, rouge de fièvre, un soir en rentrant, Vati assis à son chevet. Elle avait l'énorme thermomètre acheté à Paris sous l'aisselle, et ils étaient lancés tous deux dans une discussion absurde à propos de l'œuvre de Vati. Il disait que ses textes en prose étaient ce qu'il avait fait de mieux, alors que Mutti défendait les poèmes avec insistance.

– *Ach*, des poèmes lyriques. C'est facile à écrire.

– Mais qu'est-ce que ça veut dire, enfin ? s'écria Mutti en colère.

– La prose durera plus longtemps. C'est tout de même moi qui l'ai écrite, je suis bien placé pour le savoir.

Mutti se dressa dans son lit.

– Peut-être, mais tu ne sais pas ! Les poèmes te paraissent faciles, c'est la seule raison pour laquelle tu te crois tenu de les sous-estimer. Personne ne sait écrire un poème comme tu le fais.

Vati s'irritait à la longue.

– Moi, j'aime mieux ma prose. Si jamais on republie des textes de moi un jour, j'aimerais mieux que ce soit la prose. Je ne serai plus là pour donner mon avis, ce sera à toi de t'en occuper.

C'était comme une porte qui se ferme.

Mutti sortit le thermomètre, elle avait 40° de fièvre.

– Pour l'amour de Dieu, cria-t-elle, ne reste pas là sur mon lit, tu vas l'attraper toi aussi, c'est tout ce que tu peux y gagner !

Elle fut vraiment malade pendant toute une semaine.

Il faisait un froid sibérien, et il y avait de sévères restrictions de combustible. Pour entretenir un peu de chaleur, même toute relative, dans le salon, Frau Gruber et Woodpigeon devaient se rendre tous les jours dans un centre de distribution et rapporter un peu de charbon dans une petite voiture à bras. Au retour d'une de ces expéditions, ils rencontrèrent tante Louise qu'ils avaient trouvée devant la porte. Venue visiter la malade, désormais assise dans sa chambre, elle fut horrifiée par le froid qui régnait dans toute la maison.

– Il faut que tu sortes d'ici, dit-elle. Tu ne te remettras jamais dans une glacière pareille.

Mutti émit des objections, mais tante Louise, intransigeante, repassa dès le lendemain, l'enveloppa dans un large plaid et l'emmena à la campagne.

– Anna peut veiller sur son père, n'est-ce pas, chérie ? proposa-t-elle.

– Je n'ai que ça à faire, de toute manière, dit Anna d'un ton peu avenant.

Puis elle et Vati leur firent signe de la fenêtre du salon glacial, tout en suivant des yeux la voiture qui partait.

23

– Il fait un froid épouvantable, dit Vati la semaine suivante. Tu crois que c'est bien nécessaire d'aller jusqu'à Golders Green par ce temps-là ?

– C'est important que j'y aille, je pense.

Deux jours plus tôt, tante Dainty leur avait passé un coup de fil pour leur apprendre que Victor, dont l'état avait empiré régulièrement ces derniers mois, venait finalement de mourir. En l'absence de Mutti, Anna avait promis à Dainty d'être présente à l'enterrement.

– Tu connaissais à peine ton grand-oncle Victor. Tante Dainty comprendrait parfaitement, j'en suis sûr.

Anna maintint sa décision. Pas seulement parce qu'elle se sentait désolée pour tante Dainty. Elle partait aussi dans l'espoir qu'il se passerait quelque chose qui pourrait l'aider à comprendre, l'aider à combattre le vide qui surgissait devant elle chaque fois qu'elle pensait à un monde duquel Vati serait absent.

– Je reviendrai directement, lui promit-elle avant de partir, et elle le laissa installé près de son petit chauffage d'appoint.

Elle s'était habillée le plus chaudement possible, mais dès sa sortie du métro à Golders Green, elle se sentit assaillie par un vent glacial. À croire que le climat savait que la guerre tirait à sa fin et s'évertuait à sévir aussi longtemps qu'il le pouvait.

Elle avait mal calculé son temps de trajet. Quand elle arriva au cimetière, le service était commencé. Elle vit, en franchissant la grille, un petit groupe de gens modestement vêtus, à l'air triste, debout en plein froid. Tante Dainty était enveloppée dans un grand châle noir en tricot, elle avait le teint pâle, mais le visage en paix. Elle fit un petit signe de tête, lorsqu'elle vit Anna se glisser près d'une femme à chapeau à plume, qu'elle n'avait encore jamais vue.

Le cercueil d'oncle Victor se trouvait dans la tombe ouverte – se pouvait-il qu'il soit là-dedans ? se dit Anna avec horreur. Pendant ce temps, un homme, livre en main, se tenait près du trou et prononçait un discours. Le vent emportait ses paroles et elle les comprenait à peine. Elle regardait les expressions frigorifiées de tous ces gens, s'interdisant de se réchauffer en tapant le sol de ses pieds. Elle se sentait l'esprit vide de toute pensée, et une espèce de bourdonnement flottait vaguement dans sa tête. Elle se demandait si, vu le froid, il serait irrespectueux de mettre les mains dans ses poches, quand elle réalisa soudain que le bourdonnement s'amplifiait. Ce n'était pas, comme elle croyait, ses oreilles qui bourdonnaient, le son provenait du dehors. La voisine au chapeau entendait elle aussi, ses yeux rencontrèrent ceux d'Anna, l'air embarrassé et inquiet.

Le son grossissait à tel point qu'il devenait soudain impossible de ne pas lever les yeux vers le ciel ; même l'homme qui faisait la lecture, sortant bien vite le nez de son livre, vit la bombe volante approcher en faisant ses bruits de soubresauts. Elle paraissait fondre sur eux. N'apercevant pas d'abri tout proche, Anna décida de se tenir juste à l'endroit où elle était. Les gens autour d'elle avaient dû faire le même raisonnement, car personne ne bougea d'un pouce. Seule la voix du prédicateur se reprit et précipita son flux de mots insaisissables. Ses lèvres bougèrent plus rapidement, ses bras mimèrent au-dessus de la tombe une bénédiction hâtive, et tout à coup il se figea.

Au même moment, le bruit de soubresauts s'arrêta et la bombe volante commença à piquer du nez, happée par l'attraction terrestre. L'espace d'une fraction de seconde, Anna pensa à s'abriter dans la tombe avec le cercueil, mais rejeta aussitôt l'idée. Tout le monde se baissa ou s'aplatit au sol, tandis que la bombe explosait tout compte fait à quelque distance.

Il y eut un moment de silence, le temps que les gens se redressent et échangent des regards entre eux, puis tante Dainty leva les yeux en brandissant le poing au ciel.

– Même à son enterrement ! se mit-elle à hurler. Même à l'heure de son enterrement, ils ne peuvent pas le laisser en paix !

Après cela, la réception dans l'entresol de tante Dainty eut presque un petit air de fête. Il faisait bien chaud près du poêle. Tante Dainty leur apporta des bols de chocolat bouillant avec du vrai sucre de canne, envoyé par son fils, Otto.

– Il est en Amérique maintenant, expliqua-t-elle avec fierté. Son travail est très important, même le Président Roosevelt est tenu au courant de ce qu'il fait.

Il y avait sur le plancher plusieurs petits tapis de laine faits au métier à tisser – c'était la dernière passion de tante Dainty – et deux femmes qui apparemment fréquentaient le même cours du soir les regardaient avec intérêt. Les autres amis semblaient être des locataires, ou des voisins, ils siégeaient sur les coussins qu'elle avait brodés elle-même, en sirotant le chocolat, et en lui faisant des compliments sur l'ameublement de la pièce. Tante Dainty n'avait pas une seconde à elle, on la voyait s'activer avec ses bols, tout émue de recevoir tant de personnes à la fois. Elle présenta Anna à un de ses locataires, un vieil homme de petite taille et au regard intelligent, qui éleva les mains au ciel en apprenant qui elle était.

– Mais je connais ton papa, alors ! Je le connaissais à Berlin ! Une fois, nous avons même passé une merveilleuse soirée ensemble.

– Ah bon ?

Tante Dainty, derrière elle, parlait d'Otto à ses amis.

– Même Einstein, racontait-elle. Il arrive qu'Otto traite certaines questions avec lui.

– Une soirée inoubliable, dit le vieil homme. Je l'ai rencontré chez un ami – le poète Meyer, qui vivait sur Trompetenstrasse à l'époque – tu te souviens de lui ?

– Non, dit Anna. J'étais trop petite certainement.

Le vieil homme hocha la tête, mais avec un air de regret.

– À l'époque, ton père avait lu un livre que j'avais écrit – d'ailleurs il m'avait bien complimenté là-dessus. Je me rappelle que c'était une belle soirée d'été, et ton père – oui c'est ça, il devait assister à une pièce de théâtre et sortir ensuite en soirée, quelque chose d'assez important – mais soudain, tu ne sais pas ce qu'il me dit ?

– Ma foi non.

– Eh bien il me dit : « Prenons un bateau à vapeur pour aller sur la Pfaueninsel. » Tu dois connaître la

Pfaueninsel, naturellement, dit le vieil homme. (Il paraissait très désireux d'entendre Anna répondre oui.) C'est une petite île, au milieu d'un lac, pas loin de Berlin, avec des paons...

Anna avait un vague souvenir d'une excursion avec l'école. Mais était-ce la Pfaueninsel ?

Tante Dainty était en train de dire :

– Et alors ils lui ont donné une maison, et une voiture...

Le vieil homme paraissait attendre... Anna, ne voulant pas le décevoir, hocha la tête, il respira.

– Des paons, et il faut le dire aussi, un restaurant de première classe, poursuivit-il l'air satisfait. Alors on y est allés manger, ton père et moi, avec deux autres, et on y a bu un petit vin ! Et on causait, mon Dieu... ton père, ce qu'il était malin et vif ! Et quand on est ressortis, on a vu tous les paons perchés sur les branches d'un grand arbre – ton père ne savait pas qu'ils dormaient en hauteur, il en était tout étonné. Ensuite on a repris le vapeur, on est retournés à Berlin, à la lueur du clair de lune... Merveilleux... conclut le vieil homme. Je me souviens, c'était merveilleux !

Anna sourit... Ses seuls souvenirs, c'étaient la maison et le jardin, et le chemin de l'école, à Berlin.

– Ce devait être beau, dit-elle.

Les passionnées de tissage en avaient vu tout leur soûl et s'apprêtaient à affronter le retour sans grand enthousiasme.

– Merci pour ce bien bon moment, dit l'une d'elles qui ne songeait plus au vrai motif de sa présence.

– Eu égard à la circonstance, ajouta l'autre rapidement.

Une voisine dit qu'il était temps qu'elle aille retrouver son garçon resté seul à l'appartement. Anna s'excusa à son tour. Comme elle enfilait son manteau, elle songeait qu'il n'y avait pas eu beaucoup de sens à sa venue. Elle n'avait rien appris, rien ressenti non plus, qui puisse clarifier son souci, ni même lui apporter un début de réconfort. Tante Dainty la suivit comme elle gagnait la porte.

– Transmets toute mon affection à tes parents, dit-elle.

Pour la première fois de sa vie, Anna était seule avec tante Dainty. Elle s'aperçut qu'elle n'avait dit aucun mot de condoléances.

– Je suis tellement désolée, commença-t-elle sans trouver le ton, à la pensée d'oncle Victor.

Tante Dainty lui prit la main.

– Il n'y a pas à être désolée, lui répondit-elle aussitôt de sa bonne grosse voix chaleureuse. Pour moi, oui, tu peux l'être, parce que je l'aimais. Mais pour lui… (Elle tourna la tête, sèchement, sur ses larges épaules, comme pour parer dans l'air quelque coup invisible.) Pour lui, il aurait mieux valu que cela se produise il y a des années.

Après l'accolade, elle sortit et retrouva la rue glacée.

Tante Dainty avait dit vrai, pensait-elle en rentrant la tête dans ses épaules contre le vent. Pour lui, il aurait mieux valu perdre la vie beaucoup plus tôt. Elles ne lui avaient servi à rien toutes ces années en Angleterre. Elle marchait à pas lourds et lents sur le trottoir couvert de glace. Ce qui l'impressionnait soudain, c'était de comprendre que sa mort était une chose moins attristante que ces années sans vraiment vivre. Il avait continué de vivre, mais parce qu'il le devait, sans désir – les choses n'avaient plus de sens pour lui.

Comme pour moi ? se demanda-t-elle. Elle n'était pas loin de pleurer sur son sort. Mais son manque de courage la choqua tout à coup. Idiote ! Pas comme pour toi du tout !

Mais pour Vati ? Elle le voyait assis dans sa petite chambre sombre, près de sa machine déglinguée, avec ses écrits, et personne pour souhaiter les publier. Vati, vivant dans un pays dont il ne parlait pas la langue. Ce devait faire quoi d'être Vati ?

Quelques flocons de neige commençaient à tomber, tachetant les murs, les rares buissons et le trottoir.

Est-ce que vivre voulait encore dire quelque chose pour quelqu'un comme lui ? Quand il se rappelait Berlin, est-ce que l'existence misérable et déçue qu'il vivait à Londres avait encore un sens quelconque ? Est-ce qu'il n'aurait pas préféré qu'elle n'ait jamais vraiment eu lieu ? Et s'il pensait à sa mort, qui sait, comme à un soulagement ? Elle s'efforça de rechercher du réconfort dans cette idée, mais ce fut encore pire qu'avant. Il n'y a rien... se dit-elle en regardant s'élever dans le vent des tourbillons de neige. Il y a ces flocons, c'est tout.

Elle attendit un bon moment le passage d'une rame de métro. Le temps de regagner la maison, elle se sentait gelée jusqu'aux os. Elle monta tout droit chez Vati, et comme ses petits coups à la porte ne semblaient pas être entendus, elle le vit, en ouvrant, endormi sur sa chaise. Le chauffage au gaz crépitait – c'était signe qu'il fallait mettre un autre shilling dans le compteur –, certains des papiers de Vati avaient dégringolé au sol, et la chambre était froide et sombre.

Elle jeta sur cette chambre un regard dénué d'émotion dans la lumière qui déclinait. Comment avoir envie de vivre en habitant dans un tel lieu ? Et surtout quelqu'un comme Vati, que des lecteurs avaient choyé, quelqu'un qui avait voyagé, dont la vie, jusqu'à ce que Hitler vienne la mettre entre parenthèses, avait été une série de choix tous plus féconds les uns que les autres.

Elle avait dû faire un peu de bruit par mégarde en se déplaçant, car Vati dit :

– Anna. Comment ça s'est passé ?

– Horrible ! Une bombe volante a failli nous atteindre, et tante Dainty a hurlé de rage.

– Tu as l'air complètement gelée.

Il sortit un shilling d'une boîte prévue pour cela, et le gaz presque immédiatement se remit à cracher ses flammes bleues et jaunes à jet régulier. De la sorte, on sentait le chaud quand on se tenait assez près.

– Tu manges quelque chose ?

Elle fit non.

– Alors viens te réchauffer un peu.

Il lui donna une couverture pliée en quatre en guise de siège – il n'y en avait qu'un dans la pièce – elle s'assit en tailleur à ses pieds près du feu, mais même tout près en fait, elle ne sentait pas le chaud.

– J'ai reçu une lettre de Mutti, dit Vati. Elle se remet très bien. Elle sera rentrée pour le week-end. Il la regarda d'un air inquiet. J'espère que tu n'es pas en train de nous faire une grippe toi aussi.

– Non, dit-elle, bien qu'il lui parût étrange de se sentir glacée à ce point-là, et si longtemps.

Elle posa le regard sur lui. Qu'est-ce qu'il pensait à ce moment ? Comment peut-on jamais savoir ce qu'un autre ressent vraiment ?

– Papa, dit-elle, tu regrettes parfois... ?

– Quoi ? dit-il.

Elle montra la pièce d'un vague geste de la main.

– Toutes ces dernières années, ici dans cette

maison, et à l'hôtel Continental. Quand je pense à ta vie à Berlin...

Il la considéra un temps attentivement.

– Si la question est de savoir si je regrette de ne plus pouvoir vivre de la même façon qu'avant, alors ça oui naturellement. Il y avait moyen d'agir – il y avait bien plus de choix possibles. Qui plus est, dit-il simplement, j'aurais souhaité me montrer un meilleur soutien pour vous trois.

Mais ce n'était pas cela qu'Anna voulait savoir.

– Ce que je voulais dire plutôt, c'était... est-ce que tu as senti... tu as dû te le demander bien sûr... est-ce que tu as eu l'impression que ça servait à quoi que ce soit... ?

– Ces dernières années, tu veux dire ?

En hochant la tête, elle sentit la migraine qui montait en elle, et fort bizarrement elle avait la conviction que si Vati parvenait à la rassurer, elle se réchaufferait finalement.

– Mais bien sûr que ça a servi.

Vati s'était levé de sa chaise et la regardait d'un air surpris.

– Mais ça a dû être si horrible ! De ne plus pouvoir parler ta langue, de n'avoir jamais assez de sous, de voir Mutti si malheureuse, et toute ton œuvre... et toute ton œuvre...

Elle se rendit compte, horrifiée, qu'elle était en train de pleurer.

Elle est belle, se dit-elle, l'aide que je lui apporte !

Vati s'était penché sur elle.

– Tu as le front bouillant. Tu es malade, c'est sûr.

– Mais je veux savoir, s'écria-t-elle.

Il chercha parmi ses affaires la boîte adéquate, la trouva, et en sortit le thermomètre.

– Dans un petit moment, dit-il.

Il le lui glissa sous le bras avant de se rasseoir sur sa chaise.

– Le sens qui se dégage de ces dernières années, misérables, je veux bien l'admettre, c'est qu'il vaut infiniment mieux être vivant que ne plus l'être. Une autre chose que j'ai apprise, c'est que si je ne les avais pas traversées, ces années pénibles, je n'aurais jamais su ce que c'était.

– Ce que c'était ?

– Oui, d'être pauvre, à désespérer quelquefois, dans un pays froid et brumeux, dont les habitants, même gentils, se gargarisent d'un dialecte qu'ils qualifient d'anglo-saxon...

Elle rit, un peu hésitante.

» Je suis un écrivain, dit-il. Un écrivain, il faut que ça sache. Tu ne t'es pas rendu compte de cela ?

– Je ne suis pas écrivain, dit-elle.

– Tu le seras peut-être un jour. Mais même en aspirant à peindre... (Il hésita un court instant.) Il y a une part de moi, dit-il en faisant l'effort de bien choisir ses mots, qui serait comme un petit bonhomme niché quelque part sous mon front. Et quoi qu'il advienne, il regarde, il ne dit rien mais il regarde. Même quand ce qu'il regarde est terrible. Il regarde comment je me sens, ce que je dis, si j'ai envie de crier, si mes mains tremblent – et il se dit : ça alors c'est intéressant ! Comme c'est intéressant de savoir que c'est ainsi que ça se passe.

– Oui, dit Anna.

Elle savait bien qu'elle l'avait, ce petit bonhomme, de la même manière que Vati, mais elle sentait sa tête tourner, et le petit bonhomme ne pouvait que tourner en même temps qu'elle.

– C'est une grand protection contre le désespoir, dit Vati. Il prit le thermomètre et lut le niveau de mercure. Bon, tu as la grippe. Va au lit.

Elle suivit le couloir glacé jusqu'à sa chambre et se glissa dans son lit entre les draps froids. Mais au bout d'un instant, Vati vint la rejoindre, en serrant gauchement dans ses mains une bouillotte de grès brûlante.

– Ça ira avec ça ?

Elle saisit la bouillotte avec un regard de gratitude. Il alluma le chauffage, tira les rideaux occultants, puis il resta là un instant un peu hésitant près du lit.

– Tu es sûre que ça ne te dit pas d'avaler un petit quelque chose ? J'ai du beurre de poisson et un petit peu de pain.

– Non, merci.

– Il faut que tu reprennes des forces ! insista-t-il l'air contrarié.

L'idée de reprendre des forces en mangeant du beurre de poisson, alors que la chambre autour d'elle tourbillonnait à qui mieux mieux, et qu'elle sentait sa tête se fendre, lui parut bientôt si comique qu'elle ne put pas s'empêcher de rire.

– Oh, mon papa ! s'écria-t-elle.

– Eh bien quoi, ton papa ? dit-il, en s'asseyant au bord du lit.

– Je t'aime beaucoup.

– Moi, c'est pareil.

Il prit sa main et ajouta :

» Songes-y bien, ces dernières années n'ont pas été que malheureuses. Vous nous avez donné de grandes joies, toi et Max. Et Mutti était là, toujours là avec moi. (Il se tut pendant un moment.) J'ai écrit sur ces années-là. Ça forme une espèce de journal. Quand tu liras cela, j'espère que tu penseras, comme je le pense en ce moment, que c'est ce que j'ai jamais fait de mieux. Et peut-être qu'un jour mes œuvres reverront le jour ; à ce moment-là, ce journal figurera dedans.

– En Allemagne ?

Il hocha la tête.

– Mutti fera ce qu'il faut pour cela.

Il posa la main sur son front.

– Alors, tu vois, aussi longtemps que je peux penser et écrire, je remercie le vieux rabbin pour chaque jour et pour chaque nuit où il me garde parmi vous sur cette planète extraordinaire.

Elle se sentait mieux, mais il restait une chose. C'était quelque chose d'invisible, mais qui était là bien présent – une sorte d'horreur qui aurait pu se tenir accroupie près du lit. C'était en rapport avec la vie d'oncle Victor, c'était d'une importance extrême.

– Papa ?

– Oui.

Elle n'arrivait pas à mettre le doigt sur cette pensée. Penser et écrire – c'était cela que Vati venait de lui dire, penser et écrire. Cependant, oncle Victor n'avait pas pu penser ni écrire quant à lui. Il était resté alité ; le cerveau, avait dit Dainty. Il n'arrivait pas à se rappeler. Il aurait mille fois mieux valu qu'il soit mort des années plus tôt. Mais une attaque d'apoplexie, est-ce que ça ne risquait pas d'avoir le même effet – si Vati... ?

– Papa ! cria-t-elle, et elle lui agrippa la main. Mais si tu ne pouvais plus penser... ?

Son visage lui apparaissait comme brouillé malgré les efforts qu'elle faisait pour le percevoir, mais sa voix était claire et douce.

– Dans ce cas-là, naturellement, je n'aurais nulle envie de continuer. Mutti et moi avons parlé de cette éventualité.

– Mais comment – comment pourrais-tu… ?

Elle fit un effort gigantesque, et le visage de Vati se recomposa à sa vue, au point qu'elle vit nettement ses yeux, et le sourire extraordinaire, parfaitement confiant qu'il avait, lorsqu'il lui dit :

– Ne t'inquiète pas. Mutti trouvera une solution.

24

Le gros du froid était passé quand Mutti revint de la campagne. Anna se remit de sa grippe sous un soleil encore bien pâle, et le monde en un temps très court laissa une place à l'espérance. Pour commencer, le professeur constata que la santé de Vati s'améliorait. Sa tension avait baissé, les séquelles laissées par l'attaque avaient quasiment disparu.

– Je vous l'ai dit, commenta Vati. Le vieux rabbin est de mon côté.

Progressivement, la guerre s'éloignait.

Les bombes volantes tombaient de plus en plus rarement. Toutes les nouvelles qui parvenaient à la radio avaient du bon, et pour la première fois depuis l'année 1939, on put voir un faible éclairage revenir dans les rues de Londres. Max fit une apparition et annonça que son escadrille était en voie de démantèlement.

– Plus de vols, dit-il sur un ton où perçait une pointe de regret – ce qui eut le don de mettre Mutti en rage. Je pense que dans peu de temps, tout sera vraiment fini.

Avec la progression des armées alliées, des photos parurent dans la presse, montrant des villes allemandes en ruine. Il s'agissait d'Hambourg, d'Essen et de Cologne – Anna n'ayant jamais vu ces villes, ça n'avait pas de sens particulier pour elle. Elle n'éprouva qu'une fois une réelle émotion – quand elle apprit à la radio que le Grunewald avait brûlé.

Le Grunewald était un bois proche de leur maison d'autrefois. Dans ces lointaines années où ils étaient petits, dans ces années auxquelles Anna refusait toujours de penser, elle et Max s'étaient rendus dans ce bois pour faire de la luge. Ils avaient laissé derrière eux des traces dans la neige, et il y avait dans l'air froid une odeur d'aiguilles de pin. En été, également, ils jouaient dans ce bois, au milieu des taches de lumière. Leurs petits pieds laissaient des empreintes dans le sable des bords du lac – n'avaient-ils pas au moins une fois pique-niqué à cet endroit ? Elle ne pouvait pas se souvenir.

Tout cela, de toute façon, était d'un autre temps.

Le Grunewald qui avait brûlé n'avait vraiment plus rien à voir avec celui où elle jouait. On n'y voulait plus d'enfants juifs, les nazis s'y saluaient en claquant des talons, ils devaient s'y cacher sans doute, derrière les arbres, et matraquer. Ils avaient des fusils, des croix gammées, des chiens, et ils les lâchaient sur vous quand vous alliez sur leur chemin, puis vous expédiaient dans des camps, et là c'était la faim, la torture et la mort.

Tout cela ne me concerne plus, pensait Anna. Le seul pays auquel j'ai le sentiment d'appartenir, c'est l'Angleterre.

Quand Max lui dit un peu plus tard : « Tu sais, le Grunewald a brûlé », Anna se contenta d'un petit signe de tête, et répondit, sans émotion : « Raison de plus pour qu'on soit partis. »

*

Avec le réchauffement progressif dû au printemps, elle se remit à dessiner. L'envie lui vint un jour à l'heure du déjeuner. Elle parcourait des petites rues situées derrière Vauxhall Bridge Road, quand elle aperçut un enfant, le quatrième qu'elle voyait depuis le début de la matinée. La guerre doit vraiment être en train de se terminer, se dit-elle, si on voit les enfants revenir ! Celui-là devait avoir dix ans. Assis sur un tas de débris, il levait les yeux vers le ciel en souriant d'un air content. Il doit être heureux d'être rentré à la maison, pensa Anna.

Il y avait quelque chose chez lui : une façon de serrer ses genoux entre ses bras, un pull trop long, lâche aux épaules, une façon de tendre le visage, les yeux mi-clos, dans la lumière. Aux yeux d'Anna, c'était beaucoup. Alors soudain, elle éprouva un grand désir de le dessiner. Elle n'avait pas de carnet de croquis, mais elle dénicha une vieille lettre dans le fond de son sac à main. Fiévreusement, elle dessina sur une page vierge au verso. Elle voulait tant pouvoir saisir son attitude avant qu'il bouge, avant qu'il se lève et s'en aille, qu'elle n'eut pas vraiment le temps de penser à la façon de procéder. Elle se contentait de se dire : ici comme ci, ici comme ça, une plage de lumière sur les joues, une zone d'ombre sous le menton... Et soudain ce fut cela, elle tenait son croquis, et la ressemblance était là !

Elle était sidérée en retournant au bureau. Ça y est, c'est revenu, pensait-elle. J'y suis arrivée, c'est revenu ! Le soir-même, aux Beaux-Arts, elle fit deux bons dessins, et pendant le retour en métro, pour la première fois depuis des mois, elle décida de ne pas lire et fit le croquis d'un vieil homme qui somnolait sur sa banquette. Elle le réussit également.

Et voilà tout à coup qu'elle ne s'arrêtait plus. Elle acheta un nouveau carnet et le remplit en quelques jours. Dès le week-end, elle regagna sa petite pièce au-dessus du garage et travailla à une peinture de Londoniens dans un abri. Cette fois, elle prépara sa toile et la composa avec soin, et elle réussit à y mettre un peu de l'impression qu'elle cherchait. Elle fit un portrait de Mutti, qui posa pour elle près du poêle, en prenant son air de toujours, à la fois sous pression, et débordant de vie. Vati dit que c'était une des choses les meilleures qu'Anna avait faites.

Finalement elle composa un portfolio de son travail, et le posa devant John Cotmore.

– Tu parlais d'une bourse d'études.

Il la regarda en souriant.

– J'espérais bien que tu ferais ça.

Anna jeta un petit coup d'œil vers l'autre professeur barbu qui ne se trouvait pas très loin de là.

– Tu crois qu'il voudrait voir aussi ?

Elle ne voulait pas que la bourse lui vienne seulement de John Cotmore.

– D'accord, dit-il après une courte hésitation.

L'autre professeur approcha et parcourut le portfolio en même temps que John Cotmore. Plusieurs fois, John Cotmore fit de petits commentaires : « Tiens, je trouve ça bon », « J'aime bien ça », mais le barbu ne disait mot.

Ah zut alors ! pensa Anna, qui soudain aurait tout donné pour trois ans d'études aux Beaux-Arts, pourquoi avoir tout compliqué ?

John Cotmore avait terminé.

– Alors, dit-il, qu'est-ce que tu en penses ?

Le barbu resta impassible. Il y avait encore deux dessins qu'il n'avait pas eu le temps de voir. Il les regarda l'un après l'autre, lentement et méthodiquement. Il venait du nord de l'Angleterre et n'aimait pas se faire bousculer. Finalement, il posa le regard sur Anna, et elle se sentit consternée en voyant son air agacé.

– Ne fais pas l'enfant, jeune fille. Tu dois bien te rendre compte toi-même que tu as assez de talent pour obtenir ce que tu veux.

Après qu'il se fut éloigné, John Cotmore sourit à Anna.

– Tu vois, Anna, dit-il, l'avenir est devant toi.

Anna sourit, mais prudemment.

– Tu obtiendras ta bourse, et la paix arrivera, et tous les jeunes garçons rentreront au pays.

– Oh moi, tu sais, les jeunes garçons... dit-elle en haussant les épaules.

– Qui vaudront bien mieux que moi pour toi. Si ce n'est pour le dessin, bien sûr.

Comme elle remettait son travail à l'intérieur du portfolio, un dessin arrêta son regard. C'était bien vrai, il était bon.

Mue par une impulsion soudaine, elle lui dit sans s'en rendre compte :

– Je te remercie de m'avoir appris à dessiner.

Elle sentit à quel point cette parole le touchait. L'air était plein de leur plaisir.

– Tu as toujours été mon élève favorite, dit-il, et tout naturellement, sa main se posa sur son épaule.

Elle ressentit à cet endroit une chaleur, un trouble curieux (exceptionnel ! eut le temps de noter le petit bonhomme sous son front) et au même instant Barbara était là à quelques pas d'eux. Elle gardait son même air serein, mais ses lèvres se resserraient pour former une ligne assez ferme. Elle tenait dans une main son porte-documents et dans l'autre son duffle-coat.

– Viens, John. Le civet nous attend.

Il ôta sa main rapidement.

» Il y a des heures qu'il mijote. Et il faut finir de choisir ces dessins pour l'exposition.

Il poussa un profond soupir.

– Tu vois ce que je te disais, Anna, toi, tu as l'avenir devant toi, et pendant ce temps les vieux comme nous rentrent pour manger du lapin.

– Vieux ? Parle pour toi, dit Barbara.

Elle jeta un petit regard vers les quelques dessins qu'Anna n'avait pas fini de ranger.

– Tu vas essayer pour la bourse ?

Anna fit oui de la tête.

– Ah bon, tout de même ! dit Barbara.

*

En avril, l'avancée alliée atteignit les premiers camps de concentration. Les descriptions faites par la presse et la radio firent naître un sentiment d'horreur. Anna fut étonnée de cette réaction. Pourquoi était-on si surpris ? Depuis l'âge de neuf ans, elle savait, pour sa part, que ce genre de choses existait. Enfin bon, maintenant les Anglais sauraient au moins ce que c'était.

Quand elle regarda les actualités, elle éprouva une répulsion, mais ne fut pas ébranlée. Les chambres à gaz, les tas de cadavres, et les survivants squelettiques avec leurs regards pitoyables – c'était atroce pour elle, absolument atroce. Mais pas plus que ce qu'elle tentait d'écarter depuis des années de ses pensées. Tandis que les récits atterrants déferlaient, que l'indignation éclatait, elle n'était capable de songer qu'à une seule et unique chose – la guerre était enfin finie.

Berlin tomba début mai. Y avait-il eu des combats autour de leur ancienne maison, peut-être même dans le jardin ? Elle ne voulut pas y songer. Ça n'avait aucune importance. À quoi bon revenir là-dessus ?

Pendant plusieurs jours des rumeurs circulèrent, puis des nouvelles contradictoires : Hitler avait trouvé la mort, il avait été capturé, il tenait bon, il se rendait… Et puis finalement il y eut le communiqué officiel : « La guerre en Europe est finie. »

À l'occasion de la journée choisie pour la célébration de la victoire et de la paix, Mutti et Vati furent conviés avec Anna à déjeuner chez Sam et Louise Rosenberg. L'appartement de Harley Street était à nouveau habité. Tante Louise en était déjà à se faire du souci pour la paix.

– Ne dites pas à Fraulein Pimke que la guerre est finie, s'il vous plaît !

– Pourquoi pas ? fit Mutti, surprise.

– Parce qu'elle va épuiser d'un coup le peu de rations qu'il nous reste, nous n'aurons plus rien à manger. Elle s'imagine qu'on va trouver des aliments à profusion dès la fin des hostilités.

– Malgré tout... commença Mutti.

Tante Louise mit le doigt sur la bouche.

– Somme toute, pour elle, ça n'a pas vraiment d'importance. Elle est vieille et sourde comme un pot, elle ne parle pas un mot d'anglais. Il n'y a que nous pour le lui dire. Si nous faisons bien attention – tante Louise eut un rire pétillant –, il n'y a vraiment aucune raison pour qu'elle le découvre jamais !

Max arriva à temps pour les rejoindre à table. Le professeur porta un toast.

– À nous ! dit-il. Qui aurait cru, il y a cinq ans de cela, que nous pourrions survivre à Hitler ?

– Aux Anglais ! dit Vati. Ils ont gagné la guerre.

Tante Louise obligea tout le monde à se lever pour boire à la santé des Anglais tout en se demandant, un peu inquiète, s'il ne convenait pas de jeter le verre par-dessus son épaule – « Il m'en reste tellement peu », dit-elle, mais Max la rassura tout de suite.

– Admirable, ce vin ! dit Vati.

Le professeur sortit la bouteille de son seau.

– Johannisberger-Schloss, du Rheingau. J'en ai gardé quelques bouteilles spécialement pour l'occasion.

Ils se regardèrent.

– Peut-être qu'un jour...

– Peut-être, oui, qui sait ? dit Vati.

Fraulein Pimke, bien qu'ignorant ce que les autres célébraient, avait préparé des délices.

– Bon, et maintenant ? dit tante Louise quand ils eurent achevé le dessert. Max, tu vas retourner à Cambridge ?

– Dès que je serai démobilisé. J'espère pour le trimestre prochain.

– Et tu vas devenir homme de loi, dit le professeur Rosenberg. Tu deviendras peut-être juge, avec une perruque genre caniche et une longue robe avec fourrure. Tu n'aurais jamais pu faire cela s'il n'y avait pas eu Hitler.

Max sourit avec amertume.

– J'ai une lourde dette envers lui.

– Anna a obtenu une bourse des Beaux-Arts, dit Vati d'une voix qui faisait chaud au cœur. Elle aussi va s'y mettre le trimestre prochain.

– Ah vraiment ? dit le professeur.

Anna le regarda un instant, assis dos à la fenêtre, les bras croisés sur la poitrine. Le teint fleuri de son visage, ses vêtements, le fauteuil où il était assis, formaient une lueur riche et sombre dans la lumière douce du salon. Le tout formait un assemblage de formes curieux et compliqué en découpe sur l'aire lumineuse d'une fenêtre située derrière lui. J'aimerais peindre cela, pensa-t-elle, tandis que la conversation reprenait son cours alentour, et immédiatement elle conçut la technique qu'elle adopterait.

– ... est-ce que je me trompe ? lui disait Max.

– Comment ? fit-elle en sursautant, et Max ne put s'empêcher de rire.

– J'essayais d'expliquer, dit-il, que parmi nous tu es la seule pour qui l'émigration, en fait, n'a pas vraiment changé grand-chose. Bien sûr, si on enlevait Hitler, tu n'aurais pas appris trois langues et tu n'aurais probablement pas connu tant de difficultés, mais tu serais malgré tout telle que tu es maintenant, en train de promener un regard vague en quête de choses à dessiner. Le fait de te trouver en Allemagne, ou en France, ou en Angleterre n'a rien de capital pour toi.

– J'imagine que non, dit Anna.

Elle pensa à ces trois ans de bourse, elle pensa à John Cotmore, à Mrs Hammond, aux vieilles dames, à un policier qui un jour l'avait dépannée d'un shilling sans rien lui demander en retour, elle revit les nuits sur Putney quand elle veillait aux incendies, le ciel rose sur Trafalgar Square, la Tamise depuis la plate-forme de l'autobus 93.

– Je me plais bien ici, dit-elle.

*

Plus tard, Max dut prendre congé.

– Tu viens jusqu'au métro, Anna ? Vati se leva pour l'embrasser.

– Puisses-tu réussir aussi bien en temps de paix qu'en temps de guerre.

– Et passe-nous un coup de fil dès que tu as du nouveau, dit Mutti. Au sujet de Cambridge, et de ta démobilisation. Et n'oublie pas de parler de ta bourse.

Dans l'ascenseur qui descendait, Anna et Max restèrent silencieux. Quand le portier leur ouvrit, des chants leur parvinrent de la rue. L'homme jeta un coup d'œil sur l'uniforme de Max.

– C'est un grand jour ! leur lança-t-il. Les jeunes Anglais comme vous peuvent être fiers d'eux.

Max et Anna se regardèrent en se souriant mine de rien.

La rue était pleine de drapeaux, et sur un air d'accordéon on voyait des jeunes filles danser, coiffées de chapeaux de papier. Un jeune soldat était assis tout seul sur le bord du trottoir, une bouteille à côté de lui. Ils se frayèrent lentement un chemin au milieu de ces attroupements.

– Bon, lança Max, comme tant de fois, comment vont les choses dans l'ensemble ?

– Ça va, dit-elle. Vati me semble en forme, tu n'as pas trouvé ? Et ils sont très contents tous les deux pour ma bourse. Mais Mutti est encore une fois sur le point de perdre son travail.

– Pourquoi ?

– Il semble que son patron ait promis de prendre sa nièce quand elle sortira de l'armée de terre. Pour le moment, Mutti ne se fait pas trop de souci – elle dit que ce n'était qu'un passe-temps et qu'elle préférerait travailler pour des Anglais de toute façon. Mais je ne sais pas – maintenant que tout le monde va être démobilisé, ce sera encore plus difficile pour elle de trouver un travail.

Max approuva d'un signe de tête.

– La paix ne semble pas devoir leur être d'un réel secours.

Ils étaient à Oxford Circus, Max ne paraissait pas du tout désireux de prendre le métro, ils poursuivirent par Regent Street.

– Peut-être que l'œuvre de Vati sera republiée en Allemagne.

– Mais pas avant longtemps, dit Max.

– Et j'ai idée qu'avec la paix, nous serons tous naturalisés.

Ils sourirent en s'imaginant Vati en citoyen anglais.

– Mutti n'attend que ça, dit Anna. Elle va boire du thé au lait, se mettre à aimer les animaux, aller voir des matchs de cricket. C'est fou le nombre de choses qu'elle va faire.

Max rit.

– Oui, mais au fond, ça ne changera rien du tout. Pour toi et moi, tout ira bien, mais eux ne sentiront jamais qu'ils ont leur place en Angleterre. Pas ici. Il fit la grimace. Ni nulle part ailleurs, j'imagine.

La foule était devenue plus dense, ils s'arrêtèrent un court instant pour céder le passage à un homme portant son fils sur ses épaules. Quelqu'un fit un salut à Max, et il salua à son tour.

– À Paris, tu pensais toujours que tant que tu serais avec eux, tu ne serais jamais une réfugiée. Tu te rappelles que tu m'as dit cela ?

– Oui... dit Anna.

– Eh bien maintenant, ce sera l'inverse.

– Comment l'inverse ?

Max soupira.

– L'inverse. La même chose, dans l'autre sens. J'ai l'impression qu'actuellement les seuls moments pendant lesquels *eux* ne se sentent pas réfugiés, ce sont ceux qu'ils passent avec nous. »

Anna regarda fixement la scène qu'elle voyait autour d'elle – les bannières qui flottaient dans les bruits de la fête, les visages détendus et les regards ravis – en même temps, elle imaginait Vati et Mutti dans le métro, en train de regagner Putney.

– Nous aurons simplement à faire du mieux que nous pourrons, dit-elle.

Quand ils furent à Piccadilly, Max la quitta ; elle se glissa à petits pas lents dans la foule. La place était grouillante de monde et partout des gens l'entouraient : des vieillards, de jeunes couples se tenant par la main, des gens en uniforme, des femmes accompagnées d'enfants. Il y en avait qui dansaient, ou qui chantaient, ou qui buvaient, mais comme elle, la plupart d'entre eux se contentaient de passer là. Pas de défilés, pensa-t-elle. Pas de grand déploiement de drapeaux. Un marin sur un réverbère. Un petit garçon qui criait « bzzzz… » puis qui mimait avec la bouche un violent bruit d'explosion. « Non. Plus de bombes », dit la femme qui le tenait par la main.

Comme Anna arrivait au centre de la place, le soleil sortit des nuages et tout se colora de teintes vives. L'eau étincela dans la fontaine. Un pilote, dont la vareuse venait de passer du gris au bleu, aspergea légèrement une fille qui riait, vêtue d'une robe rose. En voyageant de main en main, une bouteille jeta un rayon éblouissant un court instant. Sur les chemisiers de deux femmes qui chantaient *Roll out the Barrel*, des motifs de fleurs s'épanouirent, tandis qu'une volée de pigeons fendait le ciel éclatant.

Adossé au pied de la fontaine, un jeune soldat mi-assis, mi-étendu, dormait tranquille, la nuque en appui sur la pierre. Le soleil éclairait son front, sa main qui agrippait un sac, l'autre paume ouverte sur le sol, ses jambes largement étalées et comme percluses de fatigue. En même temps, il y avait dans cette confiante façon de dormir quelque chose de triomphant.

Pourvu qu'il dorme encore un peu ! pensa Anna en extirpant son carnet de croquis de sa poche...

Et elle se mit à dessiner.

D'autres titres Albin Michel :

Sherman Alexie, *Le premier qui pleure a perdu*
Audren, *Les disparus de Pumplestone*
Audren, *Wild Girl*
Jay Asher, *13 Reasons Why*
Jennifer Brown, *Hate List*
Jennifer Brown, *Say Something*
Jennifer Brown, *Tornade*
Fabrice Colin, *Le Pays qui te ressemble*
Fabrice Colin, *Magnetic Island*
Fabrice Colin, *Rester debout*
Michelle Dalton, *15 ans*
Michelle Dalton, *L'été de mes 16 ans*
Jenny Han, *L'été où je suis devenue jolie*
Jenny Han, *L'été où je t'ai retrouvé*
Jenny Han, *L'été devant nous*
Jenny Han, *L'été où je suis devenue jolie* – L'intégrale
Jen Malone, *Changement de cap*
Natacha Henry, *Marie et Bronia. Le Pacte des sœurs*
Rachael Lucas, *La vie à mille décibels*
Laurent Malot, *Lucky Losers*
Annabel Pitcher, *Je suis le tonnerre*
Ami Polonsky, *Le secret de Grayson*
Joyce Carol Oates, *Un endroit où se cacher*
Joyce Carol Oates, *Ce que j'ai oublié de te dire*
Meg Rosoff, *Au bout du voyage*
N.M. Zimmermann, *L'Amour, le Japon,*
les sushis et moi

Composition : IGS-CP
Impression : CPI Bussière en octobre 2018
Éditions Albin Michel
22, rue Huyghens, 75014 Paris
www.albin-michel.fr

ISBN : 978-2-226-43808-9
N° d'édition : 23208/01 – N° d'impression : 2038233
Dépôt légal : novembre 2018
Loi n° 49-956 du 16 juillet 1949 sur les publications destinées à la jeunesse.
Imprimé en France